教育文化研究丛书

丁钢 主编

身体、伦理与文化转型

清末民初修身教育的历史图景

王独慎 著

教育科学出版社
·北京·

总　　序

我们为什么开展教育？这首先是一个文化的问题。教育活动作为文化传递与创造的核心，本质上呈现为一种文化现象，影响着民族的思想、道德、风俗、艺术乃至每一世代的认知图式，扎根于民族的文化处境与经验之中。教育文化研究建立在每个个体发展的基础之上，存在于对社会文化情境的理解之中，是对人们所处的教育生活予以倾听、理解和响应，并对日常教育行为和意义实践活动，以及历史与现实之间的教育文化实践的发生与变化做出反应的知识活动。

从这种认识出发，教育文化研究力图突破把文化分为器物、制度和理念三个层面的思维方式，基于不同的视域及语境去考察与探寻教育文化现象的发生发展，从关注宏观转向考察更广泛的基层社会生活与教育变迁，将研究视野下移至更加细致多元的教育文化生活，深入更为细致而多元的活生生的教育生活本身，书写更丰富的细节和实践经验，从而使一个更为广泛或更具整体性的教育文化理解建立在更为多元和更为丰富的经验分析基础上，并使之得到勾勒与呈现。没有细致的、实证性的和个案的深入研究，阐释只能流于空泛。而教育文化研究也致力于打破专精化的学科知识及传统，以更开放的、不断自我反思的精神面对社会问题进行现实意义的寻求。

由此，教育文化研究者在探索、发现教育文化是如何再现、表现和形塑人们的社会生活、身份意识、道德与情感、观念与行动，以及揭示这些教育文化现象在学校教育、公共领域、日常生活和物质文化等方面的实际作用与意义的过程中，运用跨学科的前沿理论视野和多学科的研究方法，形成解释教育文化现象及存在方式的思想、观念和方法的知识生产活动，拓展教育研究的新领域、新方向与新路径。

"教育文化研究丛书"作为一套别具一格的致力于学术开拓的研究丛书，秉承以上研究宗旨，特别呈现了中国教育文化实践的多元形态与丰富内涵。丛书作为教育研究的一项文化行动，基于丰富的历史与现实的实践经验，以强烈的文化关切与强调文化路向的阐释方式，不仅体现了一种文化主体的自觉，还呈现了在理解与尊重本土教育的文化价值的基础上，对如何更为适宜地塑造新的自我的深度思考。

呈现在读者面前的这套"教育文化研究丛书"由九部著作构成。

丁钢所著的《可视的教育：一个图像教化传统》，以跨学科的视野和研究方法，透过对历史变迁中日常教育生活与艺术媒介形式之间关系的探究，将中国历史中的教化图像作为研究对象，通过村童与塾师的生活寓言、讲学方式与空间结构、屏风空间及叙事意向、男耕女织与社会道德契约和嵌入生活的对相杂字等研究议题，呈现了一个独具特色而源远流长的中国图像教化传统。教育图像渗透于生活各方面，给人以视觉感受。当它们反映日常生活、文化、思想和情感世界时，成为一种公共性的对话空间及嵌入生活的独具特色的教育方式。本研究为教育文化研究提供了别样的图像诠释与知识生产路径。

周勇所著的《小说与电影中的教育研究》，从对个体及社会影响很大的非学校教育领域的小说与电影入手，从教育文化研究等角度解读鲁迅、沈从文的经典小说，以及侯孝贤、王家卫、陈凯歌的著名电影作品，揭示其中蕴含的现实社会文化背景乃至日常生活中的教育问题，并为教育文化研究和教育社会学等理论研究贴近生活世界提供经验事实基础，拓展与更新教育理论界既有的刻画学校教育的小说与电影研究，为丰富教育文化研究等理论研究的视野与议题提供新的探索路径和范式参照，同时彰显了将电影及小说引入教育研究的学术价值。

葛孝亿所著的《学业：一个中国家族的教育生活史》，基于人类学田野工作和历史研究，主要运用历史文献、口述史与生活史等研究方法，收集了大量与毛氏家族有关的家族文献、地方史料与口述史料（尤其是教育方面的史料），在历史文献与口述史料交叉互证的基础上，讲述了中国南方内陆省份江西省吉安市郊区的一个家族性村落江头毛家村毛氏家族的历史故事，涉及家族的迁徙史、村落的日常生活、家族的教育观念和教育活动，以及经由教育带来的家族成员的职业变化、社会地位的升降等，并基于对这些事件的叙述，讨论了教育作为重要的文化动力机制，对家族成员的社会流动及个体生命的影响，以及这种流动对于家族结构特别是社会结构所产生的影响。

司洪昌所著的《中国县域学校分布与空间探析》，从空间视角描述中国基层学校的分布，将其放置于县域之中来描述与解释，尝试重述近代以来学校的空间分布趋向、学校分布内在的微观运行机制，通过具体而微地分析学校与人类聚落之间的关系，从理论上描述了胡焕庸线两侧的县域空间类型及其与学校空间布局的文化关联，也从现实出发，描述了特殊类型县域之海岛、飞地、乡镇、村落之中的学校空间分布，并基于具体情境分析影响学校分布的社会与文化因素，理解学校的空间分布，为教育研究提供一种新的空间视野以及政策制定研究的"空间维度"。

吴旻瑜所著的《安身立命：中国传统营造匠人的学习生活研究》，从教育文化研究的视角，以近世营造匠人为样本，切入"工匠"这个在传统中国数量庞大、地位重要但又往往为人所忽视的群体。作者走访苏州香山，拜访香山帮匠人后代，搜寻"样式雷"家族的遗迹，结合碑刻、史志、家谱、族规、实录等史料，并对比明清之际的中国士大夫和文艺复兴时期的欧洲知识分子对营造和建筑的不同参与方式，试图用一种"类型学"的方式进入营造匠艺内部，考察营造匠艺的范畴类型，还原中国近世匠人的学习生活。

王独慎所著的《身体、伦理与文化转型：清末民初修身教育的历史图景》，聚焦于清末民初（1904—1922年）新式学校开设的"修身科"，力图透过修身教育的变迁呈现中国近代社会文化演变的内在脉络和历史图景。作者对"修身养性"和"修齐治平"的修身传统进行了理论梳理，继而在教育场域内部考察修身科与现代教育学科的建立、教学文化的转型之间的关系，揭示现代教育的特性；从修身教科书编撰者群体的特征、教科书中伦理谱系的变迁、身体操练与现代性身体的生成等侧面考察修身教育与社会文化的互动。这些不同面向不仅呈现了修身教育的演变历程，同时揭示了"修身"这一文化大传统是如何参与到中国现代文化建构中的。

毛毅静、王纾然所著的《隐约有光：近代上海城市、社会性别与女性职业教育》，将近代女性置于时代和社会嬗变的大背景下，研究新兴的城市公共空间中一群中间阶层女性的求学、就职的心路历程，以"非定向的记传式采访"的口述内容和原始档案还原部分真实历史，并从接受教育和从事职业的女性的主体视角描述女性的受教育过程和职业生涯，以及女性在教育中获得的社会认同和自我实现。同时，该书从妇女史学、文化研究的视野，考察迂回彷徨在闺门与职场内外的一代女性的生存位置与教育立场，为理解教育与女性的职业发展和自我实现之间的关系提供了可能。

陶阳所著的《生活濡化与知识演进：近代学人的早年学习生活图景》，运用个案深描和群体画像的历史叙事方式，呈现了一代知识分子早年的学习生活，探讨了早年所继承的文化遗产对个体文化生产的影响，涉及家宅和自然空间中的新旧知识和情感、学堂小社会中的师生交往、民间社会的礼仪和风俗，以及日常生活中的物件和身体感觉。这些异质性的文化符号和因素构成了个体早年学习生活五彩斑斓的景观，而从中所吸收的认知模式、情感结构、交往方式、文化心理与具身观念，则为个体的学术研究、文艺创作、社会行动、观念形塑等文化生产提供了重要的滋养。

樊洁所著的《性别图景与家庭想象：家政教育文化的近现代转型》，追溯了前现代中国的家政知识生产实践与性别职能的关系，分别从经济话语、媒介展演、知识体系与家庭观念重塑等多重维度，考察与呈现了近现代家政教育文化的转型过程，以及伴随这一过程的 20 世纪初中国性别图景与家庭想象的话语建构，阐明了家政教育何以嵌入知识分子寻求现代家国关系与性别职能的全新阐释途径中。本书认为，家政新知识通过为家庭性别角色提供现代性阐释方式实现了对女性职能的重构，家政教育文化的近现代转型与女性在家庭中获得新知识并形成"现代性自我"的过程密不可分，女性也由此成为促进中国社会文化现代嬗变的重要角色。

本丛书的出版得到了国家出版基金的资助以及教育科学出版社的鼎力支持，在此深表感谢。作为我国第一套教育文化研究丛书，其中的著作选题独特、方法新颖、理论前瞻，而且可读性强，反映了教育文化研究的最新成果，也体现了作者们对于教育文化研究的执著与不懈努力。然而，学无止境，探索依然在路上，诚邀更多志同道合的同人，共同推进教育文化的研究与繁荣。

丁钢

2023 年 2 月于沪上闲云斋

目 录
CONTENTS

绪言　"修身"与近代教育的历史图景 ······················· 1
　　卅年一觉教育梦 ······································· 1
　　价值、话语与消耗性转换 ······························· 6
　　近代教育图景的不同构面 ······························· 10
　　"修身"之存续与趋别 ································· 15
　　修身教科书与文化转型 ································· 20
　　本书的叙述结构 ······································· 25

第一章　修道之谓教：作为教育传统的修身 ··············· 31
　　第一节　"修身养性"：作为生活方式的修身 ············· 31
　　第二节　"修齐治平"：社会生活中的修身 ··············· 43
　　第三节　场域与时间：古代修身教育的实现形式 ··········· 56
　　余韵　清末民初知识阶层的修身意识 ····················· 81

第二章　作为文化行动的修身教育 ······················· 83
　　第一节　教育救国理想中的修身教育 ····················· 84
　　第二节　学制中的修身：从中学为体到公民教育 ··········· 95
　　第三节　出版视野下的修身科：
　　　　　　修身教科书的编撰与近代文化转型 ··············· 108

小结　多面的修身教育 …… 132
附录 …… 133

第三章　讲授与作法：课堂内的教化之道　137
第一节　"教授法"之下的近代修身教育 …… 140
第二节　如何上课？——修身课的讲授 …… 150
第三节　知行关系与修身作法 …… 160
小结　格物致知的变章——课堂讲授与修身之学的张力 …… 165

第四章　修身与近代身体的生成　168
第一节　身体的对待：疾病预防与保健养生 …… 169
第二节　身体的操练：体操与拳术 …… 181
第三节　从身心涵养到身体塑形 …… 198
小结　修身、修养与双重身体观 …… 225

第五章　伦理镜像：修身教育中的道德革命　227
第一节　"公德–私德"与角色伦理的推扩 …… 228
第二节　道德失范与对传统伦理的批判 …… 245
第三节　解放话语下女性、儿童的修身主体性 …… 256
小结　伦理革命的复杂面向 …… 271

结语　修身的限度：历史与未来　273

参考文献　276
后记　293

绪言 "修身"与近代教育的历史图景

卅年一觉教育梦

作为清末新政举措之一的新教育，因应晚清以来的国家存亡危机，担负着当时"教育救国"之期望。然而，施行三十年后，人们渐渐对所谓"新教育"产生失望之感，及至国难日渐沉重，非但未见教育给国家未来带来希望，甚或教育自身也将毁于一旦，人们纷纷从"教育救国"梦想中清醒过来，教育界人士也不得不承认"教育破产""教育失败"的局面。1930年《社会与教育》杂志第二期、第三期接连刊出文章讨论"教育破产"问题，指出当时的学校教育的外表是近代的，其内里秉持的仍是科举精神，培养的是"官僚的预备"。学校里学潮频发，沦为各种政治势力扩张的争斗场。（樊仲云，1930）这幅"破产"的场景被生动地描绘为：

> 中国教育的破产，就现在的情形论，当然是千真万确。教育经费，拿去充军饷去了；学校成了官场；教育当局，成了政客；青年学生，受尽了无限言论思想的压迫；几个教书匠，为生活所困，皱着眉毛与学生敷衍；稍为起劲点的，又满肚子装着欧美资本主义的民主思想，嘴唇讲枯了，也不能使处在今日的环境中的青年感着何种意义。在教育界活跃着的，只是为饭碗而不惜牺牲一切的大大小小的斗争。这种情形，只要我们有良心，实在不好意思说教育没有破产。（敬心，1930）

"教育破产"的讨论还没有结束，1932年创刊的《独立评论》也开始刊载大量文章，发表对新教育的看法，多数文章持否定意见，论调为"破产""失败""危机""崩溃"等。其中最有影响力的是1932年傅斯年以孟真为笔名在《独立评论》第9号上发表的《教育崩溃之原因》。文中列举了五个导致教育崩溃的原因，第一个便是学校教育不脱"士大夫教育"的意味。傅斯年指出，中国封建时代的"士"不过是"有统治权者之贵族阶级之工具"。这种"士"的教育最后被简化为"读书为登科，登科为做官"的公式。他断言，"若想中国教育近代化，非以动手动脚为训练、焚书坑儒为政纲不可"。傅斯年注意到清末到民国之间政治环境和教育行动之间的变化——清末在救国号召下的兴学多少还具几分真诚，而民国时期政客们将教育"当作走狗制造场"（孟真，1932）。

> 清末办学者，尚且多存些公益事业的心，至不济，"门墙桃李"之观念是虚荣心作用，也不足害人的。而今呢？私立大学除办南开大学的张伯苓先生几个少数以外，有几个真正存心在教育事业呢？（孟真，1932）

傅斯年提出的第四个原因将矛头指向了当时中国的教育学界："哥伦比亚大学的教员学院毕业生给中国教育界一个最不好的贡献。"他指出这些哥大教育学专业的毕业生在文理各科没有专长，对教育的基本科目不懂，只知道弄些五花八门的中小学课程制度，却以中小学教员的水平充任大学教授、教育部部长，是所学非所用。（孟真，1932）傅斯年的这番言论引得中国教育界一片哗然，招致教育界人士的回应和辩驳（忆愚，1932）（赵中亚，2014）[405-407]。不过，教育界对教育失败的问题也进行了反思。1934年古楳发表《现代中国及其教育》，明确提出"教育不是万能的"，认为中国施行新教育无效，是由于新教育的"外延"——社会、经济、政治、学术思想等问题不易解决，新教育无凭借、无助力，基础便会动摇。（中国学术名著提要编委会，2019）[1002-1004]

古楳将"教育"区分为"内涵"和"外延"领域,颇有参考性。新教育的历史进程不仅是现代教育建构的过程(内涵),更是一个折射清末民初整个社会、文化转型等教育"外延"的场域。实际上,中国新教育从初创时期就肩负社会改造、文化改造的使命。傅斯年将这三十年教育失败的罪责归于教育学专业学者,出自他以专门化"学术"为唯一标准的执见。而他所批评的哥大教师学院的毕业生本也是这三十年新教育的成果,此时才刚刚进入"教育"这一专业的学术领域。在此之前,无论是洋务派、维新派,抑或是有着高等师范教育背景的留日毕业生,他们所参与的教育行动本质上都是一种文化改造行动。

新教育的失败固然体现在很多方面,而最为人所批评的问题莫过于人格教育的失败。有人分析说办新教育的人只注意增进人民的知识,做了一点救治中国人"愚"的工作,却无法救治"贪"的问题。结果,人民的知识水平提高了一点,反而加重了他们大权在握时的"贪"病。(王香毓,1931)参与办新教育的张元济也认为社会风气变坏与新教育有关:

> 近几十年来,设学堂,讲究新学,如今国内的大学有了几十处,造就许多新人才,做成了许多新事业,国家受了不少的益处。但是在社会上迷漫着一种骄奢、淫佚、贪污、诈伪、鄙贱、颓惰、寡廉鲜耻的风气,使我国家糟到这样的田地,不能不说也是它的结果。回想四十年前,我们在那里提倡新教育的主张,到今朝,良心上也受着狠严重的谴责。
>
> 怎样的主张?就是只注重新知识,将人格的扶植,德性的涵养,都放在脑后。结果是如此了。(张元济,2008)[94]

张元济自维新以来积极投身新教育事业,算是新教育从倡言到实施的亲历者。但若说新教育"只注重新知识,将人格的扶植,德性的涵养,都放在脑后",未免对于新教育有些不公。实际上,清末兴学便开设"修身科",自此以后,由上而下,对于修身科的教科书编写、讲授方式的关注和讨论较之其他科目更甚，可见新教育对于道德教育的重视程度。张元济本人就主持编写了第一套完整的小学修身教科书。尽管投入了此等关注和努力，现实情况却是，新教育历三十年为一世却"道未更"，甚或更坏，简直是落得个"种麻得黍"的局面。不过，张元济在《我国现在和将来教育的职责》一文中还是积极探讨教育的出路，不仅讨论了国难时如何坚持办学的问题，还冀望着借从前教育被毁的时机，一改从前纨绔的教育习气，促进教育的平民化、乡村化。这倒是与胡适所提"教育破产的救济方法还是教育"的方针一脉相承。

张元济所指出的问题，在潘光旦看来却并非是"种麻得黍"，而是新教育的自种因果。近代教育看着像"种麻得黍"，其实充满了走错了路却不自知的迷惘——自己不问种的是不是麻，却对黍的出现大感不解。潘光旦在1936年所写的《国难与教育的忏悔》一文中说道：

近代所谓新教育有许多对不起青年与国家的地方。自国难一天比一天的严重，而此种对不起之处才一天比一天的无可掩饰，至最近且到一完全暴露的地步。这种对不起的地方可以用一句话总括起来说：教育没有能使受教的人做一个"人"，做一个"士"。（潘光旦，2013）[138]

潘光旦幼年入"养正学堂"，对传统"蒙以养正"的教育体会深刻，对于青年人的性情和心理问题比较留心。在他看来，近代教育只有公民教育、职业技能教育和专家教育，没有"士"的教育，不能教育青年人对情志进行调节和维持，甚至根本不关心情志的问题。青年人于是陷入了流放、胶执、消沉、澌灭的危险中（潘光旦，2013）[141]。而所谓"士"的教育，第一要立志，第二要学忠恕一贯的道理，在教育方法上要提供好榜样。这榜样不仅是过去的贤人哲士，还有从政的人，最重要的是师道。现代教育不能提供好榜样，又将公德和私德、知识和情志分开，教育之外另立"训育"，割裂之下，便只剩下知识教育了。（潘光旦，2013）[145-152] 潘光旦受过新教育且负笈海外，当然不至于反对现代知识的学习。这番议论触及近代教育的诸多方面，核心话题其实是传统的那套修养自我的学问在现代教育中如何延续。新教育付出种种努力、尝试各种各样的教学方法之后，依然找不到答案，以至于让人质疑的不仅是所谓的训育或修身，而是整个新教育的方向。

知识和情感是新教育与文化转型的一大论题。如果说，新教育的算学、格致、化学等知识性学科是从无到有、西学东渐式地进入中国教育体系中的话，那么，修身、国文、历史等与中国固有传统有着深刻关联的学科，面临的则是"苟日新，日日新，又日新"的新旧转换。其中，承担国民性改造大任的修身教育最为复杂。从甲午之后"新民德"的提出开始，国民性改造贯穿中国现代化进程之始终，是一切教育行动的基点。然而，"国民"的意涵和要求随着现代化进程不断演变，修身教育也必随之迭变。另一大问题则是，对于修身教育背后悠久的修身传统在现代转化中究竟有何种意义，不同行动主体有着截然不同的分判。如前文潘光旦和傅斯年同样提及"士大夫教育"，却得到完全相反的结论。前者看重"士"的教育的理想性和超越性追求，而后者看到的是"士大夫"在中国漫长历史中所表现出来的依附性。对于二者，我们难以轻断孰是孰非，因为"传统"本来就具有复杂面向，内部的分际甚为细微，牵一发而动全身。面对这样的传统，择取和舍弃似乎全凭主观意志。由此，群体间的思想和行动便会呈现多歧性，且这种多歧性又随时局变化而有不同结论。正如清末"门墙桃李"的观念至民国时期已消耗殆尽，教育沦为政治的附庸。备受官场习气侵蚀的教育界，实在很难不对这种传统产生抵触。

从"教育救国"到"教育并非万能"，所反映的不仅仅是现代化进程中教育价值的重新估计，更是中国社会和文化由"传统"向"现代"的系统重构。

价值、话语与消耗性转换

新旧迭变中必有论争，关于新旧教育的各种论争此起彼伏，有一些主题甚至贯穿始终，如知识和情感、公德和私德、真理和意义、学术和政治、私塾和学堂等（左松涛，2017；应星，2017；陆胤，2015；熊春文，2012）。这些论争，有的属于价值问题，有的属于话语问题，价值可有高下取舍之分，话语则存陈旧和新颖之别。

世界意义上的近代教育都是与启蒙价值关联在一起的。而在中国近代的社会情境下，文化启蒙一开始"不是为祛除混淆而进行的知识革命，而是先行者个案式的精神动员"（董标，2006）。潘光旦批评新教育失掉"士的教育"之前，须得先理会教育本身性质的变化。精神动员的目标在"新民"，新民的要求出于国家，"士的教育"或者做人的教育奠基于普遍人性。二者表征着近代教育的双重属性，前者关联着教育的政治学、社会学基础，后者关联着教育的伦理学、哲学基础。二者的张力本是近代教育的题中之义，取舍间的差异形成了不同的教育学形态。（董标，2006）

价值问题虽是核心，却是隐伏的，显明于外的是话语。如果说近代教育的进程实是一系列价值的"取代"或"转换"，其转换的表征则是文字、语言和概念及其所形成的知识系统的革新。新学的引入带来了新的语汇，并创造了新的文体。潘光旦明白自己的一番议论将被视为"开倒车"，尽管当时"开倒车"的也并非少数，但将其挑明是要表明自己对于什么是"进步的潮流"具有清醒的认识。实际上，近代以来话语的取代已经深入教育文化的内部，即如潘光旦所使用的"人格"一词也是近代以来从日本流入中国的西学新词。

话语不仅可以静态表征价值意涵，更能成为动态造势的工具。以修身科为例，清末兴学，清廷中枢执意同时设置"修身"和"读经"两科，意在抵挡"西学"对"中学"的过分挤压。到民国以后,"读经"废而"修身"存,修身科的作用被固定为道德培养。在1915—1916年一片读经的复古浪潮中,商务印书馆出版林纾的《修身讲义》,重新标举修身的道德修养本义,借以抵抗读经背后的复古主义;壬戌学制拟定期间,坚持保存修身科者意在借此维护传统伦理的阵地,而主张废除者则力图使修身为公民教育让路。可见,近代关于修身科的反复讨论,实际上也暗含各方的话语之争。

当话语挣脱价值,演变为权力之争,便反过来遮蔽了价值问题。新旧之间的转换有时候就是消耗性的。"消耗"意味着错失了真正的问题。"种麻得黍"的迷惑,就是其中的一个结果。其原因可以追至严复最初提倡的,与"鼓民力、开民智、新民德"功能相应的体育、智育、德育分立的概念。将教育肢解三分的表述有利于扩充对教育功能的认识,同时预示了"民智"作为富强之源,是教育改革的第一目标。迷惑还包括新旧派论争中由立场先行的偏见所形成的各种污名化概念。"消耗"的另一层含义是,新旧转换所使用的"格义"法对旧有文化资源的拆解。20世纪的知识分子采取"格义"的方式在传统学问的基础上建构现代知识体系(社会科学),本身是创造性转换的工作。其中的消耗可算是创造性转换的代价之一。

消耗性转换揭示了历史演变过程中的多歧性和复杂性。在"进步"的主旋律之外,还存在一些"执拗的低音"[①]。例如,近代大量传统私塾被改造成学堂往往可以被视为现代教育"向前"发展的新旧更替过程,但实际上在当时人眼里,学堂的学风远不如传统私塾。私塾在国文教学方面更加

---

① 王汎森用"执拗的低音"命名自己的一本演讲集,这本书讨论了史学研究的视野和方法论,特别是"重访"了近百年来被新派论述所压抑下去的声音。他所指的"低音"包括:(1)被近代学术及思潮一层又一层复写、掩蔽、遮盖、边缘化,或属于潜流的质素。(2)与创造性转换同时进行的消耗性转换,以及它对历史研究造成"意义倒置谬误"的现象。(3)方法或视野上的"后见之明"问题。(4)一些长期以来被认为具有永恒性,在近代却被长期忽略的主题。参见王汎森.执拗的低音:一些历史思考方式的反思[M].北京:生活·读书·新知三联书店,2014:1-2.

扎实，人们提倡改良私塾其实带有保存国粹的初衷。① 再比如与"修身"关系最密切的身体观问题。近代修身教育将传统养生医学纳入"卫生"教育当中。"卫生"的观念以近代生理学为基础，这种转化无形中拆解了传统整体身心观。直到今天，我们依然使用"精神卫生""用脑卫生""睡眠卫生"等词，与抗菌毫无相关的医嘱也常被冠以"卫生教育"的名头。这是一种价值和话语的双重取代。

晚清的教育文化改造与革命风潮存在紧密的关联。包括兴学在内的清末新政，有一个总体趋势，那就是核心力量从清廷中枢转移到地方。晚清中央与地方实力的消长随着列强入侵而不断加剧。1905年清廷成立学部，实际上也是为了加强中央对教育的掌控权，使教育行政归于统一。对于此举，无论是当时的教育界还是后来的研究者，多是予以肯定。当时在商务印书馆任编辑的杜亚泉则发表了迥异的意见。他认为教育行政宜力主放任，减少干涉。② 杜亚泉已经看到，在有官僚政治传统的外国，若政府太有作为，"势且不可久"，而现代教育体系庞大，清廷"废科举，兴学堂"实则是"小政府"要办大教育，力量不足恃。（罗志田，2012）^{代序}而从中国的历史来看，情形似乎也是如此：

> 凡吾国之教育，其受政府之干涉者，皆失其自然生活之能力。读

---

① 沪江大学学生夏长桢在作文《改良私塾刍议》中写道："国文者，吾先圣昔贤教人之本而国之所以立也。学者当童稚之年不固植其国学之基础，虽新学日进，而值本不固，至它日而求之，晚矣。余幼时曾受教于私塾者也，故深知其不可以废。且今者方昌言普及教育矣，公私之力不充，安在有普及之望，改良私塾，其庶几言，教育者所乐闻而亦，主保存国粹者所乐尚乎。"参见卢寿笺.民国老作文：上：全国学校国文成绩文库甲编[M]. 北京：中国华侨出版社，2013：191.
② 清政府以"奖励出身"推动教育普及，造成种种问题。杜亚泉在《论今日之教育行政》中指出"同一以出身奖励为政策之教育行政，则学堂奖励之效果，必不及科举奖励之效果"，因为科举看的是"学力"，可通过自修达到，学堂看的是"学级"，不鼓励自修；新教育耗资巨大，非但国家经费要投入，学生还要交学费，而中等以下人家根本负担不起；再则，在奖励之下，全国学堂鱼龙混杂，奖励滋生腐败。他观察到："今日我国之教育行政上，所持以速普及教育之目的者，果有若何之政策耶？予得一言以蔽之，曰出身之奖励而已。然则此出身奖励之政策，果得收若何之效果耶？此即今日所欲论究之问题也。"参见杜亚泉.论今日之教育行政[M]// 田建业，等.杜亚泉文选.上海：华东师范大学出版社，1993：21-24.

圣贤书，发明义理，为立身虑世计，所以求高尚之生活也。政府干涉之，而贴括之文，乃日流于污下，不足与于学艺之林，习为此文者，除向政府讨生活以外，无可以自立。他如农工商业，与夫算术绘画之类，民间自相傅习，不受政府之干涉，虽其学术不及近世欧美各邦之发达，而其中固有确实之经验、精当之理法，为近世专家所取资者，全国之生活机能，今犹惟此是赖，决不至无用如八股也。以是观之，教育之事，听诸社会之自谋，虽未必骤见进步，而其结果必较政府之干涉为良。（杜亚泉，1993）[27]

杜亚泉此论发表于1911年10月的《东方杂志》，他在文中向清廷提出减政的建议。但此时，武昌起义的枪声已经打响。清代督抚拥有不小的独立权限，常利用其居于民间和中央的中间地位进行运作。清廷欲加强中央权力，却最终激化了矛盾，将民众推到对立面去。清廷在辛亥年收回四川路权的举措最终引发了保路运动就是一例，也正是保路运动为武昌起义提供了契机。（罗志田，2012）[代序]

杜亚泉是中国近代最早传播自然科学知识的启蒙知识分子，他对于国家和个人关系的自由主义倾向与时代浪潮迥异。在1918年与陈独秀的中西文化辩论中，他提倡东西文化调和论，被陈独秀斥为"人类惰性的恶德"，因此一直被视为反对改革的落伍者。文化调和论者其实并不反对改革，而是主张渐进式改良，重视文化的延续与对传统资源的挖掘。杜亚泉强调的"勿轻易排斥异己之思想""勿极端主张自己之思想"的自由主义观点来自儒家"毋意、毋必、毋固、毋我"的修身传统，但杜亚泉使这种观点和现代民主思想接轨，与数十年后胡适所提出的"容忍比自由更重要"有近似的内涵。（王元化，2007）[147-166]

在中西文化碰撞中，几乎所有对儒家传统抱有同情态度的人——如梁漱溟、陈寅恪——都将伦理道德视为中国文化的基础。不过，他们同样面临一个问题，即传统伦理道德与君道臣节、名教纲常之间的张力。在共和的前景下，如何区分传统资源中克己复礼、"修齐治平"乃至孝悌忠信的历史价值与限度，是一个伴随修身教育乃至新教育发展始终的问题。令人遗憾的是，在近代迫切、激烈的文化改造中，这些问题并没有得到及时的仔细澄清与探究。

本书在近代中国教育文化转型的视域下探讨"修身"的问题，也涉及价值、话语和转化过程中的消耗性问题。价值和话语的争论发生在教育场域内部关于修身科的讨论中，而消耗性转换则不仅发生于教育内部，还存在于那些被教育的体制排除出去的、最终在教育视野中消失不见的边缘性经验。

近代教育图景的不同构面

古楳在《现代中国及其教育》中将新教育分为"抵制新敌国的教育"和"改造新国家的教育"（中国学术名著提要编委会，2019）[1003]。前者开始早、程度浅，主要是官绅阶层的行动，如甲午战争前开始的洋务教育。这一时期的教育举措主要是培养翻译和军事人才，派遣留学生。这种抵制敌国的教育虽然有进展，但受到的新敌国的侵入也更剧烈，遂告失败。继而，后一种教育兴起。"甲午丧师，外患日亟，国民惕厉，颇知富强之基，端在教育。"（杜亚泉 等，2012）[149]当人才、知识、教育与国家富强关联在一起，教育改革实质上成为一种社会动员。甲午战争之后，兴学主体从官绅扩大到民间士绅以及留学生，兴办学堂更具有普通教育性质。

研究者通常用"从'臣民'到'国民'"来描述近代教育的演变历程，将所有的教育行动都归入这样一个叙事线中。清末兴学过程中的国民意识的确与外敌入侵带来的压迫感相关。而如果考虑教育行动的主体，进一步询问"谁的新教育"，便会感到这种整齐划一的描述遮蔽了近代教育图景的多重线索。实际上，参与清末兴学的不同主体与时代观念和教育行动之间存在不同的交互形式。

所谓"改造的教育"不仅在于改造教育本身，也促生了改造行动的新的主体，即推动"文化转型"的民间知识阶层。张灏以甲午战争为"转型时代"（1895—1925年）之始。这一时期，报纸杂志、新式学校及学会等传播媒介大量涌现，与之相应，出现了"知识阶层"这类新的社群媒体。（张灏，2004）[37] 甲午战争之后新的传播媒介面向国家和社会层面转型，主要参与者为知识精英。至庚子国变后，清廷转向变革，民间知识阶层的教育行动呈现出平民性格，以报刊为主要启蒙阵地，女性、儿童被纳入国民队列。20世纪初，民间报业先驱彭翼仲受庚子国变的刺激，以"开启童智""开启民智""开启官智"为宗旨，在北京相继创办《启蒙画报》《京话日报》《中华报》三份白话报纸。《启蒙画报》专给十岁上下的儿童阅读，参考当时中西教育课程，设有伦理、掌故、地舆、格致、算术、动植物等相关栏目。据梁漱溟回忆，《启蒙画报》的内容主要是科学知识，其次是历史掌故、名人逸事，还有《伊索寓言》，图文并茂，让童年期的梁漱溟非常喜爱，从中学到了许多常识和道理。（梁漱溟，2011a）[19]《京话日报》是白话报，不仅刊载国事要闻，也接收普通民众的来稿，因此在普通民众中产生了极大影响。北京城内阅报、讲报蔚然成风，贩夫走卒也通过报纸知道了"合群爱国"的道理。（汤传福，2015）[159-175] 1906年，彭翼仲因报道维新人士遭秘密处决一事被清廷定罪，要被发配至新疆，起解当天，北京市民千人送别，讲报、送报的友人强烈表示要与他一同远赴新疆。这件轰动一时的"彭翼仲案"后来被称作"京城第一报案"，不仅反映出彭翼仲所办报纸在社会上的影响力，更体现了报纸舆论所打开的民间社会生长空间。

不过，像彭翼仲这样的"清末爱国维新运动一个极有力"的人物（另外还有梁漱溟的父亲梁济），在近代历史叙述中所受的关注远不及其所处时代。其原因在于，在近代历史叙述中，政治上的主流是"共和-革命"，文化上的主流是"五四-启蒙"，而彭翼仲、梁济则是"改良-立宪"这条线上的人物。（杨早，2013）他们在清末多提倡新学，主张改良而反对革命，民国以后的乱象则使他们对国家命运丧失信心。立宪派中的大多数人似乎都具有相似的思想历程，包括林纾、徐炯这样在清末提倡改革，在民国后拥护传统价值，被视为"遗老"的士绅。彭翼仲办白话启蒙报的影响所及，当然不止梁漱溟。当时在北京通州武卫左军当兵的陈干深受《启蒙画报》《京话日报》的维新思想启发，对彭翼仲执弟子礼，后来却参加同盟会，走上了完全不同的道路。（姜纬堂 等，1996）[175-176]从这些事迹可见，近代各类思潮、行动主体并不那么泾渭分明。新旧思潮的更迭有时候并不表现为直接的"替换"，而是一种"叠加"。先后出现的洋务派、维新派、革命派彼此之间的教育行动多有交汇。

甲午战争至戊戌变法期间，是洋务派和维新派活动交叠的时期，也是晚清兴学的酝酿期。清廷内部，不少在任的官员对于维新运动抱有相当的同情。百日维新的失败并不意味着维新思想的退潮。相反，无论是在清廷内部的官绅中还是在民间的士绅群体中，维新思想一直发酵着。从彭翼仲的例子可看出，社会底层在庚子国变之后对爱国维新有了广泛的认识。维新变法的很多设想最后在清末新政中得到了回应。洋务派和维新派的活动交叠造就了晚清兴学的种种面貌。

交叠意味着多重主体的并行。清末兴学的不同主体——清廷中枢、地方官绅和民间知识分子，虽然都面对着外敌的压迫，但教育行动的价值取向、目标与动机、成效与结局却有相当大的差异。1896年盛宣怀所筹办的南洋公学，原本是为了培养洋务人才。戊戌变法失败后，被革职的张元济经李鸿章的介绍到南洋公学工作，后接任公学总理。张元济创建译书院和特班，聘蔡元培为特班总教习，南洋公学后来成为清末留学生的摇篮。经由南洋公学留日的学生多受维新思想影响，其中多位后来加入了同盟会。同时，南洋公学也培养了一批回国兴办学堂、从事现代教育学研究的专业学者。

清廷在最后十年所开启的现代转化，伴随着中央与地方权势消长，也使诸多传统内部的分际演化成不同路线之间的分歧。从张百熙就任管学大臣开始，北洋、南洋派系势力的较量便渗入了教育行政的人事任命中（关晓红，2000）[153-194]，而政策制定又深受传统学术中经学和理学的分际的左右。壬寅-癸卯学制的制定是清廷中枢对教育改革不同路线妥协的结果，但这个结果落到地方兴学的各类行动中却只是一个背景。留日师范生兴办小学,一面宣传"日本维新发端在于教育说",一面商量着排满革命的计划。(李劼人,2011)[63] 有留日经历的士绅们的兴学就更为复杂。其中不乏有人因科举断路或对清廷失望而开始寻求其他人生道路,但也有人是因为清廷奖励兴学而借机谋求政绩或掌控地方权力。前者如成都"五老七贤"之一的徐炯,戊戌变法失败后绝意于科举,一心办教育,成为清末成都立宪派代表。后者如沈葆桢的孙子沈赞清,借先祖所积累的政治资源掌控广西学界。沈氏身兼广西省城五所高等学堂的总办,兴办学堂只注重修建精美建筑,任用教员并不看其才学,而是看能给他进贡银两的数量,被时人视为广西学界的一大祸害。(林志捷,2015)[48]

中国有"三十年为一世"的说法,思想和群体通过教育的世代效应的"累进",实现其新旧交接。清末民初卷入教育改革中的知识分子前期大致活跃于戊戌变法至辛亥革命之间。最开始的一代人是维新运动至清末新政时仍在仕途的士大夫们,如执掌清末教育改革的学务大臣张百熙、张之洞,赴日考察的桐城派领袖吴汝纶,甚至在地方兴学的袁世凯等。从年代上说,这些人多生于1840年鸦片战争前后——张之洞(1837年生)、吴汝纶(1840年生)、张百熙(1847年生)、袁世凯(1859年生),他们在思想上与洋务派有延承关系,如张之洞本人即是洋务大臣,吴汝纶则是曾国藩幕僚。这些人多握有政治实权,属于清政府内部的革新力量。前期的第二代人则有所不同,他们处于清政府的政权边缘,而后从仕途进入教育和出版领域,如张元济、蔡元培两位翰林以及罗振玉、王国维等。在出生年代上,他们稍晚一些——罗振玉(1866年生)、张元济(1867年生)、蔡元培(1868年生)、王国维(1877年生)。戊戌变法之后,严复、梁启超虽然不在教育界,但他们与清政府官员以及出版界有着密切联系,从思想文化上推动了教育变革,可算是第一代启蒙知识分子。严复最早提出"鼓民力、开民智、新民德"的"三育"观点,梁启超的《新民说》可谓发近代道德革命之先声。前期的知识分子多数兼备旧学与新知,以旧学为根基。贯穿其中的是"以旧开新"的"维新"思想,这一思想由甲午战争促发，一直绵延至清末。

后期知识分子以新式学生，尤其是留学生为主流，他们是从新式教育中成长起来的一代人。1905年废科举以后，学堂教育和留学运动兴起。读书人从传统士大夫转变为近代知识分子主要是从这一代新式学生开始的。按照应星对湖南地区新式学堂的分析，1905年以后的学堂教育改变了原来的社会支配关系，在学堂中"皇权被虚置了，官绅富商获得了全面的控制权"，同时"遮蔽支配关系的合法化机制被破坏了"[1]。传统的"士绅惯习"使得新式学生依然将读书与政治紧密联系在一起，但是他们与清政府的关系不再像上一代士绅那样是合作关系。无论是出于民族主义还是个人利益的诉求，他们与清政府形成了一种对抗关系。这意味着知识阶层与统治阶层的分离。清政府以学堂替代科举本意是维护文教体制内的士绅培养通道，但现实中却造就了革命的反体制冲动的温床。留日学生反清情绪高涨，同盟会成立后最初的两年即以学生为主体。所谓"辛亥革命一代"就主要来自第一代新式学生。民国初年，留日学生是教育改革的主要力量。这一时期的教育革新与清末新政时期有较大的连续性。从教科书出版业来看，自癸卯学制实行至民国前十年，教科书主要以日本模式为范本，这一时期参编教科书的人员多有留日背景，如高凤谦、蒋智由，他们与张元济、蔡元培属于同一代人。民国初年，蔡元培颁行的教育政策与蒋维乔、陆费逵等人的出谋划策有关。而到了20世纪20年代，留美学生取代留日学生成为之后教育运动的主要推动者，教育改革的面貌有了大的转变。实际上，以"学术"为标志的知识分子群体是在留美学生回国以后才真正得以形成的。这与蔡元培的教育理想有关。在担任教育总长之时，蔡元培就有意改变清末以来以发展基础教育为重的思路，而认为更应该先办好的是高等教育。他的看法与当时的教育次长范源廉意见相左。范在蔡离

---

[1] 科举提供的渠道能够使得贫富贵贱各阶层都被吸附到这一秩序安排之内，而学堂兴起之后，各类支配关系（如城市对乡村的支配、受教育者对未受教育者的支配）不加遮掩地结合在一起，造成了社会结构的断裂和阶层的对立。参见应星.新教育场域的兴起：1895—1926[M].北京：生活·读书·新知三联书店，2017：73.

职以后接任教育总长。直到蔡元培执掌北京大学，他才得以实践自己造就"高等学术"的理想，致力于将北大打造成一等学府。也正是在蔡元培时代的北大，"五四一代"的文化精英汇集于斯，掀起了新文化运动。教育界的专业人员也是从留美学生回国以后逐渐形成的，如郭秉文、蒋梦麟、陶行知、陈鹤琴、廖世承等。应星指出，蔡元培在整顿北大时试图在"政统"与"道统"之间建立新的"学统"——学术社会。这个"学统"以西方经验科学为基础，是"为学问而学问"的科学话语世界。蔡元培希望能以学术的独立自主精神制衡"政统"，在美育的辅佐下重塑"道统"。（应星，2017）[223-224]然而，蔡元培所冀望的平衡在1920年以后就变得脆弱。新文化运动后期，"研究问题"和"宣传主义"已经形成了不同阵营。学术思想之争最终演变为"道路和主义"之争。国家和社会的问题使得"五四一代"学生在为求"学术"而读书还是为"救国"而读书中纠结。伴随这些争论和纠结的是不同取向的改造社会的运动实践，当然，这些实践已经与传统士大夫的实践相去千里。

不同阵营的教育行动都带有对国民的某种诠释，展现了近代教育的不同侧面，因此，描绘近代教育图景，不能不注意思想、群体与行动之间复杂的交互效应。

"修身"之存续与趋别

如果说新教育是针对国民性的文化改造，那么修身教育便是其中承担"新民德"重任的一场文化行动。修身科的开设居于"转型时代"之内。1902—1904年，清政府制定了中国第一个现代学制——壬寅-癸卯学制，其中就规定了中小学堂要设置修身科，这也被视作近代学校道德课程的开端。1912—1913年，民国教育部颁行壬子癸丑学制，修身科作为道德课程得以延续。而在1922年颁布的壬戌学制中，修身科被改为公民科，后又被列入社会科之下。修身科横跨了清末和民初，其去留存废总是在历次教育革新中备受关注，引发了激烈的讨论，是文化界和当局者最关心的教育科目。

王汎森指出，宋明理学的道德修养资源在近代思想与行动中存在着纷繁多样的影响。近代人物无论其观念倾向和政治立场如何，一旦涉及个人道德修养，多数人会转回宋明理学中寻找资源。但是这些传统资源之间原有的有机联络却是破裂散开的，成为互不相干的一堆材料形式。在新的理念或主义的介入下，它们不断游离并重组。（王汎森，2018）[152-153]也正是因为这种重组，原有结构中的约束不再起作用，特定因素的作用可能被放大。王汎森也注意到了近代修身科，但没有展开论述。无疑，修身科是新教育框架下重组宋明理学传统资源的极具参考意义的范例。

始设于清末的修身科，可被视为传统修身之学融入现代教育体系的一次努力。清末学制特别指出——"修身之道备在《四书》"（璩鑫圭 等，1991）[308]，并要求摘讲朱子的《小学》、刘宗周的《人谱》等。不过，在清末民初的新教育课程建设中，修身与国文、历史等"中学"科目的最终命运不尽相同。国文、历史最终完成了现代学科式的转化，建构了相应的知识体系。修身科则不然，虽然被当作中国近代德育课程和近代德育改革的历史范例（黄书光，2008；郑航，2004），但是它的目标、内容与特征却没有被延续至后来的道德教育之中。相较于国文、历史的古今转化，修身科的衍变更接近古今之间的取代，是一种更为彻底的替换。近代道德课程的演变往往被描述为从修身科到公民科的过程，修身科被看作公民科的前身（陈华，2012；孙凤华，2008；岳刚德，2010；张婷，2013）。这样，从国民塑造的目标来看，修身科虽是传统德育的近代转型，却是一种不彻底的转型、一种缺位的启蒙。（尚红娟，2011）

修身科与公民科的迭代，因应了梁启超从《新民说》所开启的私德与公德畛域之分。修身科在近代中国和日本的设置在某种程度上代表了儒学传统的近代延续，其内含的于己、于人、于社会、于国家的各类德目也多是从传统伦理的角度阐释的。由己身到社会再到国家的结构显然与"修齐治平"传统密不可分，不过，这种将国家富强之希望寄托于国民个体的修身实践思路,并不仅仅存在于修身科,也同样适用于公民科。

在经历明治中期的自由民权运动和大正时期的民主运动之后,日本朝野上下提倡公民教育。20世纪20年代,日本各类学校开始设置公民科,教学宗旨是"在讲授法制、经济及社会事项之概要的同时,特别是要让学生领会遵法精神与共存共荣之本义,培养为公共奉献、协同处事之风气,进行公民性陶冶"(田雪梅,2016)[176]。不过,日本的公民教育始终没有超出国民教育的范畴。按照一般理解,公民教育目的在于培养学生良好的公民习惯,使其具有参与社会事业的兴味、良好的公民道德的理想;(《金海观全集》编纂委员会,2003)[47]而国民教育的目标在于教育儿童,使其能生活于国家团体之内,并能发扬其团体的文化特色。日本公民教育的本质是政治教育,以"政治心的涵养"为主要目的之一,强调培养有关国体之信念和健全之国民,缺乏对公民政治内涵的自觉认识。(范寿康,1937)[45](田雪梅,2016)[176]并且,日本民权运动虽然受世界潮流影响,却没有摆脱忠君爱国观念,其公民教育也包含向外扩张的国家主义意图。(范寿康,1937)[19]于日本而言,在近代国家主义的影响下,无论是修身科指涉的道德内涵,还是公民科关注的政治素养,都成为国家权力扩张的工具。

近代中国的修身科在民国初年便甩去"忠君"的包袱,将"法制大意""国家观念"纳入修身要义,强调养成国民品格。考察辛亥革命前后修身教科书的变化,很容易看出,在中国近代公民教育中,国家意识、国家思想是重要内容,公民教育同样也是国民教育(吴亚玲,2011)。比较大的争议出现在1922年壬戌学制颁布前关于修身科存废与公民科设置的讨论中。其实,无论是修身科还是公民科,在近代文化变迁中都属于"新民德"。民国的成立非但没有使国家走上富强道路,反而使社会出现各种乱象,使得人们对于清末修身科初设时抱有的"修身强国"梦想逐步破灭,关于修身科存废的讨论不绝于耳。

废除修身科的观点主要集中在两方面。第一个观点认为,以学科方式教授儿童道德不合于学校教育原理。20世纪20年代,中国教育界已经接受杜威"学校即生活"的教育学理念。废除修身科的几个理由包括：从教育目的的角度看，学校教育以儿童生活为中心，道德养成也要切合学生生活需要，注重实践，不应该用脱离生活的传统格言、教训来规训儿童。学校的每个科目都具有道德教育的功用，不应当单独设置修身科。修身关涉儿童心理，包含一种美育，不能用一种严肃的方法。如果特设修身科，则学生必须考试。从教育实践的角度看，学校教育制度和讲授法形式，与修身教育所应有的价值培养、情感熏陶之间的确有枘凿之处。现代教育制度下的道德教育的成效至今也是值得讨论的问题。

废除修身科的第二个观点认为，修身科注重个人消极方面的工夫，无法养成共和国国民之品格。1918年《教育周报》上的《时局与修身教授》一文指出，国人"见国事不可为，咸存消极之思，独善其身，竟甘遁世绝俗"，品格更低下者则"见富贵之可悻得，皆怀侥幸之心，放纵其私，不恤祸国败群"（文叔，1918）。民国建立后，民众因挣脱原先专制社会之约束，享自由之权，却缺乏公民教育，以至于衍生种种乱象。有鉴于此，文章主张修身教授一方面要注重意志活动，铲除消极思想；另一方面应该加入"公民教授"，以培养共和国民主之品格，革除社会民众的侥幸投机心理。（文叔，1918）其实，该文最后提倡的"克己捐私""确守本分""急公好义""尽瘁群国"诸民德，仍然不出梁启超在晚清所论公德的范畴。但显然，此时的公德培养已经不再寄希望于修身教育，而呼唤公民教育的出场。

新文化运动所开启的道德革命和伦理革命，打开了进一步反思修身教育之限度的空间——中国的旧伦理需要改造。对于旧伦理的批判最终指向了"家庭革命"。家庭革命与公民教育可被视为一体两面。家庭革命所反抗的封建礼教实质为家长制，所谓情感的泪没、对儿童心理的忽视，乃至礼教的"吃人"，统统可以归于这一点。而在"修齐治平"的传统中，家庭恰为个人与国家之间的枢纽，唯有从家庭中解放出来，才能建立与社会、国家等公共领域的直接关联。从修身科到公民科的演变，代表着道德领域和法制、经济等领域的分际（"公德－私德"），同时也意味着"修齐治平"传统在近代中国的崩解。

然而，修身教育是否仍然有不能够被公民教育所取代的部分呢？答案是有的。1921 年在讨论修身科存废时已有人注意到，修身包含一种美育。有意思的是，在公民科取代修身科后不久，教育界开始提倡以"美育"代替"宗教"，审美研究也开始受到重视。其实，审美意蕴是"修身养性"传统的题中应有之义。只不过，由于国民性改造的迫切性，修身传统的道德 - 政治面向（"修齐治平"）在近代转化中被凸显，进而遮蔽了修身传统的其他面向（"修身养性"）。当修身教育最后演变为公民教育，修身传统的"审美"向度出现了缺位，补位的工作最终由 20 世纪二三十年代出现的美育思潮来完成。实际上，修身传统在近代面临的拆解远不止道德与审美两个领域。就"修身养性"而言，其不仅包括审美意趣的陶养，还涉及身心体验和对心性自由的追求等方面。这些方面的转化与医学、心理学的近代转化缠绕在一起，最终衍生出中国人不同的身体观念。不过，以往对近代修身教育的讨论在这些方面尚付阙如。

从修身传统的视角来看，近代修身教育的演变是一个存续与趋别的过程。"存续"意指一种将传统融入现代教育制度中以期延续的努力。"趋别"一词则具有复杂的内涵。该词原本出自德里达对语言和书写的现象学时间分析，是符号和语言得以再现意义的本原性构成，这个构成具有时间性，既是一种区别（分裂），又是一种延迟的在场。[①] 这里借用它同时兼有的"拖延"与"区别"之意，喻指近代修身科在名义与意义上的背离。本是"为己之学"的修身，在近代民族危机之下，屡屡成为建构国民品格、寻求国家富强的手段和工具，多少有些背离其原义。而作为道德课程的修身科虽然名为"修身"，其意义却在现代教育体制下发生了分叉，演变为其他性质的教育。由此观之，旨在教人"修身"的修身教育在设置之始就形成了一个悖论。这种分叉和背离（区别）在历史境域的转换中才凸显出来，具有时间性的"趋别"与"存续"的状态是统一的。

---

① 这个词就是德里达使用的 différance，通常翻译为"延异"，代表着"在场性死亡"，张祥龙将其译为"趋别"以表现德里达对语音中心主义的批评意味。参见张祥龙. 朝向事情本身：现象学导论七讲 [M]. 北京：团结出版社，2003：337.

修身教科书与文化转型

如果说每个历史时期都有其特定的文化产物，如唐诗、宋词、汉文章，那么，教科书得算是中国近代的文化产物。教科书因应新式教育的学科分类、班级授课制和课堂讲授法等要求而产生。（石鸥 等，2012，2013）。在近代新旧教育之间的转换中，教科书这种带有现代教育设计理念的教学性文本取代了传统"经典"，全面覆盖了教育实践的各个角落。因此，教科书是近代教育的产物。不过，这句话反过来说也是成立的。清末民初，编写教科书是一种文化启蒙行动。正是由于近代教育的普及，才有了中国历史上前所未有的一种文化现象——主流知识分子纷纷投身基础教育界，为适龄学童编写教科书。清末民初的教科书审定制度给民间知识分子的文化行动提供了开放性空间，使他们能够以编纂教科书的方式参与教育改革。（吴小鸥，2015）转型时代的三次学制变革，都是在知识分子的策动下进行的，其中不乏出版界人士。在此意义上，教科书塑造了近代教育。参与编写教科书的知识分子实际上都是第一代新教育的建设者，对新教育有开创之功。

安德森在《想象的共同体：民族主义的起源与散布》中指出，"印刷资本主义"是建构现代民族国家的必要条件。（安德森，2016）[38-45]中国近代的教科书出版业巨擘——商务印书馆的发展史则证明，普及教育是中国近代印刷资本主义建构现代民族国家的重要桥梁。张元济、蔡元培等人加入商务印书馆都抱着投身新教育事业的初衷。现代出版业适逢其时地为后科举时代的知识分子投身文教事业提供了新渠道。以传统眼光来看，这些"民间的"知识分子以新媒介为阵地进行文化启蒙，何尝不是一种"觉民行道"的努力。

作为一种新媒介，教科书是连通学校教育与社会转型的纽带，使体制内的教育能够迅速回应体制外的文化变革。而教科书相较于其他新媒介的特殊性，在于它通过新式学校的体系所抵达的范围之广阔，以及对后辈群体影响之深远。就教科书的文化属性而言，修身教科书内容变迁几乎折射了转型时期文化取向危机的所有面向。张灏指出转型时代的文化取向危机表现在价值取向、精神取向、文化认同三方面。在价值取向上，尽管儒家德性伦理基本模式（《大学》之修身）的影响尚在，但其实质内容已经模糊并淡化，以"三纲"为核心的规范伦理则受到西方思潮的强烈冲击；在精神取向上，传统儒家的宇宙观受到严重挑战，这代表传统意义架构的动摇，使中国人不得不重新面对一些传统文化中已经有所安顿的生命和宇宙意义问题；文化认同危机则是从19世纪与西方接触以来就不断深化，集中体现为"古今中西"之争。（张灏，2004）[50-51] 这三方面危机汇聚在修身传统的近代命运上。修身教科书反映了近代知识分子应对文化取向危机时所做的种种努力，尤其是宏观的文化变迁下具体的知识建构过程。具体来说，有三个方面。

第一，在教育学意义上，修身教科书代替传统道德典籍成为道德教化的法定文本，开启了道德教育的古今之变。诚如王汎森所指出的，无论传统资源如何被转化进入现代文化结构中，其内部结构已经被拆解，散落成互不相干的分子，不断进行重组。修身教科书固然延续了传统伦理道德的内容，然而，教科书的形式决定了它已经无法再复刻古代道德教化的过程。与当时存在的其他类型的修身书相较，比如丁福保编写的《少年进德录》、梁启超编写的《德育鉴》，修身教科书的显著特点是，与分科教学、班级授课的现代学校教育体系相配合，其背后是一整套的现代教育思想。

清末民初，赫尔巴特学派的教育思想被引入中国。一方面，这促使"教育学"有了独立学科地位；另一方面，形式教授法配合班级授课制，被中国教育界接纳，成为真正意义上的现代教学方法。（吴洪成 等，2013）现代教育制度下的修身科与传统修身之学由此产生差别。

修身是一种"为己之学"，所谓反求诸己、克己复礼、自省慎独都强调关心自己、面向自己。这样的教育高度依赖个人自觉，以"自课"（自我教育）为主，重学不重教；师生之间既是"先觉"与"后觉"的关系，也具有"以文会友""以友辅仁"的性质，抑或师生有类父子①；修身之学以传统经学为根基，经学虽有四部之分，却没有分科课程观念；修身之学以"尊德性""道问学"为要，将学问和道德视作一回事，不重视专门化的知识系统。宋明理学重视"涵养"与"致知"的修身工夫。涵养是默会地学习，贯穿在经典诵记、游冶生活，乃至日常处事的间隙。"格物致知"与"游艺"相结合，发展出来的"观物"思维导向一种审美意趣。宋儒强调"半日静坐，半日读书"正是为了保育这种"藏－修－息－游"②的修身过程。

班级讲授制度的特点是高效率。夸美纽斯盛赞的"教学术"（Didachography）如同印刷一般，通过教师的声音，将知识符号印在学生的头脑中。教师是课堂绝对的中心，有教才有学，教是促进教育活动展开的原动力，师生之间不再是生活化的从游关系，而是"施"与"受"的关系，界限分明。课堂讲授不仅以知识传授为主，同时还受到现代学校严格的作息制度的限制，修身活动中极具个人风格的"涵养"与"致知"难以展开。虽然修身科以嘉言懿行树立德行榜样，却无法摆脱现代教学制度本身的知识化倾向，始终面临"实效不佳"的诘问。

第二，道德教育的转型背后是道德内涵的古今转变和伦理概念的生成问题。现代伦理学的早期形态可追溯至蔡元培、刘师培编写的伦理史、伦理教科书。（杨玉荣，2011）蔡元培在伦理学的建设上用力颇多，他在1900—1901年撰写的《学堂教科论》中对学科进行了分类，首次使用了"伦理学"一词，并将其列在"群学"之下（蔡元培，1994）[9]。蔡元培还编写了《中学修身教科书》与中国首部《中国伦理学史》。他对于修身书和伦理书有明确的界定，即修身书呈现道德实行的规范，伦理学则研

---

① 赵园考察过明清士大夫的师道与师门，如王艮经纪阳明身后之事，便有类于家人；而孙奇逢气象宽裕，师弟即若友朋。儒门师生关系并非全然一样。参见赵园.明清之际士大夫研究：士风与士论[M].北京：北京师范大学出版社，2014：266.
② 《礼记·学记》："君子之于学也，藏焉，修焉，息焉，游焉。"

究道德相关的学理,前者是行为之标准,后者是知识之途径。(蔡元培,2010)[5] 这种知行两分的看法显然是现代学科式的划分。值得注意的是,蔡元培虽肯定"五伦"属伦理学,但强调"义主平等",而不认为传统的"三纲"是伦理道德,而将之归于政治学(政事学)。蔡元培从化学的角度来理解伦理学,认为化学物质的存在使人与人之间产生感应,而感应的互动导致了伦理学的产生。这种看法反映出当时的知识分子受到了自然科学的影响。1906年,刘师培在安徽公学授课,编写《伦理学教科书》,第一次以西方伦理学系统改造中国传统伦理,把ethics的五种类型与《大学》的"修身""齐家""治国""平天下"一一对应。这是中国近代伦理学学科建立的雏形。随后,刘氏详细展开大纲内容。在第一册中阐释对己身之伦理,由己身谈到权利、义务、心、情、意等,把中西伦理学说杂糅起来,力图以西方伦理学的概念统领中国丰富的伦理思想。对于中国传统伦理的固有概念,刘师培也按西方观念重新阐释,如他解释《论语》正身之义时说:"故义之为德,即所以限抑一己之自由而使之不复侵犯他人自由也。"(杨玉荣,2009)在伦理学框架下的中国传统修身之学容易被窄化为人伦道德和个人美德,修身之学中最重要的"工夫"被湮没。修身教科书多以对己、对家、对社会、对国家等不同层面的"伦理"要求为主要内容。(王小静,2012)同时,修身教科书对于现代伦理的阐发方式又带有传统底蕴——更关注道德责任而非法律意义上的"权利"。修身教科书把自由意志论和良知论结合起来,为道德责任的承担提供更合理的论证——认为道德责任优先于道德权利,享受道德权利是尽道德责任的结果。修身教科书虽然教给人们一套观念形态的责任规范体系,但是它的潜台词是把现代中国人塑造成为有责任心的儒者。(顾红亮,2013)

第三,从观念史的角度看,教科书在国族认同与国民塑造方面起到了不可或缺的作用。(毕苑,2007;吴亚玲,2011)其实,清末修身教育中的"爱国"是一个令人纠结的问题。在传统社会中,君主是国家的象征,忠君就是爱国。然而新教育兴起时,社会排满情绪日增,"忠君"是清廷的要求,却不再被民间认定为"爱国"的表现。清末学部编订的教科书宣扬"尊君""报君恩"等内容，民间编纂的教科书很少有"忠君"的内容。①由于教科书须经清政府审定才能发行，民间编订的教科书中的国民形象多少处于"臣民"道德的笼罩下。教科书以"爱国"取代"忠君"，以危机下的"国"替代"君"，让"君"隐没在"国"之后；或是以历史文化来界定"国"，把"国"抽象化为一种精神寄托。民国成立之后，教科书迅速以五色旗作为"国"的象征，商务印书馆更是以"共和国"来命名教科书（毕苑，2015）。"国"从虚位的"君"的"幕后"走到了"前台"。

"国家"观念取代了传统的"天下"观念。传统中的"天""天下"与普遍王权结合在一起，《大学》以"身－家－国－天下"推演出一个"家国同构"的世界观。晚清以来，这种一元的天下观在民危国难中崩溃，转变为多国竞争的世界观。人们试图用"文明回溯"的方式凝聚"国家"意识（文化中国），这种历史观念仍然带有传统家国伦理的色彩。在教科书中，国家仍然被看作一个放大的家庭，孝与爱国之间具有天然联系（沙培德，2013）。修身教科书采取角色伦理结构——从己、家、社会、国家等几个方面来阐述一个国民所应该具有的伦理观念，与《大学》"身－家－国－天下"的结构对应。普遍王权解体之后，知识分子不得不建构新的世界观和心灵秩序，康有为的"大同"以及谭嗣同的《仁学》中流露出来的"世界主义"与传统的天下观具有内在的关联，甚至新文化运动中所宣扬的"自由""平等"也与这种天下观有着或隐或显的联系。（土屋洋，2010）

---

① 如1902年无锡三等公学堂《蒙学读本全书》二编的第一课有"国民爱国呼皇帝"的内容。

本书的叙述结构

近些年，关于清末民初教育变革和文化转型的研究颇有增多之势，其中不乏关于修身科和修身教科书的探讨。不过，以修身角度切入近代教育文化的变迁议题，尤当注意修身教育的"前史"。修身是中国传统中最具代表性的文化意识。日本学者汤浅泰雄从东西文化比较的视角指出，身心的修行和转化是东方思想中最为独特之处。（周与沉，2005）[19] 修身观念不仅存在于儒家思想中，道家的修炼和佛家的修行观念也都蕴含着同样的内涵：通过修身的工夫实践提升生命的境界。探讨近代教育文化的古今中西之变，修身传统的近代命运是不可绕过的议题。因此，本书对于近代修身教育的探讨，将以修身传统的内在脉络为开端。

修身之学发展至宋代到达巅峰，有宋一代之学风的形成离不开"宋初三先生"的教学实践，其中尤以开创"苏湖教学法"的胡瑗影响最大。《宋元学案·安定学案》记载，熙宁二年（1069年）胡瑗的高足刘彝在宋神宗面前评论其师的教育实践能够"明体达用"。八百多年后清末学制初定，"明体达用"依然是人们对于修身科的期许。所谓"明体达用"，首先在于"圣人之道"所具有的"体""用""文"三个方面："君臣父子，仁义礼乐，历世不可变者，其体也；诗书、史传、子集，垂法后世者，其文也；举而措之天下，能润泽斯民，归于皇极者，其用也。"（顾明远，1992）[41]

所谓"体"，是承自先秦的仁义礼乐之道，宋代以后修身之学内转，以"心性工夫"为"体"；"用"即儒者的伦理-政治实践；"文"指文献经典的传习。宋儒以《大学》为修身学入门处，依据大学的结构，可以用"修身养性"和"修齐治平"来表达"体"和"用"，见表1-1。

表 1-1 修身传统分析结构

修身传统	体	修身养性	心性工夫
	用	修齐治平	伦理-政治
	文	经典传承	教育形式

依据修身传统的"体""用""文",本书对于清末民初修身教育图景的叙述涵盖了与修身相关的身体观念、道德伦理-政治变革、教育形式变迁等方面。

教科书已是近代教育文化研究非常重要的资料。不过,目前的研究对近代修身教科书的分析大多集中在民国以后的教科书上,其中以商务印书馆"共和国教科书"系列和中华书局的"新编中华教科书"系列为典型。实际上,从时间上来说,民国初年这两大书局的教科书出版都承自清末的商务印书馆。两家书局的教科书编辑班底就出自清末时商务印书馆编译所。中华书局的创办人(陆费逵)与几位重要编辑人员(戴克敦、沈颐等)都曾在商务印书馆编译所编辑教科书。光绪年间,商务印书馆出版的"最新教科书"系列是最早的现代教科书。《最新修身教科书》和随后的《简明修身教科书》直接影响了民国初年的《共和国修身教科书》和《新编中华修身教科书》等。《最新修身教科书》是高凤谦等人以传统经史文献为底本整理编辑出来的,它反映了近代修身教育从传统形式转向"现代"最初阶段的样貌。还值得注意的是,虽然商务印书馆和中华书局这两大出版机构的教科书在民国初年占据了教科书市场最大的份额,但同时期的其他出版机构的教科书也不能忽视,它们恰恰反映了文教转型的其他面向。比如中国图书公司出版的《高等小学修身教科书》,其教授法由吕思勉等人编辑,这部教科书在编辑上与前述两家有所不同。素有"桐城派护法"之称的林纾也出版了《修身讲义》,它在编辑形式和内容上都带有浓厚的理学色彩。在现代化前沿阵地的上海地区之外,还存在一些"另类"修身教科书,例如成都徐炯编辑的《中学修身教科书》。徐炯位列成都"五老七贤"①之一，民国时期担任四川教育会会长，创办了多所学校，其文风和思想长期影响四川教育界。（许丽梅，2003）[59-65] 徐炯虽是宿儒，但思想并不保守，他的这部教科书展现了传统修身与现代观念融合互动的一面，某种程度上也反映了蜀中地区在近代教育发展中的文化取向。如前所论，既有研究往往力图对清末民初的修身教育演变做整齐划一的描述，因此这些代表"另类"取向的教科书较少受到关注。

在教科书的分析上，既有研究大多分析文字材料，对于教科书插图较少措意。② 实际上，插图在教科书（尤其是初等小学校教科书）中占有大量篇幅，并且当时的课堂教学大量使用这些插图所制成的挂图。插图是传达道德内涵的重要载体，不应该被忽视。对于教科书的文字材料部分，既有研究的分析多汇聚在几个特定的观念上，如"国家""国民"之类，这些观念只是教科书内容中的一部分，教科书还传达了其他的新观念，如"卫生""清洁"等，但这些内容较少受到关注。此外，既有研究对于教科书中的传统价值观念往往简单地一概而论，其实对于传统道德内容中的修身工夫观念和传统个人美德应该有所区分，二者不仅有内在思路的区别，而且在文化转型中的命运也不相同。

本书共五章。第一章对于修身传统的探讨以"体""用""文"三个维度划分，首先是"体"——从"修身养性"的角度梳理修身工夫。实际上，宋儒的心性工夫不离日常生活，发展成一种独特的生活方式，蕴含了"观物""体知""美学"等独特的生活艺术。其次是"用"，即"修齐治

---

① "五老七贤"，是清末民初生活或寓居在成都的一群耆宿的统称。他们多为通儒博学之士，继承了巴蜀文化的优秀传统，经世致用，广植桃李，嘉惠士林，是近世蜀中儒学的代表人物。"五老七贤"处于官民之间，沟通政令舆情。作为道德、学问典范，他们中的不少人受到主持川政者的礼遇，他们"为民请命"，深受民间爱戴。他们的门人弟子中人才辈出，多有军政名人。参见陈沫吾.论蜀中"五老七贤"的意义[J].文史杂志，2012（3）：62-65.

② 以清末民初教科书插图为研究对象的，目前仅见几篇。参见于翠玲.民国时期小学语文教科书插图的编辑特色[J].中国编辑，2016（3）：73-78；李宏庆.清末时期小学教科书插图特点刍议[J].中国编辑，2014（5）：48-52.这两篇论文主要从教科书编辑的角度来考察插图特点。此外还有论文以国文教科书插图为分析对象。参见王烁.清末民初教科书插图中的儿童形象及其演变[D].上海：华东师范大学，2017.

平"的伦理-政治维度,这一面向涉及社会生活中的"自我"与"他人"的关系,作为儒家伦理基石的宗法制度,以及科举和民间教化等"修齐治平"的形式。最后是"文",即修身教育的实现形式,涉及家庭教育、私塾和书院教育、游学与自我教育三个不同阶段和场域的教育形式。

第二章将修身教育置于近代文化变迁的视野下进行考察,力图呈现不同群体在清末民初修身教育建构中的行动图景。清末"教育救国"的理想催生了"修身强国"的文化行动。其参与者既有清末兴学热潮中的留日学生,也有身处清廷中枢的士大夫,更有投身出版界的知识分子,他们各自的教育行动构成了近代修身教育的多面图景。

第三章从现代教育学的视角描绘从修身之学到修身科的变迁,以丰富翔实的历史细节还原当时修身科的课堂教学情景,探讨修身科的讲授与作法[1]折射出的现代教育制度下道德教育实施的关键性问题。

第四章主要呈现近代修身教育对中国人身体观的塑造过程,同时描绘修身工夫在近代教育转型中的命运。身体是"修身养性"与"修齐治平"相接的中枢。近代修身教育引入了现代医学、卫生学和心理学知识,促使身体的对待方式与操练方式都发生了变化,由此诞生了新的"身体"。传统修身工夫以身心合一为前提。随着身心观的转变,修学方式也发生转变,生理卫生学常识和现代社会生活常识成为主要学习内容。"涵养"逐渐被"认知"学习所取代。

第五章呈现的是近代修身教育中的伦理图景。具体来说,修身中"为己"的基本要义被修正,"修己"成为修身的一个方面,角色伦理成为修身教育的核心。"身体"意味着"身份",传统的"修齐治平"被"修身强国"替代以后,士大夫"身体"的特殊性不复存在,女性与儿童的"身体"被国民伦理赋予"修身"的主体性地位。这也是近代修身教育之于传统伦理学的反叛之处。修身教科书插图的演变过程展现了传统修身美学的消退,这条线索暗含着修身至美育的转化路径。"修身"向"训育"转化后,美学

---

[1] 即日常礼仪规范的训练。

维度出现缺位，召唤着20世纪二三十年代的现代美育思潮的出场。

　　修身作为一种传统，在近代教育文化建构中有其自身的限度。当"道德"逐渐成为一种行为的规范、"伦理"成为道德之原理时，寻求身心合一、知行相应的"修身"不得不削足适履。近代道德革命对"自我"与"他者"关系的重新界定，对国民"身体"的重新塑造，以及对家国伦理的修正与强化，使得修身教育最终放弃了修身之学的"为己"维度。追求人格完善的个人自由，让位给国族摆脱弱势、铸造强力的群体自由。（谢亮，2018）[42-58] 修身的反求诸己精神在近代文化行动中依然发挥着重要作用，它表现为对文化行动者的道德要求。尽管现代社会的公共性已经在社会生活中得以显现，且成为转型时期的重要议题，但知识分子们在面对此类问题——公德、公益、职业伦理乃至政治行动——时依然将其导入"修身"议题，强调通过改善个人品行来解决问题。（邓秉元，2018）[12]

　　"教育救国"希望以教育来解决政治问题，"修身强国"试图通过私德的建设来解决所谓的公德问题。二者源于同一思路，都是想通过具体个人的转化完成族群的转化。至20世纪30年代，"教育救国"梦逐渐被放弃，而"修身强国"的希冀在此之前就已经破灭。个中问题值得深思。近代修身教育处于急迫的"转化"焦虑之中。在国族危机下，近代文化转型的种种行动其实极少顾及真正的个人自由。对个人自由的忽视带来了"修身"的越界——将用以"自课"的修身工夫用来改造他人，容易变成一种来自他者的入侵，最终导致公共生活的权威主义。修身传统本有的"自由"维度，来自心性工夫所上求的超越层面（天道）与修身美学所涵养的自由精神，在近代修身教育中，二者或被转化，或被湮没。开展了三十年修身教育后，人们在20世纪30年代重新提倡"人格"教育，正说明了修身教育的失败。究其原因，与修身的"越界"不无关系。

　　无论是"教育救国"还是"修身强国"，与其说是梦碎，不如说是梦醒。20世纪30年代以后，人们意识到教育不是万能的，为它卸下不该有的重负，反而能够真正发挥它的作用。在现代社会的公私领域二分的架构下，修身缺乏实施的土壤，它被分化为不同领域的实践，如医学生理学的、心理学的、美学的。在道德领域,以培养公共生活规范为目的的公民教育成为"必需"的教育,以培育个人自由为目的的人格教育(审美教育)成为"可能"的教育,这正是现代教育的努力方向。

第一章
修道之谓教：作为教育传统的修身

道德教化是中国教育传统的核心精神。《中庸》开篇提出的"修道之谓教"，以"修道"为立教的前提，在教育创生的原初境域中确立了"修身"（修道）的基础性。[①]

儒家对于修身的经典论述来自《大学》，《大学》中"格物""致知""诚意""正心""修身""齐家""治国""平天下"是传统知识分子人生理想的坐标轴。在这条由内而外的轴线上，"修身"正是其中的枢纽。由"身"出发，内转则为"格－致－诚－正"的"修身养性"工夫，外推则为"修齐治平"的社会实践。修身传统通过身体的这两重特性规限了传统中国人的自我意识及自我与他者的关系，自然也影响了教育的形式。

第一节 "修身养性"：作为生活方式的修身

修身的字面意思为"整饬身体"，这个"身体"是修身的起点，也是落点。所谓起点是说修身活动中身体的首出性。身体维度的凸显使得修身

[①] 朱熹对"修道之谓教"的解释是："圣人因人物之所当行者而品节之，以为法于天下。"所当行者，即道；品节之，即修；为天下所效法，即教化之功效。抛开圣人史观不论，这里强调了教育者（圣人或孔子）的设教之前提即自身的"修道"。参见朱熹.四书章句集注[M].北京：中华书局，2012：17.

的意蕴贯通了伦理、心理、医学、教育、审美等不同领域。儒家的身体不是一个自我封闭的实体，而是与他人、与天地万物"心气"相通、一体相关的"单元"。（陈立胜，2008a）[104]"气"是在身与心、己与人、我与天地万物之间交流转化的介质。"气"兼具物质和精神层面，正如"元气""和气""生气"这些词语，既可以用来形容天地万物，又可以用来表示一己之身。修身工夫的落脚点在"变化气质"，显发于身体的"容貌颜色""行状气度"（具身化）。道德的"具身"化所呈现的"气韵"贯通了修身与艺术，打开了审美维度。修身美学与福柯晚期所探讨的"关心自己"的实践技术有着共通点，都蕴含着一种"作为生活方式的哲学"与"将自身作为艺术品"的意味。修身活动中所谓的"境界"以及儒者之道德所展现的风格差异，正是在这个意义上成就的。

一、修身工夫与身心的观照

凡对修身传统有所关注的人，大多会注意到修身工夫。工夫被认为是宋明儒学区分于西方哲学的最重要的部分。（王辉，2019）修身工夫将生活目光引向内部，使人关注自己的身心状态。

儒家修身工夫源头为孔门颜回、曾子之学。孔子的"默而知之"已蕴含一种内省工夫，而颜回的"不违如愚""退而省其私"可以达到"闻一知十"的地步，连孔子也自叹不如。这种学习过程中的"退省"就是《礼记·学记》中"君子之于学也，藏焉，修焉，息焉，游焉"的原型。

从曾子开始，修养工夫与"身"有了纵深的联系。曾子对"孝"的强调和践行也成为汉代《孝经》及后世移"孝"作"忠"的滥觞。《孝经》中"身体发肤，受之父母"观念使得"身"自然而然地具有了伦理色彩。（罗新慧，2013）[179-202]曾子的修身工夫凸显了"切身"感，如"动容貌""正颜色""出辞气"，以及"战战兢兢，如临深渊，如履薄冰"等。《大学》用"修身"代替之前的"修己"①，清晰地将"为己之学"导向了

---

① 如《论语》中的"修己以敬""修己以安人"。

"身心"的观照。正心诚意要求"身心合一"。"身心合一"是"仁"的一个向度。孔门后学"七十子"作品郭店楚简中出现了大量"仁"的异体字"息"。这种上身下心的写法,表明"仁"不能仅从"相人偶"来解释——"仁者爱人",它兼有"人-我"和"心-身"的双重维度。"身心合一"为"仁"与"麻木不仁"正可以形成对照,肢体的麻痹是身心的解离,解离则不通,不通则无感应,便是"不仁"。郭店楚简《五行》言"仁之思也清,清则察,察则安,安则温,温则悦,悦则戚,戚则亲,亲则爱,爱则玉色,玉色则形,形则仁"(武汉大学简帛研究中心 等,2001)[48],完整表达出了身心合一所表现出来心体的清明觉照之力和身体的感受发动之力。

身心合一的关键在于"气"的畅通。通过"气"的观念,道德修养与医家养生融合在一起。"气"最开始是被西周阴阳家用来解释自然运动之道的,春秋时期形成的"六气五行"说将"气"与人的疾病、情绪联系起来,至战国,"气"的一元论已成为共识。《管子》中的"精气"说认为世界万物从物质到精神,皆由"气"化育、创生。庄子"通天下为一气耳"的思想将"气"作为万物本源。(方英敏,2013)(李存山,2009)[3-15]《内经》以气一元论作为医学原理,形成精密的"气化"身体观。天地之"气"以人身之"窍"(七窍或九窍)为"通道",内联于体内精神之藏所的"五脏"。"五脏"主"血气"①,比起天地之气,"血气"更在经验层面上,孔子也曾谈过"血气"②的问题。"血气"不是一个生理指标,它还具有心理或精神的层面。在现代人的观念里,身体分为内外两层结构(大抵相当于医学所谓内科和外科):运动器官(比如四肢躯干)为表层的身体,可由自由意志控制;而深层的身体,即"血气"所涉及的植物性神经系统(呼吸、消化、血液循环),这一部分功能由内脏器官自主运行,人

---

① 《黄帝内经·调经论》认为,"五脏"与"血气"的关系为:"心藏神,肺藏气,肝藏血,脾藏肉,肾藏志,而此成形。志意通,内连骨髓而成身形五脏。五脏之道,皆出于经隧,以行血气,血气不和,百病乃变化而生,是故守经隧焉。"参见张志聪. 黄帝内经素问集注 [M]. 北京:中国医药科技出版社,2014:200.
② 孔子曰:"君子有三戒:少之时,血气未定,戒之在色;及其壮也,血气方刚,戒之在斗;及其老也,血气既衰,戒之在得。"(《论语·季氏》)

无法在意识层面上自由控制。(陈立胜，2008b)但传统中医则强调这两层身体没有绝然的区隔，深层身体通过"经络"而与表层身体(所谓"外络于肢节")相贯通。① 保任身体之窍，使经络畅通，才能让"天地"和"气"日入，邪气不侵，精神凝聚。这既关乎"养生"又涉及"修身"。汉代儒家与黄老道家医学在"修身"问题上有诸多共同性，"寡欲养心""调气养生"等观念是医家和儒家的共识。(申瑞华，2011)董仲舒在《春秋繁露》中讨论了"养身""养气"与长寿的关系，并将"虚静致精"的"治身"工夫贯穿于"卑谦致贤"的"治国"之中。(彭国翔，2011)

气论与理学修养工夫的关系也甚为紧密。孟子言，"夫志，气之帅也；气，体之充也。夫志至焉，气次焉"(《孟子·公孙丑上》)。要之，修养工夫需以意识层面的心志来提撕，以此带动隐性层面上的形与气。孟子提出的"养浩然之气"是以人心中的善端为根苗经久长养而成的，由此完成从生理层面上的"血气"到心性修养上的"浩然之气"的转化。从孟子的"浩然之气"到宋儒津津乐道的"圣贤气象"，都揭示出心性修养与身体气象的内外连通关系。在宋明理学家的修身实践中，静坐之法格外受到重视。静坐不仅能够调气养生，延年益寿，还可以治疗身心疾病。"二程"门下及朱子都曾以静坐调节思虑过多、精神散乱的心疾。而从陈白沙、王阳明、刘宗周等人的经历来看，明儒的静坐实践还显现出静坐医疗学理念，横跨了生理强身与病理治疗的关卡。(杨儒宾，2013)[9-46]

总之，修身传统中的"身"是由"气"所贯通的躯体和精神交互感通的整体。"修身"注重身心两方面的"整饬"，德行培养重在"性情涵养""存心养性"。而德行的涵养令人血气安宁、心态平静、和谐舒泰。所以，"仁"不仅是道德境界，更是健康快乐的身心状态，正如郭店楚简

---

① 也有现代学者提出，人类的许多感觉和知觉是从腹内传出来的，肠道本身的神经元环路就是一个独立的"大脑"——腹脑。两个大脑之间的信息具有双向性。参见田在善，吴咸中，陈鲲.有关"腹脑(第二脑)"之说 [J].中国中西医结合外科杂志，2005(5)：454-457.现代临床心理学常见的"躯体化"现象，就是心理疾病以身体症状(头痛、胃痛等)呈现，可见身心之间的相互作用。

《五行》篇中多处说到"不乐无德"①。从这点看,古人的"修身"超越了今天人们所理解的道德领域,含有"养生""保身"的意蕴。"修身"工夫从调顺身心开始。音乐能够调畅血气、安抚情绪,诗歌能够感化人心,因此早期儒家格外重视乐教和诗教在道德教化中的作用。宋明以后,"修身"工夫内转,直向心求,更侧重静定工夫对身心的作用,尽管在精神气象上已与先秦有所差别,但殊途同归,都是奠定在身心合一、交互感通的生命观之上。

二、观物与"体知":修身中的认识方式

气论与阴阳五行学说提供了一种动态的有机宇宙观,认为宇宙是"本然自生"的,并无造物主、终极因可追寻;存有之万象是有机关联着的,生命永远处于天地间的大化流行之中,宇宙-自然-社会-人生-身体贯通成一个"气-场域"的"大身体"。"本然自生"的过程体现出连续性、整体性与动势性,因此古人把握世界的方式不以个别表征式、线性因果链来展开,而是偏爱一种全息衍生式的网状关系模式。(牟复礼,2016)[70]这种认识方式不强调甚至力图避免认识主体与认识对象的分离,而以"亲身"实践契入物我相融之境为真正的理解进路。

自《周易》开始,"观物"就是一种体察宇宙的方式。理学家的心性论与宇宙观是一个整体,通过"观物"体察"天理"。北宋五子中精于易学的邵雍在《皇极经世》中专列"观物"内外篇,以"观物"为方法揭示易学的宇宙观。文献记载了邵雍劝说程颐赏花的一则逸事:

> 伊川又同张子坚来,方春时,先君率同游天门街看花。伊川辞曰:"平生未尝看花。"先君曰:"庸何伤乎?物物皆有至理,吾侪看花异于常人,自可以观造化之妙。"伊川曰:"如是则愿从先生游。"(程颢 等,2006)[574]

---

① 例如:"思不精不察,思不长不得,思不轻不形。不形不安,不安不乐,不乐无德。"

从不看花的程颐之所以同意赏花皆因可以从中"观造化之妙"。理学家的"观物"并不全然等同于易学家的"观物取象"。理学家要在观花鸟鱼虫的过程中体会天地之"生意",实际上是"格物"。

"格物致知"是理学家普遍重视的修身方法,不过他们在理解方式上差别很大。程颐将"格物"理解为"须是今日格一件,明日又格一件,积习既多,然后脱然自有贯通处"(《近思录·卷三·致知》)。这个理解后来被朱子归纳为"穷理"。这种方式隐含着"物""我"之间的对象化关系,所致之"知"与所求之"理"虽不是科学道理,过程却暗合科学主义精神。正因为这种特性,近代西学东渐后,"格致"成了物理学的代称。"观物"其实也是一种"格物"的方式,不过,"观"不是对象化的,"理"是在自我消融、以物观物的游息中得以呈现的。这种呈现方式是两相对等、松弛的,不是对象化的、紧张的,其中更有一种"相看不厌""物我交游"的情怀与诗意。如程颢《秋日偶成》所流露的那种境界:

闲来无事不从容,睡觉东窗日已红。
万物静观皆自得,四时佳兴与人同。
道通天地有形外,思入风云变态中。
富贵不淫贫贱乐,男儿到此是豪雄。

这种静观万物、从容自得的观物状态,体现了与物相融、天理流行的心胸。与程颐相比,程颢的观物或许与邵雍更加接近。向来与程颐脾气不对付的苏轼从"感物"来理解"格物"。这种传统可以追溯到孔子诗教中的"多识草木鸟兽之名"。感物不在求"理",但可以"见道",苏轼曾以文与可画竹时的"胸中成竹"来描述"求物之妙"。苏轼的"见道"与庄子庖丁解牛的境界相通,是通过技艺展现物我精神的合一。这种观物方式行诸艺术创造,通向审美领域,特别体现在宋代诗文绘画中。

受到"格物"观念的影响,宋人对于"物"的兴趣前所未有地浓厚。非但山水草木这些自然之物,即或是石砚、水磨这些生活物件,以及与物相关的技艺，都进入士大夫的视野中。宋代的咏物诗繁多，取材广泛，既有文人士大夫雅居生活中的琴棋书画、梅兰竹菊，也有日常生活中的茶酒饮食和各类器具，即使是生活中的苍蝇蜘蛛也可以入诗。据分析，现存黄庭坚的1800余首诗中，约有100首写田园山水，140多首写茶酒食物，150多首写佛道，近100首写书画砚墨之类，还有写下棋、读书及赠答应和等。（陈静，2009）[126]

宋代咏物诗重描写，着重表现事物的外部特征、功用、动态，描写出于"静观"。顾随先生评价说，唐人重感，宋人重观，一属于情，一属于理。因是理智的静观，才能清楚地描写。（顾随，2010）[217]① 如杨万里的这首《冻蝇》：

隔窗偶见负暄蝇，双脚挼挲弄晓晴。
日影欲移先会得，忽然飞落别窗声。

"静观"之后的物象——冻蝇的动作形态在诗中的呈现可谓清晰明了，然而从诗的兴发感怀来说，便觉诗意索然。② 杨万里与张栻是好友，早年受学于张栻的父亲张浚，勉以正心诚意，所以将书斋取名为"诚斋"。杨万里的写景小诗观察敏锐、富有理趣，如《道傍小憩观物化》：

蝴蝶新生未解飞，须拳粉湿睡花枝。
后来借得春光力，不记如痴似醉时。

---

① 顾随先生对比陈与义的"蛛丝闪夕霁，随处有诗情"与杜甫的"暗飞萤自照，水宿鸟相呼"，指出陈诗太清楚，这种清楚来自"观"，杜诗虽似"观"，其实是"感"，是一种憧憬，近乎梦，是模糊的。
② 这种描摹外部形态的作诗方式，容易流于格式化，故而欧阳修、苏轼后来提倡白战体（禁字体），以追求诗意出奇，如此便从"体物"走到了"禁体物"。参见程千帆，张宏生.火与雪：从体物到禁体物：论白战体及杜、韩对它的先导作用[M]//程千帆全集：第9卷：被开拓的诗世界：杜诗铨批钞.石家庄：河北教育出版社，2000：62-81.

"观物"析理在宋诗中很常见。苏轼的《题西林壁》和朱熹的《观书有感》直接以诗说理,算是"格物致知"的操练在诗歌中的延伸。从诗的艺术性看,宋代咏物诗数量庞大,佳作却不多。[①]过强的观物意识阻碍了直接的"感物",减损了诗意。可能是出于这个原因,顾随先生奉劝学诗词的学生,如果喜欢咏物之作,最好抛掉此爱好(顾随,2010)[224]。可见,审美与道德之间存在张力。

"感物"不仅包括感物之妙,也暗含了天人合一、万物一体的仁学。正如身心合一即"仁",万物一体也是通过身体感来达到的。杜维明将其称为"体知",以身体为"知-道"的主体。人心固有的感性觉情能包融万物,让一切在其关注中而成为人心中无对的可体之物。(杜维明,2002)[346]要言之,"能体"是基于人与万物之间的"通"感。

"体知"所包含的"亲身体验""身体力行"等观念凸显了身体活动和日常经验在认识过程中的意义。儒家的"体知"侧重日常生活中的"知人任事"。儒家提倡向圣贤学习,最关键的是将"圣人之言"与自身经验相融通。孔子音乐体验中的"知言知人",孟子的"知人论世",荀子的"为其人以处之",以及司马迁的"想见其为人",都强调对言说和经典中的人做"设身处地"的理解。通过"知人"的方式,个体由圣人言说获得启发,深化自身经验,从而得以受用。但"知人"也须建立在"自知"的体会上。杜维明指出,正如"体认""体察""体会""体验",凡是能够"体之"的经验都具有"知行合一"的特性。杜维明还用现代汉语中的"知道"和"会"来区分两种性质不同的认知经验——"知道"是所谓"知道是什么"之"知",而"会"即所谓"知道如何作"之"知"。前者可以是头脑的表征性认知,而后者则是建立在"身心合一"的"实践"功夫上。(杜维明,2002)[346-376]归根结底来说,"体知"的"知"来源于工夫所至之处的自家受用(体会),"修身"的目标就是提升"做"的"功夫"。在

---

① 宋代咏物诗成就较高者有欧阳修、苏轼、黄庭坚、林逋、王安石、陈与义及南宋四大家中的陆游、杨万里、范成大等,有咏物佳作传世。参见路成文.宋代咏物词史论[M].北京:商务印书馆,2005:34.

切身的"体道"过程中，修养工夫的进境将带来"自得"的体验。正如孟子说："君子深造之以道，欲其自得之也。自得之，则居之安；居之安，则资之深；资之深，则取之左右逢其原。"(《孟子·离娄下》)

三、修身美学：道德的具身性与审美意蕴

修身从"身"开始，其效验也显现在身体上。孟子说"仁义礼智根于心。其生色也，睟然见于面，盎于背，施于四体，四体不言而喻"，荀子也谈到"君子之学也，入乎耳，箸乎心，布乎四体，形乎动静。……君子之学也，以美其身"，都是此意。

（一）道德具身化

道德是在自我创造、自我转化的过程中生成的，"成德"即成人（human-becoming）。"道德"以具身的形式展现，它既无法脱离身心而成为抽象的法则，也不能从中确认所谓的普世人性中的美德。《论语·学而》记载，有一次子禽问子贡，孔子为何总能听闻所到邦国的政事，子贡回答："夫子温、良、恭、俭、让以得之。"对于子贡的这个回答，朱熹解释为孔子的"盛德光辉接于人者也。……其德容如是，故时君敬信，自以其政就而问之耳"（朱熹，2011）[53]。这里所说的"温良恭俭让"自然不是道德原则，甚至也难说是普世美德。"温良恭俭让"与"盛德""德容"，更像是一种文学描述、一种道德"气韵"。此类描述在宋儒的教学公案中也很常见，如朱公掞见程颢而有"如坐春风"之感，黄庭坚评周敦颐"人品甚高，胸中洒落如光风霁月"等。宋儒津津乐道的"圣贤气象"本质上都是文学化的描摹。构成道德理解的是儒者们的行状，他们不但是道德学习的典范，还是审美鉴赏的源泉。

孟子用"可欲之谓善，有诸己之谓信。充实之谓美，充实而有光辉之谓大，大而化之之谓圣，圣而不可知之之谓神"（《孟子·尽心下》）来描述身体德化的过程，"光辉""大""圣"等展现了道德的审美韵味。修身与美学的关联紧密。例如，福柯晚年转向了主体问题，将目光投向古希腊罗马的自我技术，尝试探究一种"关心自己"的生活形式，他将其称为

"生存美学"。"生存美学"实际上是要以自身作为艺术品进行修炼。从这个角度看，中国古代的修身学对于"美身""变化气质"的追求具有生存美学维度。"修身养性"的审美意蕴在理学发达的宋代到达一个高峰，士大夫生活的雅趣、情调构成了中国审美文化的一部分。

（二）中国修身美学：品鉴与玩味

宋代文化生活丰富，士人和平常百姓都注重生活的审美性。洛阳牡丹在宋代最负盛名，每至开花时节，赏花人络绎不绝。城市之人，大多爱养花、插花。春时城中，无论贵贱皆插花，虽负担者亦然。（王瑞明，1997）[87]焚香、点茶、挂画、插花被称作"四般闲事"，盛行于宋代士人阶层。这些闲事都要静心费时才能做好，且要讲究雅韵、重视品鉴，这种优游涵泳的过程能够调节身心、陶养性情。

图1-1　刘松年《撵茶图》　绢本立轴设色
　　　　44.2厘米×61.9厘米　台北故宫博物院藏

以品茶来说，宋代茶道盛行，饮茶有煎茶、点茶、分茶等不同方式。南宋画家刘松年曾作《卢仝烹茶图》《撵茶图》《斗茶图》，展现了当时的茶道和工艺。《撵茶图》(见图1-1)呈现的是点茶的工序。在这幅画中，左半边画的是正在磨茶、注水点茶的仆从，右半边所画是文人雅士谈学论道、僧人提笔、儒道品鉴。这说明，饮茶作为一种生活方式，常与观画、作诗等文人雅集活动配合，以为助兴。而这种雅集的性质和内容，受到当时儒释道三家融合的影响。

茶道最能体现修身之学重视身体"体味"的特性。[①] 理学家中，杨万里和朱熹是"嗜茶"的典型。正如程颢"写字时甚敬，非是要字好，只此是学"(《近思录·存养》)，杨万里和朱熹都将饮茶与修身、读书相结合。杨万里酷爱饮茶，他在《澹庵坐上观显上人分茶》一诗中很生动地描绘了南宋时期分茶时的情景。杨万里本人常年饮茶，饮茶过量损害了其身体健康，但他依然不废茶。杨万里在《习斋论语讲义》中引《国风》之诗——"谁谓荼[②]苦，其甘如荠"以说明"读书之法"。他认为"读书必知味外之味"，就与饮茶类似，"夫含天下之至苦，而得天下之至甘，其食者同乎人，其得者不同乎人矣。同乎人者味也，不同乎人者非味也"，"不知味外之味而曰我能读书者，否也"。(郭绍虞，2017)[55-56] 杨万里诗中还有"故人气味茶样清，故人风骨茶样明"这样的句子，以茶汤的清明比喻人之高洁品性。在饮茶与修身的关联上，生于福建的朱熹谈得更深刻。朱熹不仅嗜茶，还广种茶，发展茶业。《朱子语类》记载了朱熹与学生谈茶、香、水果等事物的情形。

先生因吃茶罢，曰："物之甘者，吃过必酸；苦者吃过却甘。茶本苦物，吃过却甘。"问："此理如何？"曰："也是一个道理。如始于忧勤，终于逸乐，理而后和。盖礼本天下之至严，行之各得其分，

---

① "体味"是古人认识世界的一种方式。贡华南解释道：中国哲学强调"味物""感通"，目的就是不断引导人进入事物、世界之中。万物一起呈现，不是一个一个地呈现，其所呈现的是万物化生，一体呈现。只有以"味""感"的态度迎接、看待、对待万物，万物才能够摆脱表象、数字的统治，才能够让物从退隐之所呈现出来。简言之，味物、感物或许可以让物自身到来。参见贡华南.味与味道[M].桂林：广西师范大学出版社，2015：80.
② 即茶。

则至和。又如'家人嗃嗃，悔厉吉；妇子嘻嘻，终吝'，都是此理。"〔夔孙〕

建茶如"中庸之为德"，江茶如伯夷叔齐。又曰："《南轩集》云：'草茶如草泽高人，腊茶如台阁胜士。'似他之说，则俗了建茶，却不如适间之说两全也。"〔道夫〕

这段谈话讨论的茶性与杨万里的看法相同，对于建茶与江茶的品评，则是从"茶道"的角度来谈的，十分具有"修身"的意味。

宋儒经常强调"玩味"，"玩"是一种自由的涵泳状态，"味"凸显了涵养过程中的鉴赏性。宋代文玩鉴藏活动兴盛，所谓"文玩""把玩""玩味"，最终也是一种"格物"，要体悟到"物"中所蕴含的"意旨"。（梁海 等，2017）与物的交游和玩味，最终将物的品性与道德价值关联起来，使得某些事物成为某些道德价值的化身和象征——"比德"。比德与诗教的"比兴"有些类似（所谓"引譬连类"），比如在孔门之教中已经出现"岁寒，然后知松柏之后凋也"。宋代的格物致知与生活美学结合后，比德更加流行。宋人爱花，洛阳牡丹声名远播。而周敦颐却作《爱莲说》，言"予独爱莲之出淤泥而不染，濯清涟而不妖，中通外直，不蔓不枝，香远益清，亭亭净植，可远观而不可亵玩焉"。莲花因而被认作花中"君子"。北宋园艺业发达，士大夫最爱的是竹子，苏轼给出的解释是："宁可食无肉，不可居无竹。无肉令人瘦，无竹令人俗。人瘦尚可肥，士俗不可医。"（《於潜僧绿筠轩》）正如宋诗所追求的"奇"，宋代雅文化指向的是一种超越庸常的"求道"的心志——超越物欲，不从流俗，独立自主。比德将许多道德价值赋予特定的事物，这一点被应用在后来的园林艺术中。

实际上，"比德"虽以艺术形式表现，但其实并非真正的审美活动。[①]

[①] 康德在《判断力批判》中指出，要想从中寻求一个理想的那种美，必定不是什么流动的美，而是由一个有关客观和目的性的概念固定了的美，因此必定不属于一个完全纯粹的鉴赏判断的客体，而属于一个部分智性化了的鉴赏判断的客体。参见康德.判断力批判[M].邓晓芒，译.3版.北京：人民出版社，2017：53.

在比德的过程中，首出的是道德价值，而不是具体的物象在感官上引起的愉悦感。"比德"深刻影响到后世的绘画艺术。如北宋《宣和画谱》中说道："花之于牡丹、芍药，禽之于鸾凤、孔翠，必使之富贵。"（周积寅，2017）[54]黄公望在《写山水诀》中点明"松树不见根，喻君子在野；杂树喻小人峥嵘之意"。梅兰菊竹被称为"四君子"，是明清以来画家的惯用题材。

宋代印刷术的改进使得书籍更加易得，与前代相比，宋代文化书卷气浓厚，修身与读书的关系更加紧密。由此，集观物、读书、游息于一体的书斋成为士大夫的修身空间。南宋以后，"半日静坐，半日读书"的修身方式正是在这样的前提下产生的。

第二节 "修齐治平"：社会生活中的修身

《大学》以"自天子以至于庶人，壹是皆以修身为本"点明修身在社会生活中的重要性。修身将伦理生活与政治生活中所有社会关系的起点设定在"自身"上。这种理解方式带有较强的"存在"特性，因而修身所成就的"道德"并不等同于今天的道德，它更像是表达了对一个"存在者"的整体生命状态的描述和判断。它越出了伦理的限制，延伸到其他领域。

一、社会生活中的身体与自我

儒家修身所构建的完整人生世界，不仅有天理流行的宇宙和自然，还有愚夫愚妇待人接物的日常生活。修身之"身"既通向宇宙之"道"，也承载着日用之"德"。道德不能脱离身体。"德者，得也，得其道于心而不失之谓也。"（朱熹，2011）[91]修身是"体道"的过程，"得之于心"便是"凝道成德"，最终呈现在日常生活中的"身体"之上。

"德化"过程具有具身性，因而是个体化的，没有某种固定的模式。正如安乐哲指出的，仁、德之类的儒家术语远非一式，而是诸特定个人生活史的概括。(罗思文 等，2010)[53] 道德的枢机在"人"，在儒家看来，"德"在不同情境、不同个性中有不同显现，呈现出"类型化"的特征。孔子称许的七位"逸民"(《论语·微子》)与孟子提到的"四圣"，是不同类型的道德典范。儒家的道德教育很少会脱离个人生存情境来讨论道德问题，也不纠结于所谓的道德困境。宋明以来，学案、语录逐渐成为重要的儒学修身经典，正是因为儒者自身（言论、行状、气象）就是道德。道德的源头是那个正在"德化"（becoming）的人，而不是这个人身上的某种品质，或者其所坚持的某个原则。因此，在儒家的修身教育中，恰恰是一个个具体典范组成了教义的内容。对此，有学者指出，儒家道德主体是一种"系谱学自我"。与汉字系谱中那些核心字、根本字一样，圣贤人格在儒家道德文化体系中起着某种建构性、纲领性的作用。道德典范与日常生活中人们的自我德性存在一种类似"家系"的联结，这种关系不是逻辑学或生理学的，而是类推型的（有机体主义）。在整个系谱中，每个个体都有其独特性，彼此之间由距离远近产生了不同的作用力，故而从本质上说，儒家伦理是一种教育学式的示范性伦理学。(王庆节，2016)[127-132]

在儒家看来，人最基本的生存情境就是"人伦"。"伦"的本质在于特定个体之间的有差异的关系。梁漱溟先生用"伦理本位"描述中国社会，指出伦理即关系，"不把重点固定放在任何一方，而从乎其关系，彼此相交换；其重点实在放在关系上了"。(梁漱溟，2011b)[91] 因此中国人所持的既不是个人主义，也不是集体主义。金耀基先生也认为"在儒学中尽管群体的概念也被承认，但每个个体倾向于只认同他与群体中的特定个体的道德关系，而不是与群体自身的道德关系。'伦'只存在于和个体的关系中，而不存在于和群体的关系中"(王庆节，2016)[116-117]。儒家以"孝"为"仁"的起点也突出了这种人伦特性。《孝经》说"身体发肤，受之父母"，子女与父母的生命联结是最原初的、个体性的，但它却是普遍性"仁爱"的基础。个体化的关系构成了儒家"角色伦理"的重要内容。安乐哲借用物理学中"焦点-场域"的全息衍生模式来描述自我、他人和情境的关系："如果一个人能够立德，而他的德行所及和影响范围有效地扩大至生活环境,那么,他的环境就越发拓展。……在圣人(此处即孔子)那里,他的德有一个被强化的稳固的焦点,它不断扩展,一直漫延到他周围不确定的场域。德既是独特的个体(孔子),又是个体所独有的广阔的场域(牵连于孔子的中国人)。"(安乐哲,2016)

"关系性自我"将人际联结作为个体德性的基底,这有助于我们理解修身的教化效应。与"气-场域"相应,有德者的道德感化被看作一种"风教"。孔子说"君子之德风,小人之德草,草上之风必偃"(《论语·颜渊》)。"风行草偃"是一种德治理想,强调在上位的君子不仅是执政者,更是身教的典范。"风教"一词来自《毛诗序》。《毛诗序》解释《国风》的命名来由说:"风,风也,教也。风以动之,教以化之。"(朱傑人 等,2013)[6]《国风》的性质兼具"风"(歌谣、讽诵)与"教",是为"风教",十五国风指的是诸侯政教。德化风教的治理理念源自西周礼乐教化。《毛诗序》说"先王以是经夫妇,成孝敬,厚人伦,美教化,移风俗"(朱傑人 等,2013)[12]。人伦始于夫妇家庭,《毛诗》以《关雎》开篇,孔子称道"乐而不淫,哀而不伤"。《关雎》所在的《周南》《召南》被称为"正始之道""王化之基",孔颖达解释,"其言文王行化,始于其妻,故用此为风教之始"。(朱傑人 等,2013)[5]"风以动之,教以化之",风是柔性的感化,礼乐教化本质上是性情教育。孔子说《诗经》"思无邪",《礼记·经解》言"温柔敦厚,《诗》教也",情感的醇化和沉淀使"情"内在的节律得以发扬,产生自我返照,导向"仁者爱人"的深厚情感。"风俗""风化"正是处于人际关联中的自我相互衍生、扩展形成的群体情感结构。

在"修身-齐家-治国-平天下"轴线上,修身主要是一种伦理实践。借用安乐哲的观点,就是通过"礼"来实现的伦理角色的涵养与认知。(Ames,2011)

儒家之"礼"同"德"一样,也是一个笼罩性观念。在人我关系层面,礼之本在于"人情",如三年之丧、士相见之礼、师弟子之礼等;在社会层面,"礼"反映了情感和亲缘的远近序列关系,如包括婚丧嫁娶在内的宗族、乡党之间的礼俗；在国家层面，"礼"是维持政治秩序的一套制度，规范了等级关系，且"礼"还指涉国家文教，"礼部"是传统教育行政机构。可以说，传统纲常伦理结构最大限度地反映在"礼"上。

二、宗法制度与社会性身体的推扩

《大学》中"自天子以至于庶人，壹是皆以修身为本"的观念渊源于孔子所说的"为政以德，譬如北辰"的政治性隐喻。"为政"不一定是真的从政，可以从"治家"开始。儒家认为，理想的"为政"靠的是伦理教化而不是武力或宗教，所以从政者的自我修养是影响施政的根本因素。不过现实中，修身成为"齐家治国"的基础，与传统社会由"身"展开的"家－国－天下"层层嵌套①的结构互为表里。

（一）家国一体的伦理结构

儒家德政思想的源头是西周政治理念。王国维指出"中国政治与文化之变革，莫剧于殷、周之际"（彭林，2014）[132]。西周以制度将社会凝合成一个"道德团体"②。这一"道德团体"其实是家国一体的伦理团体，中国"家本位"的伦理精神发端于此。

从思想层面看，西周改变了殷商重视神灵的宗教观念，树立了"敬德保民"的思想。这种观念下，为政者的"德"（得）不是祖先神的赐予，而是要能推己及人，"让民众有所得"（晁福林，2005）。在制度设计上，西周从"去争求定"的考虑出发，建立了以血缘关系为基础的宗法社会。西周嗣位实行传子制，随之确立了嫡庶制。有嫡庶就有尊卑贵贱之分。嫡庶之别使传子继位的问题定于天，免于人事争斗。嫡庶之制通行于诸侯大

---

① 帕森斯也用"嵌套"来描述社会系统之间的关系，但他所指的"嵌套"是基于子系统之间的社会功能分配。参见洛佩兹，斯科特.社会结构[M].允春喜，译.长春：吉林人民出版社，2007：113-114.此处所指的"嵌套"并不具有明确的功能分配，而是指国家与地方等社会生活空间之间的嵌套关系。

② 王国维在《殷周制度论》中提出，欲观周之所以定天下，必自其制度始矣。其旨在纳上下于道德，而合天子、诸侯、卿、大夫、士、庶民以成一道德之团体。参见彭林.中国近代思想家文库：王国维卷[M].北京：中国人民大学出版社，2014：133.

夫，则衍生出宗法制。宗法的现实功能就在于"收族"，即以共同始祖的名义将不同世系的兄弟乃至整个"宗族共同体"团结在一起。因此，由宗子主持的祭祀，是生者对先祖的仪式化和象征性的追念，是生者的秩序构建方式。（陈赟，2014）祭祀之后有燕饮之礼，借饮食的融洽氛围来弥合尊卑之序造成的情感疏离。祭礼体现了"尊尊""亲亲"的原则。

宗法制是一种严格的父系制度。父系社会中，子女归父系所有，姓氏出于父系，同族内禁止婚姻。（涂元济，1981）王国维认为"商人六世以后或可通婚；而同姓不婚之制，实自周始；女子称姓，亦自周人始矣"（彭林，2014）[141]。因同姓不婚制以及父子继承对血统的重视，周人男女之别比前代更加严格。父系社会的再生产需要在不同姓氏集团之间互相交换女性（嫁女）。这种"交换机制"导出了人类亲属关系基本结构的三种家庭关系：血缘亲属、婚姻亲属和亲子关系。（莱维-斯特劳斯，1995）[1-53]血缘亲属和亲子关系都属于宗亲。女性最终只能以姻亲的身份（丈夫配偶）而入夫家的宗庙和家谱，被排除在父系宗族之外。

总之，西周的宗法制一面以嫡庶之别定尊卑名分，来遏制兄弟之间的争夺，另一面则力图通过祭祀、燕饮、婚姻等方式激活人类源于家庭的情感，从而柔化亲族等级划分造成的疏离。"尊尊""亲亲"原则相互交织，最终形成了一个以人伦为核心的、集政治和教育功能为一体的礼乐制度。

家国一体的伦理结构使修身齐家的教化效应得以扩展到更广阔的场域，超出家庭范围，成为国家层面的制度性因素，如《大学》所说的"一家仁，一国兴仁；一家让，一国兴让；一人贪戾，一国作乱"。从周初"敬德保民"的思想开始，西周"德政"思想就带有"自上建之""反躬内求"的特性。宗法社会里，家庭关系是社会秩序的根本。家庭从属于家族，每个人都承担了族群发展的责任，个人情感要被放置在整个家族情感纽带中考量。家国伦理是对情感的规范，君臣、父子、夫妇之间只有端正伦理，才能笃行恩义。个体作为"角色人"而非"权利人"存在。其实，从国家产生的角度看，西周所奠定的礼乐文明所循的是一种"亚细亚的古代"发展路径，它不同于从家族到私产再到国家、以国家代替家族的西方"古典"路径，而是由家族到国家，国家混合在家族里面，叫作"社稷"。"前者是人惟求新，器亦求新；后者却是'人惟求旧，器惟求新'。前者是市民的世界，后者是君子的世界。"（侯外庐 等，1957）[11-12]

（二）天下一家的政治体系

家国一体再进一步扩大，就是"天下"观念。[1]孟子说："天下之本在国，国之本在家，家之本在身。"（《孟子·离娄上》）中国古代的"天下"观念萌芽于唐虞，发展于殷周，成熟于先秦，至于秦汉更进于完备，并有详备的制度化表达。（梁治平，2016）

"天下"观念内含宇宙秩序和普遍王权的政治思想。中国传统的王朝依靠宇宙秩序（天道）确立了其政治合法性（受命）。在绝对意义上，"天下"含有"公"的价值追求。这个"公"并非疆界明确的"公共"观念，而是出于一种公平心理，其所重者恰恰是突破局域（团体）的"公理"（公道）[2]。沟口雄三认为"公理"的观念结合了反对"自私"之"公"与宋明理学天理、人欲的思想。"公天下"之"公"出于人心无私。"天下"指向的是"生民"，所谓"天视自我民视，天听自我民听"（《尚书·周书·泰誓》），这是西周以来的德政传统。"天"是普遍的，而"天道""天意"则通过民意来反映，君主的职责是代天牧民、垂范化民。君主唯有以德配天，才能膺受天命，王权才具有普遍性。"天下为公"的理念含有对"家天下"的内在批判，其作为王朝的合法性依据，在历史上曾激发中国人对于君主专制最为深刻的反思和批评。（梁治平，2016）明末清初，黄宗羲以"君"为"天下之大害"，顾炎武则区分了"亡国"和"亡天下"，

---

[1] 在家国一体的框架下，传统中国人的"国"的概念是暧昧的，春秋时期的列国在秦统一之后一变而成为王朝，中国人的"国家"概念远不及"朝代"和"君"的观念来得清楚。参见许纪霖.现代中国的家国天下与自我认同 [J].复旦学报（社会科学版），2015（5）：46-53.

[2] 梁漱溟认为，中国人说"公道自在人心"，"有理走遍天下"，可见其"公"是超越个体的，为人所共有。参见梁漱溟.乡村建设理论 [M].2 版.上海：上海人民出版社，2011：52.

亡国是一家一姓事，亡天下则是大道隐没、公义沦丧①。这种"天下为公"的观念在近代政治变革中依然可见其余音。民国时期，安徽私立中学学生孙捷三在作文《圣人之心公天下论》中写道："事至而随施之，物来而顺应之，淡泊宁静，豪无留滞，圣人之心一天地之心也。天无私覆，地无私载。圣人居于其中，裁成辅相，助天地之不及，即以天地之心为心，故圣人之心，公天下。"（卢寿筏，2013a）[109]

在现实制度方面，"天下"的政治秩序奠基在"礼仪中国"的朝贡体系上，与"大一统"观念和"夷夏之辨"的礼仪原则结合在一起。"天下"和"中国"是两个互相照应的观念。在中国古人观念里，大地仿佛棋盘或回字形，"四边由中心向外不断延伸，中心是王所在的京城，中心之外是华夏或者诸夏，诸夏之外是夷狄，大约在春秋战国时代，就已经形成了与南夷北狄相对应的'中国'概念"（葛兆光，2011）[44]。"中国"为"天下"之中心，实际上则是指天子经由百官而施以实际控制的王朝礼乐刑政所及的有限领域。（梁治平，2016）天子之治由近及远、别乎内外，四边的夷狄向"中国"称臣朝贡，则被纳入"天下"的秩序体系当中。朝贡体系是中国"威服异邦"的文化形式，是礼仪性的而非军事性的，意在确认"异邦"对天下秩序的承认。朝贡体系往往中心清晰而边缘模糊，在文明的远播和退守中，"中国"与"异邦"的边界不断变动。"中国"常常是一个关于文明的观念，而不是一个有着明确国界的政治地理观念。（葛兆光，2011）[45]

"夷夏之辨"反映的其实是汉族与周边民族的文化差异。在"天下"秩序中，天子位居"中国"即为"正统"，汉文化一直居于正统地位。历史上少数民族政权为了确立自己的正统地位，常常将都城迁到象征着"华夏正统"的中原地区。往往在汉族政权面临外族威胁时，正统观念与夷夏

---

① 《日知录》卷十三"正始"一条说："有亡国，有亡天下。亡国与亡天下奚辨？曰：易姓改号谓之亡国。仁义充塞，而至于率兽食人，人将相食，谓之亡天下。……知保天下，然后知保其国。保国者，其君其臣，肉食者谋之；保天下者，匹夫之贱，与有责焉耳矣。"参见顾炎武.日知录集释[M].长沙：岳麓书社，1994：471.

观念凸显出来。宋代虽然是统一的王朝，但处于与辽、西夏等少数民族政权长期对峙的状态，甚至向辽纳贡，这种前所未有的危机感使得宋代的民族、国家观念都与以往不同。天子不再是天下共主，天下缩小为中国，四夷则成为敌手，"邻国""兄弟之国"等有关国家的边界意识开始出现。宋代士人尤其强调正统、道统，在文化上失去了海纳百川的气度，排斥外来文化。北宋春秋学和"尊王攘夷"之学很兴盛，强调夷夏在空间上的分隔与对立。（葛兆光，2011）[49-55] 与此相反，到了少数民族入主"中国"的清代，今文经学则"标举为核心的大一统观念，呼应了清帝国的政府实践，把传统中国与夷狄的内外关系转变为帝国内部的民族和地域关系，使之统一于礼仪，从而将中国定义为一个根据礼仪原则而非特定地域或种族组织起来的政治共同体"（梁治平，2016）。

（三）修身传统与知识阶层

春秋时期"礼崩乐坏"，带来了社会系统和文化系统的双重变革。上层贵族没落而庶民地位上升，处于贵族和平民之间的"士"阶层扩大。同时，贵族之间斗争剧烈，礼乐文明下移，王官学散于野，变成百家之学，"士"取代了贵族成为思想学术的承担者。战国时期大量的游士去国离乡，可见其宗族观念淡漠。在人伦关系上，宗法制下的父权有所衰落，孝悌伦理丧失。① 与之相应的是，脱离了血缘关系的"朋友"之伦比重加大。（叶凌，2012）[28] "礼崩乐坏"，学术下移，使"德"与"位"相分离，开启了后世道统与政统分立的端绪。士人以"道"自任，这种"人间性格的'道'是以重建政治社会秩序为其最主要的任务。但是'道'的存在并不能通过具体的、客观的形式来掌握"（余英时，1987）[122]。同时，士人对"道"的承担也无西方教会之类的制度性保障，唯一可以作为"道"的依凭的是其自身的修为，即孔子所说的"人能弘道，非道弘人"。从孔子开始，"修身"成为知识分子的一个必要条件。西周德政内含的"反躬内

---

① 孔子讨论"亲亲相隐"的问题，侧面说明当时父子之"亲"与公共之"义"之间存在矛盾，荀子有"从义不从父"之说。参见冯尔康. 中国宗族史 [M]. 上海：上海人民出版社，2009：91.

求"的道德精神成为知识分子的精神追求,"德"的内涵也随之发生变化。西周"德政"思想中的道德内涵主要是政治层面上的朴素民本思想和天道观,落实为礼乐制度。随着"礼崩乐坏","德"失去了典章的载体,孔子以后,"德"成为一种根植于内心的精神品质,其内涵得到深入扩展,有诸多德行细目,如"仁义礼智信"之谓。制度之"德"转变为内心之德,体现了个人道德力量的觉醒,修身成德变成了每个人的潜能,具有了普遍的道德意义。

秦汉以后,郡县制和官僚制取代了分封制与世官制,宗法社会变成了四民社会。宗法活动不再按照大小宗原则,而开始下移。西周宗法社会的"家国一体"[1]结构演变为以宗族为中介的家国关系。战国以后,小家庭结构成为社会最普遍的家庭形态,宗族组织有助于小农家庭抵御自然和社会灾害。宗族作为一种社会基层组织形态,与地缘紧密地结合在一起。村落往往是宗族聚居地,乡制就是某种程度上的族制,地域、国家其实是嵌套在宗族组织之上的,公私一体,只有相对的范围大小之别,没有截然区分的边界。嵌套式社会结构难以形成由同质(平等)个体组成的团体生活,"差序"式的宗族组织[2]是传统社会中人们生活的重要场域。

科举制实行后,士族子弟不再能依靠血统和家学进入政权,士族的政治权力身份渐渐丧失,演变为单纯的血缘宗族。(冯尔康,2009)[394] 宋代以后,士庶界限趋于消失。平民出身的士大夫群体是儒家正统文化的载体,以"修身齐家治国平天下"为政治抱负和政治实践,他们从政是为了政府,而非为士族本族的利益,因此,宋以后的政府同宗族是分离的两套

---

[1] 因为德与位的分离,君主的"家天下"与士阶层的家国观念有所不同。周天子"家天下"的格局在某种程度上只是相对君主而言。对帝王来说,"家国一体"与"家天下"具有同样的意义,而对士大夫来说,"家国一体"其实是一种道义的担当。
[2] 东汉至唐代,农民破产问题不那么严重,因为这一时期宗族组织恢复发展,宗族向心力使得多数破产农民被同宗的地主庄园所吸收,成为庄园中同姓的依附家庭。唐代以后,宗族义庄制发展起来了,提倡敬宗收族、赈济同宗贫困之家,宗族制使得小农家庭对社会有较强的适应性。参见冯尔康.中国宗族史[M].上海:上海人民出版社,2009:386-387.

系统，即政治系统和社会系统。(冯尔康，2009)[395]这两套系统也体现了政统和道统的分立。对君主来说，"家国一体"是一家一姓的"家天下"，而对士大夫来说，"家国一体"是指生民之家在合理的社会秩序下能安居乐业，"修齐治平"的意义也在于此。士大夫的家国情怀接续的是西周德政传统，他们代民发声，又"格君""正君"，成为维持社会伦理的中坚力量。理学家对"齐家"之道非常重视，将"齐家"作为修身工夫的一个侧面。"齐家"最重要的是处常情之中能持正不偏，令亲族和睦、上下齐心。而为政讲求"治道"，也是要以"絜矩之道"均齐上下人心。两者的关键都在人心建设。宋代士大夫制定的家法和宗族规约较前代更多。欧阳修、苏洵先后编写了本族的新族谱，张载、程颐等都提出了一些宗族建设的观点，朱熹在《家礼》中设计了详尽的宗族建设方案。宋代以后宗族主要通过祠堂、族谱、族田等收族手段来凝聚族人，重视对宗族子弟的教育，还制定家规族法管理宗族。族内的出仕官僚代替了以往的宗子成为族长。(冯尔康，2009)[396]

宗族是家国关系的中介，也是家国伦理的载体。家庭伦理透过宗族的结构超越了"家"的范围，成为一种社会伦理，将一切社会关系囊括在"拟家庭"的序位当中。汉代儒家结合阴阳学，以"三纲六纪"安排整个社会秩序。"三纲"统帅"六纪"中的人伦关系（诸父、兄弟、族人、诸舅、师长、朋友）。"纲纪"指的是事物关系中的相对主次轻重之别，"以某为纲"即"以某为重"。主次、阴阳观念反映了古代辩证思维的分工原理，符合古代家庭生产方式。后来的"三纲五常"构成了传统社会秩序的基石，礼俗、律法皆受其影响[①]。"三纲"表现了父家长是家庭关系的中心，父权和夫权同时确立，是家庭规范的基本框架。东汉以后，宗族势力加强，族权由家长权延伸发展起来。家长权通过宗族的中介得到政府和社会的确认。政府支持宗族制度，保护宗族祭田、族墓及祠堂，以利用宗族宣

[①] 如汉唐均以孝道伦理为治国之本并将其法律化。参见李文玲，杜玉奎.儒家孝伦理与汉唐法律[M].北京：法律出版社，2012.

扬伦理纲常、教化族人。宗族宣扬忠君观念，教训族人遵守国家法令，督促各家完纳钱粮，协助地方政权维护乡间治安。"家"深刻地嵌入传统社会结构，与地缘、国家联结在一起，同时也塑造了中国人重视代际传承的文化心理（慎终追远、尊重历史）。前者是"空间的扩大"，后者是"时间的扩展"。（洪元植 等，2017）

从修身的观念基础及与其相应的"家国天下"的伦理政治结构中，我们可以看到一贯的思维方式，即从自身出发来观待世界，将世界与自身看成一个有机整体。"为政以德，譬如北辰"，孔子的这句话暗含了一种将"自我"作为道德源头的"向心力"结构，它通过由己及人、由近及远、由中心向四周扩散的"引力"来展开。家国结构使得微观的引力效应能够蔓延到更广阔的社会场域。自我是观待的起点，修身强调自我的道德行动对社会整体的作用。修身的道德精神带有鲜明的"反躬自求"的内向性和"知行合一"的实践性。

三、"修齐治平"的制度与途径

儒家的修身并不是独善其身，所谓"修齐治平"，最终是要让道德完善的人来从事政治。这就是儒家所说的"学而优则仕"的传统，唐宋以后，这个理念有了制度上的建构，即科举考试。政府通过科举考试，将优秀的儒家知识分子选拔进政府，让其来管理国家。这样中国知识分子就有了把学问和从政打通的现实途径。尽管在漫长的历史中，科举考试带来了很多负面影响，比如功利化的应试教育，但不可否认的是，它在维持中国社会运转、促进人员社会流动上具有积极作用。很多历史上做出过显著政绩的贤臣良相，都是通过科举考试选拔出来的。

科举考试与儒家经典关系密切。如前所述，中国传统学术以经典为根基。经学不仅是知识分子修身之学的来源，同时也是科举考试的知识储备库。科举考试以写文章为主，从思想层面来说，它最重要的特点是"代圣人立言"，具体来说，它需要将圣贤的训诫与写作者面临的具体情境相结合，提出对圣人之言的新的诠释，同时也能够依据自身体贴的"圣贤正理"来解决当下的问题。因此，经典传习（记诵）、义理阐释（解经），及其在人伦实践上的发用（经世）贯穿在科考的写作当中。就写作本身而言，它重视修辞文法，具有文学性，因此科举考试与中国的文学发展有紧密关系。唐宋"古文运动"主张重新回到"文以载道"的传统，在欧阳修的推动下，北宋科考之中不乏优秀作品。嘉祐二年（1057年），苏轼其文《刑赏忠厚之至论》获得梅尧臣、欧阳修一致欣赏却错失榜首，成为文坛"公案"。除了苏轼，嘉祐贡举进士及第的还有苏辙、曾巩三兄弟以及理学家程颢、张载、吕惠卿、朱光庭，神宗、真宗年间的文化精英尽出于此榜。[1] 义理修身之学与科考之文并非对立。科考虽有僵化功利的弊病，但这并非科考写作本身的问题。理学教育家朱熹教人立志求圣贤道，也并未将科考与修身成德视作完全对立的两件事，只是作本末的区分。科考之文对人的束缚从明代八股取士之后日渐加重，明代政治控制严密，加上阳明心学的影响，文章之学流于空疏。至清代，桐城派效法唐宋古文以抵抗科举"时文"。桐城派将程朱义理融合文言古文，其经世致用的精神影响了晚清社会思潮的近代变革。从鸦片战争到维新变法的近半个世纪中，桐城派一直是近代思潮的提倡者和开创者。从龚自珍、魏源到洋务派的曾国藩、维新变法思潮中的吴汝纶，再到严复翻译《天演论》、林纾翻译西方文学，依然在使用桐城派古文，这其中隐含了一条"以中汇西"的文化线索。实际上，近代中国教育的变迁中，伴随着科举制度的废除，经学与文学作为社会伦理结构根基和道德学问的呈现载体，其地位发生了动摇，于是"义理"与"辞章"之学都发生了变异。

儒家教化思想是一种以价值导向和人格感化为核心的社会治理理念。孔子提倡德治和礼治："道之以政，齐之以刑，民免而无耻。道之以德，齐之以礼，有耻且格。"（《论语·为政》）儒士君子的德行感召奠定了人格向上发展的基调，而礼俗的规范能够形成一种约束人心的力量。"化民成

---

[1] 参见曾枣庄.文星璀璨的嘉祐二年贡举[J].北京大学学报（哲学社会科学版），2010（1）：23-30；翟广顺.欧阳修的科举仕途与嘉祐贡举革新：纪念欧阳修诞辰1000周年[J].绵阳师范学院学报，2007（12）：36-40.

俗"和"修身为本"是儒家教化的两个方面,教化的核心力量来自儒士阶层,他们借由科举的路径进入国家系统,形成了上层官员、中层乡绅、下层家族长老的三层结构。[1]这样的结构把乡村与城镇、士人与农民都凝合在一个共同的价值系统当中,松而不散。"教化"把政治和教育都收归到"伦理"上。从政治一面来说,国家统治主要不靠武力,也不靠宗教,而靠伦理风俗濡养;从教育一面来说,主要的教育内容不是客观知识,而是人伦道理。

传统社会的教化有多种形式。首先是学校系统。中央官学代表国家层面教化的意识形态和学术方向。地方官学设于州郡至县,更接近基层大众,便于实施教化。元代以后,出现了扎根乡村的社学。社学具有普及小学的性质,目的就是"正风俗,扶世教"(黄书光,2005)[73,82]。地方官学和社学的兴废取决于地方官,兴学往往成为地方官的重要政绩。官学以外,传统社会还存在大量的私学,包括具有较高学术水平的书院,以及私塾、家塾、义学等蒙学机构。宋明时期,书院自觉的道统意识和自由讲学的风气使得普通民众接受儒家教化的深度和广度都大大提升。书院的祭祀系统也能够加强认同感,进一步整合了乡族的力量。传统蒙学读物将人伦道理融合到识字教学、常识教育之中,对下层百姓影响很大。义学通常由宗族或地方士绅集资筹办,一般免费招收贫寒子弟入学,带有公益性和平民性,教化功用很大,常常作为宣讲乡约、举行乡饮酒礼的场所,直接参与了民风的濡养。(陈建国,2008)

其次,家规族法、乡约也是教化的主要形式。家规族法在前文已有论述。乡约则是乡土社会教化的独特形式,与家规族法相比,它超越了血缘的限制,范围更大;与义学相比,它面向成年乡民,更像社会教育而不是基础教育。乡约是由士绅倡导的一种地方性公共组织,由乡民自愿参加,于德行、礼俗上相约共勉,在生产经济上互相扶助,因此乡约具有自治性,是一种综合教化组织。宋代的《吕氏乡约》是最早的成文乡约,包

---

[1] 参见黄书光.变迁与转型:中国传统教化的近代命运[M].上海:上海教育出版社,2014:34.

括四大约规：德业相劝，过失相规，礼俗相交，患难相恤。在吕氏兄弟的倡导和身体力行下，《吕氏乡约》取得了"广教化、厚民风"的良好效果，对后世儒者的乡约制定产生了很大影响。明清以来，乡约逐渐为官方所领导，强制性加强。（黄书光，2005）[135-137] 学校系统和族法乡约是组织化的教化途径，当中也融合了其他教化形式，例如宗族、书院中的祭祀礼仪，日常生活中的文本，包括皇帝的圣谕、地方官的告谕、善书历书、格言谚语、乡村戏剧等。

第三节 场域与时间：古代修身教育的实现形式

按照今天我们对"教育"的理解，修身乃至整个古代教育都处于一种非体制化的状态。即使古代"经学教育"有着自成体系的传授方式，修身也全然是一种"非正式教育"。因此，描绘古代修身教育的实现形式，只能粗略地将其按照场域和时间阶段划分出几种典型的样式。在这些教育的样态中，我们可以看到，人们对修身教育有着广义和狭义的理解。广义上，一切伦理教化都可以算作修身。"自天子以至于庶人，壹是皆以修身为本"在这个意义上可以成为一种普遍性要求。然而，在文教实践中，"修齐治平"的实践主体为士大夫阶层，"修身养性"之学属于"大学之道"。这意味着，在严格的意义上，儒家修身之学的两翼——"修齐治平"与"修身养性"分别排除了一部分人群——女性与儿童——的主体性。这两个群体的修身实则停留在广义上的伦常教化层面。

一、家庭空间：家训、蒙养和女教

在家国一体的结构下，家庭生活始终是人们日常生活的重要构成，其对人的教化意义是终身性的。士大夫的齐家、治家，本质上就是家庭教育，一般人家的子弟没有接受学校教育的机会，大多数人都是从家庭中学习为人处世的道理。古代女性囿于家庭，无论贵贱，皆受教于家。古代家教内容反映在家训当中，虽然家训多出自士大夫之手，但普通百姓和士人阶层尊奉的价值体系是一致的。历代家训也是近代修身教科书的重要取材资源之一。

（一）家训

以家训教育子弟勤修德业从周代的《康诰》《酒诰》就可见其端绪，不过这些算帝王家训，以政德为中心。士人撰写的家训在汉代以后比较普及，马援的《诫兄子严敦书》、郑玄的《戒子益恩书》等是汉代家训的代表作。东汉班昭的《女诫》为女训开山之作，是后代女性教育经典范本。随着家族结构的完善，家训也不断发展。魏晋南北朝时期士族兴起，家训著述已成"自觉"，典型的有诸葛亮的《诫子书》、嵇康的《家诫》。世家大族都非常重视对后辈子弟的教育，一是期望子弟能读书修德，走入仕途，光大门楣；二是由于门阀政治斗争激烈，必须教诫子弟谨慎言行，避免灾祸。士人家训与帝王家训不同，它更侧重个体的品德修养。（朱明勋，2008）[47] 隋唐时期家训趋于成熟，篇幅更长，并且以专著形式出现。"百代家训之祖"——《颜氏家训》累积于六朝，成书于隋代，其系统性和全面性超出前代。宋明时期，"治家"得到了理学家的高度重视，这一时期为家训著作的鼎盛时期，著作不仅数量多，而且有很多影响深远，如袁采的《袁氏世范》、司马光的《温公家范》和《居家杂仪》、朱熹的《家礼》、朱用纯的《朱子家训》等。同时，传统家族组织日益完善，建祠堂、修家谱、制定家规族法等活动也大量开展。宋以后的宗族建设为家训等家庭教育提供了制度保障，政府对民间宗族建设的支持也无形间赋予宗族以法律权力。家谱当中的家训往往带有强制约束的法律性质。由宋至清，家训由贵族转向平民，一些训俗类文献、乡规民约等也带有家训性质，如王士晋的《宗规》。宗族与乡村基层组织的交织，也让宗族内部的家训扩大到乡民社会。宋代《吕氏乡约》即可看作由吕氏族约向外推扩而成的。它最初由吕氏兄弟发起制定而推行乡里，在吕氏兄弟"身体力行"的倡导下，不仅吕氏家族所在的蓝田民俗淳朴，而且"关中风俗为之一变"。（黄书光，2008）[136-137]

家训反映了古代家庭生活中的日常教化内容，大体上可分为两方面，一是人伦规范、家庭礼仪与管理方面的内容，二是个人品德修养方面的内容。前者以"孝"为核心，后者以"慎"为核心，这两部分在历代家训的发展中逐步形成了"治家"与"治人"的叙述结构。

汉代"以孝治国"，褒奖孝悌行为，太学还有"养老"之礼。至魏晋时期，世族崛起，国家政权更迭频繁。汉魏六朝的家训突出强调"孝"，而非"忠"，"忠""孝"并提的方式在隋唐以后出现。有关"孝"的论述更多援引《孝经》，这与宋以后家训中理学式的"孝"有所不同。汉魏六朝家训多是劝导文，没有强制性的约束，真正带有家庭法律性质的家训产生于宋代以后，且大多在家谱当中。汉魏家训几乎没有关于"治家"的内容。从"治人"和"治家"两个方面阐述家教内容始于《颜氏家训》，宋以后的家训专著也未出其范式。《颜氏家训》在"治家"方面强调家庭对人的教育作用，提倡早教和胎教，主张父母对待子女教育要严肃。《颜氏家训》当中已有"家规"的内容，主张宽严适度："笞怒废于家，则竖子之过立见；刑罚不中，则民无所措手足。治家之宽猛，亦犹国焉。"这说明体罚已经是"家规"的内容。宋代以前家训对于孝道只是提倡，没有刻意强化，也没有义理性的探讨，而宋代以后家训则以"诚笃""勿欺"的义理来阐发孝道，强调孝悌是人之本，并大力阐述了如何在日常生活中履行孝道，包括得父母欢心、不惹父母生气、保护宗族子弟、不藏私财、兄弟不打官司等。家训同时强调与"孝"相关的兄弟"友""悌"之道。"治家"方面，有睦亲、理财、理事三项。睦亲主要在于协调好父子、兄弟、夫妇等关系，此外还包括邻里间的和谐。宋代以后家训中对家族和睦的重视比前代更甚，重视父子、兄弟之间的人伦关系，带有浓厚的尊卑观念，这反映出宋代以后宗法精神的复兴。邻里关系的处理主要强调忠信、敬慎、平恕、和气、谦恭等德行。理财主要关涉家族田产等经济事务，而理事则涉及家庭管理，如男女之别、家族子弟的家务之责，是家庭礼仪的内容。（朱明勋，2008）[195-245]

家训中对个人品德修养的叙述包括慎修、敬慎、谦恭等德行以及养生、修身方法论等方面的内容。汉魏六朝家训中"慎"的内容可分为两大方面：一是自身"慎修"，二是与人"慎交"。"慎修"是偏于心性修养的"内圣"工夫，谨言慎行，内心庄重，才能在处世上减少过错。对于汉代后的士大夫而言，言行、处世不仅关乎国家政事，也关乎自己的名声地位、政治命运。魏晋时期门阀斗争激烈，家训对言行谨慎的强调还有免灾避祸的考虑。"慎交"注重自身修养的周围环境。交友与内修相互辅助，南朝宋颜延之的《庭诰文》以芝兰之室与鲍鱼之肆作比，强调交友对于德修的重要性；北魏大将军源贺在《遗令敕诸子》中说要"遏恶扬善，亲贤远佞"（朱明勋，2008）[53-57]。此外，谦让、恭敬也是家训当中比较注重的德行。《颜氏家训》在"治人"（自我修养）方面强调孝德、慎修、慎交等，还包括养生、少欲知足等观念。宋代家训在"治人"方面包括修身、交友、勉学、择业等，以修身为要，其他德行还有忠信、敬恕、谨慎等。这些德行上的内容与前代没有太大不同，真正体现理学色彩的是家训当中的修身方法论，如净思以存善、慎独以安心、读书以养性、主敬以自成等内容。总体而言，宋代以前，个人品德修养与人伦规范是相通的，"孝"既是社会伦理，也是个人美德。宋代以后，理学式修身的内圣之学与人伦规范形成了一种内、外的分疏，人伦规范依然重要，但更强调在人伦上下功夫，获得内在心性的提升。宋代家训在处理社会关系上所强调的"谨慎""平恕"等都带有心性论色彩。

以上所论家训内容是"家主"，即士大夫[①]的家教观念，这是家庭教育中"施教者"的理念。从"受教者"的角度来看，家庭教育的对象主要是幼童和女性。儿童在入学前的蒙养教育以及女性全部的受教活动都是在家庭中完成的。到近代新教育普及之前，家庭教育的重要性都不容忽视，这一点从近代人物的自述中也可以看出。陆费逵幼年只受过一年的私塾教育，有五年时间受教于母亲。（陆费逵，2013）[14] 相比士大夫的"修身"理

[①] 其实，古代家教也并非皆出于父亲，古人说"家人有严君焉，父母之谓也"，历代都有善于教子、治家的贤母，但除了《女诫》这类教导女性的文章，成文的家训多出于士大夫之手。

念，幼童和女性在家庭中的修身教育不涉及太多精深的方法论，而侧重于人伦日用，其内容主要包括礼仪、人伦规范及一些生活技能，是以"事"为中心而不强调"理"。

（二）乳母之教：幼童的蒙养教育

古代对儿童的教育遵循胎教—乳母之教—启蒙教育的顺序。周代已有胎教观念，而胎教必由母教实现。《大戴礼记》记："周后妃妊成王于身，立而不跛，坐而不差，独处而不倨，虽怒而不詈，胎教之谓也。"《列女传》记载："大任者，文王之母，……大任之性，端一诚庄，惟德之行。及其有娠，目不视恶色，耳不听淫声，口不出敖言，能以胎教。"母亲的言行举止对胎儿有教育作用，这种教育当然不是今天人们所讲的大脑开发之类，它是一种性情感化，母亲言行端正专一才能使胎儿性情周正。婴儿出生由母亲抚育，直到幼童时期，都受教于"母亲"，[①] 这一段可称"乳母之教"。

《礼记·内则》反映了先秦时期幼童在家庭内接受的教育过程。

> 子能食食，教以右手。能言，男唯女俞。男鞶革，女鞶丝。六年教之数与方名。七年男女不同席，不共食。八年出入门户及即席饮食，必后长者，始教之让。九年教之数日。十年出就外傅，居宿于外，学书计。衣不帛襦裤，礼帅初，朝夕学幼仪，请肄简谅。十有三年学乐，诵诗，舞勺，成童舞象，学射御。二十而冠，始学礼，可以衣裘帛，舞大夏，惇行孝弟，博学不教，内而不出。……
>
> 女子十年不出，姆教婉娩听从。执麻枲，治丝茧，织纴组紃，学女事，以供衣服。观于祭祀，纳酒浆笾豆菹醢，礼相助奠。十有五年而笄，二十而嫁。

---

① 《礼记·内则》："异为孺子室于宫中，择于诸母与可者，必求其宽裕慈惠、温良恭敬、慎而寡言者，使为子师，其次为慈母，其次为保母。"孩子生下来之后，则从众妾或其他妇女中挑选性情宽裕、慈惠、温良、恭敬、谨慎寡言的妇女负责其教育。

十岁以前，男女儿童都是在家庭内受教育，学习日常礼仪和生活常识（饮食、应答、礼让等）。男孩十岁以后外出就学，而女孩由姆师来教授，女孩要仪容柔顺，性情温婉，学习织麻纺线等女工技能和祭祀方面的礼仪事务。《礼记·内则》还提到儿童起居习惯的要求，幼儿可以早睡晚起："孺子蚤寝晏起。"少年儿童则要早起洗漱，向父母问安："男女未冠笄者，鸡初鸣，咸盥漱，栉縰，拂髦总角，衿缨，皆佩容臭，昧爽而朝，问何食饮矣。若已食则退，若未食则佐长者视具。"

除了《礼记·内则》，《礼记·曲礼》更详细地记录了家庭人伦以及生活礼仪的教育内容，如孝悌："冬温而夏凊，昏定而晨省，……出必告，反必面，所游必有常，所习必有业"；敬师长："侍坐于先生：先生问焉，终则对。请业则起，请益则起。父召无诺，先生召无诺，唯而起"；礼让："为人子者，居不主奥，坐不中席，行不中道，立不中门"；男女有别："男女不杂坐，不同椸枷，不同巾栉，不亲授"；等等。在日常生活的礼仪方面，主要是行住坐卧威仪，如"毋侧听，毋噭应，毋淫视，毋怠荒。游毋倨，立毋跛，坐毋箕，寝毋伏。敛发毋髢，冠毋免，劳毋袒，暑毋褰裳"；还有与人交往、待人接物的准则，如"将适舍，求毋固。将上堂，声必扬。……凡与客入者，每门让于客。客至于寝门，则主人请入为席，然后出迎客"。这些都是后世家庭教育的通则，所谓"家教""教养"，就是通过这些方面体现出来的。《礼记》中的儿童教育方法是后世蒙养教育的依据，后世讨论儿童教养方面问题的著作，如朱熹编撰的《家礼》《小学》《童蒙须知》等，都采纳了其中内容。

从《礼记》的内容我们可以看出古代蒙养教育的几个原则。

首先，重视习惯的培养。《汉书·贾谊传》引孔子之言说"少成若天性，习惯如自然"，《颜氏家训》中也说"教妇初来，教儿婴孩"，古代教育非常重视在儿童开始学习生活技能的时候就培养其好的习惯，在日常生活的小事上规定得很细，比如行住坐卧的姿势、饮食衣服的讲究。

其次，偏重身体性活动，儿童要学习礼仪、诵诗、舞蹈、射御等。古人认为礼乐达于性情，能够化育德性。《礼记·文王世子》："凡三王教世子必以礼乐。乐，所以修内也；礼，所以修外也。礼乐交错于中，发形于外，是故其成也怿，恭敬而温文。"对于儿童来说，礼乐具有美育与德育双重作用。

最后，突出男女之别。从儿童时期便实施差异化教育，以便适应后来的社会角色分工。男女儿童从幼年开始就在穿着、应答礼节上有所不同，七岁开始男女日常生活就要分开，十岁以后，男子可外出就学，而女子在家受教。女子教育在内容上也有别于男子教育，以家务事为主。下面我们专门讨论家庭中女性的修身教育。

（三）阃内之教：女性教育

古代女子不能外出就学，其所受教育可称为"阃内之教"。家庭生活本质上就是伦理生活，女性的全部生活皆以家庭为中心。如果说男子教育兼有文化知识和道德教育，那么女性教育的主体就是道德教育，不外礼教与妇道两方面，核心就是人伦规范。（雷良波 等，1993）[4]

1. 礼教

礼教出于宗法制度，宗法制度讲求血统的纯一，"男女有别，而后夫妇有义；夫妇有义，而后父子有亲"（《礼记·昏义》），因此要严男女之别。从女性"修身"教育的角度看，礼教是一种外在规约，它首先为女性的身体活动划定了空间范围和活动方式。《礼记·内则》言："男不言内，女不言外。非祭非丧，不相授器。其相授，则女受以篚，其无篚则皆坐奠之而后取之。外内不共井，不共湢浴，不通寝席，不通乞假，男女不通衣裳，内言不出，外言不入。……礼，始于谨夫妇，为宫室，辨外内。男子居外，女子居内，深宫固门，阍寺守之。男不入，女不出。"这里提到，在居室建筑中将男女活动空间分开，男居外，女居内，不能相互串门，日常起居生活也严格男女之分。除非祭祀和丧礼，否则不能相互传递东西，传递东西则要用竹筐。《礼记·内则》对于男女的活动方式也有具体规定："男子入内，不啸不指，夜行以烛，无烛则止。女子出门，必拥蔽其面，夜行以烛，无烛则止。道路：男子由右，女子由左。"这些规范对后世女子生活产生了重要影响，程颐在其父母行状当中写到其母侯夫人："七、八岁时，诵古诗曰：'女子不夜出，夜出秉明烛。'自是日暮则不复出房阁。"侯夫人所诵的内容就出于《礼记·内则》。(朱高正，2010)[163-164]古代女子所谓"知书识礼"，就是指行为举止符合礼教的规范。虽然在实际生活中，礼教的一些细节或许没有严格执行（如女子出门必拥蔽其面），但这种严男女之大防的观念为传统社会所继承，越到后期越严苛。

礼教之下，女性没有独立的社会地位，"妇人无爵，从夫之爵，坐以夫之齿"（《礼记·郊特牲》），妇女从其丈夫的地位。汉代以后"阳尊阴卑"，妇女地位低于男性，但现实中女性却能凭借"夫爵"而获得类似"母权"的地位，这是根据"孝道伦理"而对女性地位的一种隐性补偿。礼教别男女，本为夫妇有义、父子有亲，但现实中，父权制下的家庭实行一夫多妻制，妻妾及诸子与"夫主"之间是"一对多"的关系，父子之间有类似君臣的上下关系，这些在无形当中消解了父子情感的亲密性。父严而母慈，母亲在抚育孩子的过程中与孩子建立亲密感情，而宫廷及大家族中"子以母贵，母以子贵"式的命运捆绑，使得母子之间的情感纽带更加紧密。由此，礼制中的"父子有亲"其实只代表了血统上的亲缘，而真正的情感结构中是"父子疏而母子有亲"。这种情感结构在"孝道伦理"的架构下演变为"母权"式的补偿机制。如果女性顺利地抚育儿子成年，则她受到的"孝敬"尊荣要大于父亲，有学者注意到"二十四孝"当中，"以女性家长为孝顺对象的总共二十例，占二十四孝的三分之二还强。而单独提到父亲的只有四例，其中尚有一例是说母亲早逝，因为思母之故而更加孝顺父亲"（叶涛，1996）。按照传统社会的规矩，一个官员的仪仗，除了他本人之外，他的妻子和母亲也可以使用。"老太爷如果到了他儿子的衙门，只可以跟一般人一样悄悄地进去，老太太到了，却可以用全副仪仗，大张旗鼓地进去。"[①]史家也曾言"汉家旧典，崇贵母氏"，因母子一

---

① 这是冯友兰的父亲所说，冯友兰认为这是对贤妻良母的补偿，也是妇女"三从"的表现。参见冯友兰.冯友兰自述[M].郑州：河南人民出版社，2004：14.

体,皇家的母亲备受尊崇,皇家的子孙甚至被世人以母姓称之。汉代涉政母后较多,自刘邦建国至献帝禅让,登上后位并成为皇太后的女性共有17位,其中有9位皇太后临朝称制。(林红,2007)孝道伦理下的母权也会加重子辈的"夫妇有别",表现为母亲对子辈婚姻的干涉与婆媳之间的紧张关系。① 礼教下的伦理结构和情感结构都是以纵向的代际为主,而非以横向为主,夫妇间"相敬如宾",保持一定程度的疏远。

2. 妇道

如果说礼教是外在的规约,那么妇道针对的则是人格品行,女性的修身教育主要在这方面。"妇道"的主要内容其实就是"三从四德",囊括了女性的性情、仪容、行为以及劳作技能等各方面的修身要旨。

"三从"的内容在先秦经典中已有所见,如《仪礼·丧服》中《子夏传》言"未嫁从父,既嫁从夫,夫死从子",《礼记·郊特牲》说"妇人,从人者也;幼从父兄,嫁从夫,夫死从子"。"从人者"点明了女性在人伦关系上所处的顺从位置。"四德"的内容据学者考证,最早出现于《周礼·天官冢宰》中《九嫔》,也可表述为"四行"。《九嫔》云:"掌妇学之法,以教九御妇德、妇言、妇容、妇功,各帅其属而以时御叙于王所。"九嫔② 是周代宫廷中高品级的女官,九御应为下级执事,这里对"四德"只提了名称,并未言明具体内容。《礼记·昏义》中说"是以古者妇人先嫁三月,……教于宗室,教以妇德、妇言、妇容、妇功",指出婚后女子要在宗室中接受"四德"之教,但也未言及内容。

先秦女教大多零散,汉代开始出现正规的女性教育文本。西汉刘向编撰《列女传》以推行妇女教化,东汉则出现了系统论述女德的著作,即班昭撰写的《女诫》。《女诫》出自德才俱名的女性之手,又是专门为教育女儿所作,结合了作者的亲身体会,因此内容更加全面、细致,对女性的教

---

① 例如焦仲卿与刘兰芝、陆游与唐婉的人生悲剧,近代教育史家舒新城也在婚姻中遭遇此类问题。
② 《考工记·匠人》载:"内有九室,九嫔居之。"可知"九嫔"应该是宫廷内掌握了娴熟劳动技能的女性。

育功用更大。《女诫》开创了女训的教育形式，基本框定了后世女性教育的内容和形式，后世常将其列为女教的首篇经典。

《女诫》在汉代家训中可谓鸿篇巨制，分为七篇：《卑弱》《夫妇》《敬慎》《妇行》《专心》《曲从》《叔妹》。《女诫》认同"男尊女卑""以夫为主"，从汉代阴阳哲学出发，阐发女性的"卑弱"，它带有强烈的女性角色意识，但融合了女性自身的生活体验[①]，显现了传统伦理结构下女性道德修养的自我表述。此后，"以弱为美"便成了传统社会正统的女性审美观。《女诫》中的女性道德观崇尚阴柔谦卑，班昭本人"东观续史，赋颂并娴"，虽博学高才却不居功，其文辞之间戒慎恐惧，又如曾子"战战兢兢"之状，可见班昭平时确实以谦恭谨慎自牧。其实谦谨之德本也是君子德操，班昭的"女德"将女性"从人"的伦理角色内化为谦敬卑下的内在德性，为女性的内在修养指明了方向。

班昭《女诫》之后，人们开始仿作，出现了很多训诫类女教作品。东汉名儒荀爽的《女诫》，文学家蔡邕的《女训》，也都是写给女儿的。汉代建构了传统社会的总体结构，其女教也垂范于后世，班昭被称为"百代女师"。此后历代皆有女性创作女教作品，唐代女学士宋若莘、宋若昭姊妹撰《女论语》，明成祖的徐皇后编《内训》，明末儒家学者王相之母刘氏作《女范捷录》，此三者连同班昭《女诫》并称为"女四书"。此外，唐代还有《女孝经》，敦煌文献中有《崔氏夫人训女文》，明代有《温氏母训》，这些女教作品都出自女性。士大夫专门为女教而作的文章有明代吕坤《闺范》和清初陆圻的《新妇谱》。到清代中期，陈宏谋将历代女教文本选编辑成《教女遗规》，为其《五种遗规》的一部分。在清末的修身教育中，《五种遗规》也是官方指定的教材编写资料来源。

[①] 特别是《敬慎》篇体现出班昭对夫妇相处的细致观察："夫妇之好，终身不离。房室周旋，遂生媟黩。媟黩既生，语言过矣。语言既过，纵恣必作。纵恣既作，则侮夫之心生矣。此由于不知止足者也。夫事有曲直，言有是非。直者不能不争，曲者不能不讼。讼争既施，则有忿怒之事矣。此由于不尚恭下者也。侮夫不节，谴呵从之；忿怒不止，楚挞从之。夫为夫妇者，义以和亲，恩以好合，楚挞既行，何义之存？谴呵既宣，何恩之有？恩义俱废，夫妇离矣。"

历代尤其宋代以前的女训，其内容基本与班昭的《女诫》差不多，只是更加细化，形式上比较类同。这些女训通常积极引导女性遵守妇道，注重内在修养，有的还会传授持家技能；在伦理纲常上也不太极端，比较肯定女性自身的价值，虽然强调女性从夫，但同时认为女性对丈夫也可谏诤。宋代以后，理学成为正统道德学问，对女性修身思想也产生了一定的影响。明代徐皇后为了教育后宫女性而作《内训》，包括《德性》《修身》《慎言》《谨行》《勤励》《警戒》《节俭》《积善》《迁善》《崇圣训》《景贤范》《事父母》《事君》《事舅姑》《奉祭祀》《母仪》《睦亲》《慈幼》《逮下》《待外戚》20 篇。(朱明勋，2008)[263] 其中妇道内容与前代基本相同，不出"三从四德"，但是从结构上看，《内训》对内在德性的重视显然超乎前代。其自序中言："夫人之所以克圣者，莫严于养其德性以修其身，故首之以德性而次之以修身。"(朱明勋，2008)[266]《德性》篇言："无损于性者，乃可以养德；无累于德者，乃可以成性。"(朱明勋，2008)[264] 这种关于"德""性"的思想带有一些理学色彩。《警戒》篇强调"慎独"的重要性，"妇人之德，莫大乎端己，端己之要，莫重乎警戒"，要不欺于幽冥，不诈于昭昭，"行之以诚，持之以久，隐显不贰"，(朱明勋，2008)[264] 很接近《中庸》所言"莫见乎隐，莫显乎微"之意。《内训》中的理学色彩主要体现在修身立德方面，没有极端化倾向，而明末《女范捷录》就体现出理学对女性修身的另一方面的影响，那就是贞烈观的加强。《女范捷录》的作者王刘氏是一位"幼善属文"同时深受宋明理学影响的"节妇"[①]。《女范捷录》分有《统论》《后德》《母仪》《孝行》《贞烈》《忠义》《慈爱》《秉礼》《智慧》《勤俭》《才德》11 篇。《贞烈》篇强调"忠臣不事二国，烈女不更二夫。故一与之醮，终身不移。男可再婚，女无再适"。《女范捷录》在形式上采用了理论说教与典范引导相结合的方式，辑录了历代贤女的故事。(徐少锦 等，2011)[572,578] 其中很多就是毁身守节的贞女烈妇，如"曹令割鼻""凝妻劈掌"等。虽然古代社会一直强调女性从一而终，但至

---

① 王刘氏守苦节六十年，屡被旌表。

唐朝中期以前，女性改嫁都属正常，甚至到宋代，在强调"饿死事极小，失节事极大"的程颐家中，也有守寡侄女再嫁之事。然而到了明代，妇女守节逐渐成为僵化的教条，受士大夫提倡，受政府表彰，逐渐形成风俗。明末士风激荡，丈夫以死报君王，妇女以死全名节，都带有重死戕生的倾向。理学后期中礼教的僵化与严酷在妇女贞烈观方面体现得尤为显著，当然这与明代思想控制加强以及明末士林的政治斗争有关系。明末的《温氏母训》是温璜辑录其母平时教诲而成，以口语体为主。温母不像《女范捷录》的作者王刘氏自幼饱读诗书，受理学感染很深，她的教诲代表了普通妇女的家教观念，切近朴实，不走极端，注重把握大节，如要求重德轻利、宽厚诚信等，特别值得注意的是温母认为不必劝寡妇守节，也不要强令改嫁，由其自主决定，而立志守寡者就要注意避开嫌疑。在大力提倡"守节"的明代，温母的看法可谓开通。

相比于上述女性创作的女教作品，士大夫所作的女教作品往往更突出人伦纲常，说教性更强，更为极端和严苛。明代女教作品对于女性贞节问题尤为看重，吕坤在《闺范》序言中说"孝贤贞烈，根于天性"，他辑录了关于女教的"嘉言"以及孝女、贞女、节妇的"善行"，其中有很多以自残或死保全名节的烈女。为了加强教化效果，他还为文字配图。从吕坤的点评中可以看出，他是由衷地赞美甚至钦佩这些节烈的女性，甚至在孝女旁氏面前自感惭愧。他也为守节而死的女性感到惋惜，但他认为这是一种舍生取义的行为，也值得士大夫学习。吕坤这种"道德至上主义"折射出理学在后世发展中的僵化和极端化。吕坤在《女小儿语》中劝说女性包容丈夫纳妾："久不生长，劝夫娶妾，妾若生子，你也不绝。家中有妾，快休嚷闹，邻家听的，只把你笑。越争越生，越嚷越恼，不如贤惠，都见你好。"（陈宏谋，2013）[47]这里强调妻子久不生育应该劝丈夫娶妾继嗣，并且说妾若生子也是自己的后代。如果说劝夫娶妾是为了延续后代，在宗法社会中尚属正统观念，而陆圻的《新妇谱》充分体现了男性对妇女的奴役和欺压。《新妇谱》是陆圻为出嫁的女儿所作，最重要的内容就是"敬丈夫"，要求对丈夫一味顺从，毕恭毕敬，而且要允许甚至支持丈夫狎妓宿娼，"风雅之人，又加血气未定，往往游意娼楼，置买妾婢，只要他会读书会做文章，便是才子举动，不足为累也"，"坐挟妓女；——皆是才情所寄，一须顺适，不得违拗"。（陈东原，2017）[219-220] 在陆圻眼中，男性嫖娼竟是"风雅""才情"之事，这种开脱之辞不仅反映了陆圻本人的迂腐僵化，也是当时社会风尚的反映。

以下，我们对传统社会女性修身教育有别于士人修身教育的几个方面略作讨论。

其一，性情与修身。古人认为女子属阴，应取法宽柔谦卑的坤道，性情要温婉柔顺，女性修身教育中的德目通常有幽闲、贞静、谦谨、顺从、恭敬、孝敬、贞洁、纯一、慈爱、勤劳、俭朴、宽和、忍让、专一等。有些德目同时也是君子德行，但诸如幽、贞、静之类的则为女子所专。历史上，女性观与儒林士风是联动的，由专一、贞洁等发展而来的节烈观往往与这一时期士风的激荡互相呼应。贞节烈女大量出现在两个时期，一为东汉，二为明末，女性殉夫与士人殉国报君在本质上具有同等的道德意义。

其二，言语与修身。古人通常比较注重谨言慎行，不仅是为了内修，也出于避祸心理。但是对于女性"妇言"的规范则与一般君子"谨言"的要求有所不同：一是女性以柔顺为主，言语应该低声缓慢，《礼记·内则》在男女童子的应答上强调"男唯女俞"就体现了这一点；二是要防止女性以口舌搬弄是非，破坏家庭关系，"妇言"的规范不仅要求谨慎言语，更重要的是少言、少争辩。敦煌文献中《崔氏夫人训女文》讲到与夫家族人相处时说"欲语三思然后出，第一少语莫多言"，"好事恶事如不见，莫作本意在家时"，更要注意"外言莫向家中说，家语莫向外人传"。（郑阿财 等，2007）[79-80] 这反映了社会有关妇女言语的普遍道德观念。

其三，修容与修身。一般男子的修身教育很少提到容貌的修饰，而这点却是女性修身的重要内容。陈宏谋说："女子自离提抱，无论富贵贫贱，鲜不日有事于盥洗梳栉者也。"（陈宏谋，2015）[93] 因女子喜欢修饰容貌，"妇容"都要求女性容貌淡雅俭朴，不贵荣华，最忌妖娆。东汉蔡邕则抓住女性心理，从"修容"引申到"修身"，他在为女儿写的《女诫》①中说"咸知饰其面，而莫修其心，惑矣"（严可均，1999）[756]，劝诫女儿要兼重外在美和内在美，很有讽谏的味道。这句话也被西晋张华化用在《女史箴》中②，以讽谏残暴专横的贾太后，并借此教育宫廷妇女。我们在顾恺之的《女史箴图》第三段《修容饰性图》中可以直观地感受到将容貌修饰与道德修养相联系的女性修身观（见图 1-2）。

图 1-2 《女史箴图》之《修容饰性图》（唐摹本） 绢本设色
大英博物馆藏③

其四，德与才的关系。多数女训作品认为女子应该同男子一样读书学礼，历史上不乏才华出众的女性名垂后世，刘向《列女传·仁智传》记载

---

① 蔡邕的《女诫》据严可均辑《全后汉文》所录。在陈宏谋所辑《五种遗规》中这一篇题目为《女训》，家训资料集有时将其与蔡邕另一篇《女训》合为一篇。
② 《女史箴》曰："人咸知修其容，而莫知饰其性；性之不饰，或愆礼正；斧之藻之，克念作圣。"
③ 《女史箴图》，晋顾恺之作品，现存九段，为唐代摹本，此处选用第三段。

了一些博识达理、具有谋略的女性，其中还包括了名声不好的卫灵公夫人（见图1-3）。班昭本人也是史学家。《女论语》的作者之一宋若昭"文词高洁，不愿归人，欲以文学名世"（陈宏谋，2015）[93]，她的志行得到了皇帝的嘉奖，被封为"女学士"。德才可以相互促进，蔡邕教女就非常注重文艺修养，他的《女训》[①]将鼓琴技巧与家庭礼仪结合一起，教导女儿如何为公婆鼓琴。（严可均，1999）[755] 蔡邕两个女儿的才学和修养都很好。蔡文姬身逢离乱，一生三嫁而留名史册。"文姬归汉"的故事被历代文学家、戏剧家、画家反复描摹，这与她在文化上的贡献分不开。王刘氏也认为才德相辅，《女范捷录》中《智慧》篇说"治安大道，固在丈夫，有智妇人，胜于男子"，《才德》篇说"女子无才便是德，此语殊非"，"夫德以达才，才

图1-3 《列女仁智图》之《灵公夫人》（宋摹本） 绢本墨笔淡着色
北京故宫博物院藏[②]

---

① 蔡邕的《女训》在有的资料集中被称为《训女鼓琴》，如刘英杰主编的《中国教育大事典》。参见刘英杰.中国教育大事典：1840年前[M].杭州：浙江教育出版社，2004：308.
② 《列女仁智图》，旧传东晋顾恺之作，此为南宋人摹本；现存图卷有七个故事保存完整，此处选用灵公夫人的故事（卫灵公与夫人夜坐对谈之事），此事也被编入了清末的《最新修身教科书》。

以成德。故女子之有德者，固不必有才，而有才者，必贵乎有德"。（楼含松，2017）²⁹³⁸⁻²⁹³⁹ 用在正道上的"才"都是值得肯定的，而"邪淫之词"无论男女都应该痛戒。士大夫也不反对女子读书，认为女性应该读一些经典如《孝经》《论语》《女诫》等，不应该读庸俗的诗词歌曲。① 宋以后女性德才观出现对立，主要体现在文艺（诗词歌赋）与道德的对立。

其五，身心与修养。相比于"君子不器"的男性修身观，技能教育在女子修身教育中占有重要地位。女性的家庭角色使得劳作技能被纳入道德内涵当中，女性修身很大程度上是以"事"为中心，偏重身体活动的"习劳""勤劳"，正如《女孝经》中所言，"为妇之道，分义之利。先人后己，以事舅姑，纺绩裳衣，社赋蒸献"（见图1-4）。士人的修身教育从宋明理学之后发生了内转，由人伦规范的塑造转为在人伦上做心性工夫，但是女性修身教育始终以前者为中轴，心性涵养工夫一直没能进入女性修身的范围。

图1-4 《女孝经图》之庶人章　绢本设色
北京故宫博物院藏②

---

① 例如，吕坤在《闺范》中说道："今人或教女子以作歌诗，执俗乐，殊非所宜也。"参见陈宏谋.教女遗规译注[M].北京：中国华侨出版社，2013：64.
② 《女孝经图》卷，宋代画作，无作者款印，画作以图解形式分九段表现唐代邓氏所作《女孝经》前九章的内容，此处选用第九段庶人章。

女性修身教育缺乏修身本体论（道体）和工夫论，某种程度上反证了修身观念的"社会性"面向，因为"修齐治平"这一连贯轴线的主体为"士大夫"，因而儒家修身教育的本体论和工夫论就以男性的身心实践为主体。

二、私塾与书院教育

学校系统中的修身教育可分为两部分：以私塾为主的蒙学和以书院为代表的高等阶段的学校。

（一）私塾教育

蒙学教育的机构主要为私塾，一般由受过儒家教育的知识分子开设，或者在富人家庭当中采用家庭教师授课的形式。私塾没有年龄的限制，不分班级，人数较少，一般只有十几人。塾师能给予学生深度关注，为个别教学和因材施教创造了条件，私塾中师徒之间的关系比较紧密。

蒙学阶段的修身教育接续家庭中的"乳母之教"，仍然以礼仪、人伦规范等生活教育为主。战国时期稷下学宫的学则《弟子职》"言童子入学受业事师之法"（朱熹语），内容包括儿童在学校中应如何学习，如"温恭自虚"，"见善从之，闻义则服"，"游居有常，必就其德"，"朝益暮习"；如何尊敬师长，如"先生将食，弟子馔馈"，"先生有命，弟子乃食"；以及学堂的行为规范，如饮食起居、衣着仪表、火烛打扫、课堂纪律等。可以看出古代学堂中学习和生活是融合在一起的。秦汉以后，蒙学阶段以经学教育为主，对于儿童的修身教育很少专门讨论。

对蒙学阶段的修身教育进行系统建构的当推朱熹，他专门编撰了《小学》《童蒙须知》《训蒙绝句》，对童蒙教育有过长时间的思考。《童蒙须知》内容比较浅显，大多采自前述《礼记》中的内容。《训蒙绝句》以诗歌的形式表达义理，内容很深，相当于"大学"阶段的内容。《小学》真正具有德育教材和德育理论的意义。它不但综合了以往蒙养教育的内容，更重要的在于它是朱熹本于程朱理学的修身工夫而编写的，内属于朱熹从"小学"到"大学"的德育次第。《小学》要解决的是儒家修身工夫的入手处问题，是朱熹四书学的有机组成部分。明儒施璜认为，五经以四书为阶梯，四书以《近思录》为阶梯，《近思录》以《小学》为阶梯，此《小学》一书所以万世养正之全书，培大学之基本也。（朱熹，2002）[382-383] 朱熹经过长达十多年的"为学之序"的思想探索，最终确立了"庄敬涵养"的小学工夫为圣门之学下手处。道体一贯，精粗本末不相离，由"日用事物之间"入手循序而进，可以上达而入神。下学之始即在格物致知，格物致知必须落实在"日用事物之间"，"洒扫""应对"的"小学"工夫是体认"理"的形而上之现实通道。朱熹在《小学》开篇说"古者小学，教人以洒扫、应对、进退之节"，就是要"教之以事"，到了"大学"就可以讲穷理之学。

《小学》全书六卷，除《序》和《题辞》，主体分为内外两篇。内篇有四卷：《立教》《明伦》《敬身》《稽古》。《立教》阐述儒家教育的基本观念，辑录先秦经典中教育论述（四书、《礼记》、《周礼》等）；《明伦》主要讲君臣、父子、夫妇、长幼、朋友的五伦关系；《敬身》讲解孩童修养身心的重要性和相应要遵守的规矩；《稽古》选录了先秦经典中的圣贤言行。外篇包括《嘉言》《善行》，大多是秦汉以后儒家士大夫的语录和事迹。《嘉言》《善行》又各自分为"立教""明伦""敬身"三部分，这种"嘉言善行"的编排方式符合儿童心理特点。

《小学》以事为主、以理贯穿，强调"人伦日用"实践，是一种生活教育。明代陈选分析"朱子《小学》，其教化在于明伦，其要在于敬身，盖作圣之基业"（鄢建江，2006）[66]。就是说"明伦"是德育目标，而工夫在"敬身"上做，"敬身"是对"明伦"的具体化。书中摘录了一些涉及个人日常行为规范的言论，把"明伦"的外在规范转向个人的自身修养。"敬身"包括心术之要、威仪之则、衣服之制、饮食之节，对生活细节的讲解非常详细，目的是让儿童在日常小事上慢慢存养，长期积累便能"习与智长，化与心成"。[①]

[①] 朱熹在《小学书题》中谈道："古者，小学教人以洒扫、应对、进退之节，爱亲、敬长、隆师、亲友之道，皆所以为修身、齐家、治国、平天下之本。而必使其讲而习之于幼稚之时，欲其习与智长，化与心成，而无扞格不胜之患也。"参见顾树森. 中国古代教育家语录类编：下册：汉唐宋明各家[M]. 2版. 上海：上海教育出版社，1983：162.

自南宋时程朱理学成为官学，朱熹的《小学》就成为社学、义塾、小学等基础教育机构的通用教材，其德育理念实为宋以后八百年传统蒙学实施道德教育的主要根据。不过，《小学》有些内容难度过大，实际上超出了"小学"范围，与《近思录》等有所重叠，再加上《小学》以长短句的形式呈现，有的内容像写给教师的，有的内容像写给儿童的。鉴于此，后人以《小学》为底本，编辑了《小学韵语》以方便教学。此外，朱熹弟子陈淳编辑了《小学诗礼》，朱熹的《童蒙须知》在清代也被改编成了《童蒙须知韵语》，这些书就是私塾常用的德育教材。除了程朱理学的教育思想，阳明学一脉也提出过有益的儿童教育方式。王阳明主张运用诗教的方式教导儿童，"故凡诱之歌诗者，非但发其志意而已，亦所以泄其跳号呼啸于咏歌，宣其幽抑结滞于音节也"（《训蒙大意示教读刘伯颂等》）。阳明后学李贽甚至提出"童心"说。清代学术呈现出融合朱陆的趋势，至清末兴学的时候，这些重视儿童性情的教育观念在学制中也有所体现。

（二）书院教育

书院作为中国古代特有的一种教育组织形式和学术研究单位，在中国文化史上占有独特的地位。书院起源于古代藏书、修书的传统，后来士人隐居读书的风气也促进了书院发展。（丁钢 等，1992）[6,15] 书院教育的兴盛与理学家的教育活动有直接关系。理学家讲学授徒、复兴教化通常以书院为阵地，几次大会讲、辩论基本在书院中举行，书院所代表的"自由精神"也来自理学家"以道抗势"的人格追求。

书院教育相当于"大学"阶段，即朱熹所言"穷理"的"上达"阶段，专注于儒家经典的学术研究和道德修养。书院在地址的选择上比较讲究，一般建立在环境优美的山林间，便于学生参悟宇宙、涵养性情、修养道德。

书院学生在年龄上至少为成童，具有独立探讨学问的能力，因而书院的学习以自学为主，同时师生之间平等探讨，同学之间互相切磋。在这种"平等""自由"的共同学习中，每个人对经典的理解得以深入，相互间的砥砺也能促进人格修养的提高。书院的"自由精神"正由这种师友共学的氛围形成，非但学生辈切磋学问，师长辈也同样论学取友、互相学习，如浙学陈亮、吕祖谦、叶适一辈经常相互交流，陈亮最推重吕祖谦，常常送著作请他提意见，吕祖谦都有答复，遇到意见不合，争辩有时从昼至夜。（杨布生 等，1992）[83]学者间的这种的交游也促成了书院组织大规模的讲学、论学活动，著名的"朱张会讲""鹅湖之会"以及陆九渊"白鹿洞讲学"不仅是书院教育史上的大事，也是学术史上的"公案"。"朱张会讲"发生在乾道三年（1167年），朱熹偕弟子从福建出发，专程到岳麓书院进行学术交流，与张栻讲学论道两月有余。据朱熹学生范伯崇所记："二先生论《中庸》之义，三日夜而不能合。"由此可见当时争论之激烈，这种为学精神也感染了后学。"鹅湖之会"是在淳熙二年（1175年），吕祖谦为了调和朱熹与陆九渊在学术上的分歧，邀请双方到江西鹅湖寺进行研讨。这次讨论进行了三天，双方各执己见，最后也没有达成一致，尽管如此，"鹅湖之会"还是拉近了双方的关系。六年后（1181年），朱熹修复白鹿洞书院不久，邀请陆九渊来访讲学。陆九渊讲《论语》中的"君子喻于义，小人喻于利"，朱熹弟子听了十分动容。朱熹把讲义刻石立于院门，在《跋》中写道："其所以发明敷畅，则又恳到明白，而皆有以切中学者隐微深痼之病，盖听者莫不悚然动心焉。"由此可见朱熹对这次讲学非常敬服。此后，二人书信论学往来很多。书院这种讲学、论学活动不仅促进了学术发展，而且营造了求学向道的氛围，无形中感染了学生。这三次会讲前后相差不到十五年，可见当时学风之盛。

书院是一种组织化、制度化的私学教育，它有一套日常组织和管理方式，而修身的教育精神也蕴含其中，这体现在学礼和学规上。礼乐原本是古典儒家教育的重要内容，后世"乐"逐渐失传，只留下礼仪的形式。汉代的太学和郡县学中都存在学礼，到了宋代时，共有六种学礼：释奠礼、谒先师礼、释菜礼、养老礼、视学礼和乡饮酒礼。其中，释奠礼、释菜礼及乡饮酒礼较常举行。自汉代以来，学礼的宗教意义已经淡化，主要意义在于教育。（周愚文，2008）[28-51]书院中的学礼主要是祭祀活动。完备的书院空间，包含了教学空间和独立的祭祀空间。祭祀空间以庙或祠为建筑主轴，这说明书院教育活动并非仅使用文本，礼仪活动也是重要的教育形式。岳麓书院除了有文庙之外，崇道祠供奉朱熹和张栻两位先生，六君子堂供奉对书院建设有功之人，还有诸贤祠、道乡祠等。白鹿洞书院除了礼圣殿，陆续建有宗儒祠、先贤祠、崇德祠、忠节祠、紫阳祠等。书院祭祀是生动的教学，它的教育意义体现在以下几个方面：其一，祭祀空间将教育理想具象化，使学者"入其堂俨然若见其人"（毛礼锐 等，1987）[71]。非但前圣，后儒中杰出者也可入庭接受奉祀，提示圣贤可学而至，感发学生的志向和心念。这也是儒家典范教学的体现。其二，祭祀有尊师重道、继承学脉的教育意义，可激励后学发扬学派特色。例如，湛若水青年师事陈白沙，白沙临终以传道重任相托，因此白沙死后，湛若水独立讲学，"足迹所至，必建书院以祀白沙"（黄宗羲，2008）[875]。其三，礼仪活动本身具有修身的作用，如朱熹在晓谕同安县学诸生时说："十五而入大学，学先圣之礼乐焉，非独教之，固将有以养之也。盖理义以养其心，声音以养其耳，采色以养其目，舞蹈降登疾徐俯仰以养其血脉。"（朱熹，2002）[3567]此外，祭祀的对象除了儒门道统外，也有乡贤、名宦等，使祭祀具有地方教化、传承文化的功能。

学规类似学校章程，内容涵盖书院的教育宗旨、修学门径和日常运作的规范。学规最能体现书院的教育理念，不同书院之间的学规内容大为不同。学规的出现与北宋兴学运动相关。仁宗天圣七年（1029年），范雍在京兆府兴学，到了至和元年（1054年）以石碑刊刻《京兆府小学规》。胡瑗在湖州县学制定了一套学规（1042年），广为流传。范仲淹把这些规条办法修订之后引进太学，使之成为教育改革的举措。后来，学规的撰著逐渐普遍。宋代各朝兴学都不断地颁布有关教育的法令，尤其是在蔡京主政期间。这种教育法令引起了人们对官学教育的厌恶，官方所推行的学规也大受批评。朱熹撰写《白鹿洞书院揭示》，特意避开"学规"两个字以标明不同旨趣。朱熹反对学规是因其法家色彩（浅薄、不能深泽人心），他认为真正的学规应该指示"为学大端"：

近世于学有规，其待学者为已浅矣，而其为法又未必古人之意也。故今不复以施于此堂，而特取凡圣贤所以教人为学之大端，条列如右而揭之楣间。（朱熹，2002）[3587]

《白鹿洞书院揭示》包括"五教之目"（即五伦）、"为学之序"、"修身之要"、"处事之要"、"接物之要"，并申言圣贤教人为学之意"莫非使之讲明义理，以修其身，然后推己及人"。这些原则主要是积极的规劝，不带有禁止性的戒条警告，约束性低，提倡自觉的优游涵养。《程董二先生学则》和吕祖谦的《丽泽书院学规》则在日常人伦和行为规范上规定得更为具体，其中不免有一些禁止性词语（如不、非、毋），不过相关语句通常是用来说明正面的行为规范的，目的是引导学生躬行实践。总体来说，理学家一般侧重对圣贤人格的理性追求，所定的学规以正面规劝为主，以圣贤为学之方鼓舞激励学生向上，而不是依赖反面的惩处、控制。书院的日常教学管理中也有"德业簿""劝善规过簿"等"德行考核"的辅助方法。（邓洪波，2008）[52-72]

宋代书院的这些德育方法对后世影响深远，至近代康有为所办的万木草堂依然延续其做法。据卢湘父与梁启勋回忆，万木草堂学风严整，"凡上堂必穿长衣"，师友共学，学生听讲、读书、记笔记，有疑问记录在功课簿上，半月上交一次，先生要批答，写满后，存入书藏，供新来同学阅览，无考试，各人造诣深浅从功课簿上就可观察。此外还设有蓄德录，并设有习礼，每月一次文成舞。（朱有瓛，1986）[239-242, 246-247]

三、游学与自我教育

除了上述家庭教育、学校教育以外，自主择师游学与自我教育也是修身教育的重要形式。这种非组织性的教学形式其实最能体现修身教育的"学以为己"精神。古语有云"礼闻来学，不闻往教"，强调学习的主动性。所谓游学，就是从师受业，从游突出濡染观摩之效。游学完全出于求学者本人的意愿，弟子择师也完全基于老师本人的学问及其人格力量。

先秦时期私学兴盛，多采用这种游学的形式。孔子周游列国，弟子相从受教，即使遭遇命难也不离去。至汉代，私家的经学（尤其古文经）教育就采用这种形式，马融、郑玄的门生弟子多是跟随其本人受教，这二人的弟子人数众多，超过当时太学。书院成为修身教育的重要场所其实要到南宋以后，北宋的书院虽也是教学和读书的地方，但是带有科考应试的目的，比较沉闷。（丁钢 等，1992）[50] 北宋理学的兴盛依靠的其实是理学家的私人讲学，他们在自己的居处讲学，吸引弟子从游。张载居关中讲学收徒，后人称其学派为"关学"。二程久居河南，其学派被称为"洛学"。二程门下，谢良佐是在程颢知扶沟县时"往从问学"，杨时则在进士之后，调官不赴，到颖昌拜见程颢而师事之。（陈来，2011）[139, 153] 而吕大临先后师事张载与二程，既是"关学"门人，又是"程门四先生"之一。北宋理学就是依靠这种师弟传授将学脉传承下去，如杨时三传而有朱熹，将程门理学发扬光大。明代类似，王阳明一生讲学，行军征讨也不间断，而弟子相从左右。阳明过世以后，其弟子继承了讲学的传统，也四处兴办书院，从事讲学，王学遂得以广泛传播。《明儒学案》从地域上就将王学划为七个学派。可见，讲学和游学促成了学派的产生，这些学派是书院教育复兴的核心力量。南宋以后的书院教育与这种师弟游学的教育方式结合在一起。陆九渊创办象山精舍，学者辐辏而来。朱熹建武夷精舍，弟子就在此从学。

　　书院教育带有一定的组织性，有大型的会讲、辩论，而游学的方式更贴近生活情境，老师随处指点与学生自我省察相互作用。师生相从，当机问道，问答之间颇有教学艺术，体现出修身学"体知"与"内证"的特性。这里对修身的教学艺术（兴发、隐喻和对答机锋）略作讨论。

　　（1）兴发：兴发来自诗教，孔子最早将其运用于修身教育中。"兴"即就眼前事物指点陈述，而引譬连类，以激发志趣、感通情意，兴发带有情境化、时机化的特点。孔子的兴发教学最著名的例子是与子贡、子夏论诗。子夏问诗"巧笑倩兮，美目盼兮，素以为绚兮"，孔子回答"绘事后素"。子夏回应"礼后乎？"，孔子赞叹"起予者商也"。孔子的回答让弟子在学诗与学礼两桩事上互相引发，当下之问得到延伸，连通诗的辞句之学与修身之学的内涵。语言构成双重意义空间——诗句与道德境界相互印照。宋儒当中,周敦颐与程颢的教学风格最有兴发意蕴,他们在"孔颜之乐"上颇有自得,人格境界中时常流露出活泼生机,体现出一种与自然相融的胸怀。程颢曾说:"某自再见周茂叔后,吟风弄月以归,有'吾与点也'之意。"(陈来,2011)[84] 谢良佐说程颢善于讲《诗》,从来不下一句训诂,不逐章逐句解释,"但优游玩味,吟哦上下,便使人有得处"。(朱高正,2010)[81]《诗》在于"兴",吟咏讽诵而涵畅性情,拘于字义便无滋味。二程相比,程颢温然平和,程颐严毅庄重,程颢曾说,程颐能使后学"尊师重道",而自己则是在"接引"后学(因材施教)上更胜一筹。

(2)隐喻:修身之学以"体知"为认识路径,"体知"的言说方式借助于隐喻。隐喻最初和最基本的来源是身体和身体的活动。(叶浩生,2017)[31] 身体隐喻在孟子的言说中已很常见,如"君之视臣如手足,则臣视君如腹心""冉牛、闵子、颜渊则具体而微"①。宋儒当中,谢良佐最初师事程颢,心态经常反复,又没有找到工夫门径,容易忽左忽右,程颢说:"与贤说话,却似扶醉汉,救得一边,倒了一边。"(朱高正,2010)[40] 这个比喻到谢良佐见地明白之后犹能追忆,可见程颢善于启发后学。理学家教学是就学生的问题随机指点,学生会显露出各种错误,老师则补偏救失,带有"临床"性,因此教学也常借助"疾病"隐喻。谢良佐与程颐分别一年后相见,程颐问他做什么工夫,谢回答说"也只去个'矜'字"。程颐问原因,谢回答"子细检点得来,病痛尽在这里"。(朱高正,2010)[148] 有人问阳明,静坐时扫除廓清好名、好色、好货等根,是不是"剜肉做疮",阳明严肃地答道:"这是我医人的方子,真是去得人病根,……你如不用,且放起,不要作坏我的方子!"(王阳明,2012)[233] 诸如"病痛""病根""药方"之类的隐喻在理学语录中很常见,这种隐喻能让人产生"切身"感,对问题体察得更加深刻。

---

① "具体"即身体四肢都俱全。《论语集注》朱子引其师李侗的话"颜子深潜纯粹,其于圣人体段已具",即是此意。

（3）对答机锋：机锋是禅门接引学人的方法。禅家在学人求道中的关隘处，以非逻辑性的断语破除学人的迷惘，使其豁然自证，机锋也可用于勘验对方的悟道程度。理学家常有"出入佛老"的经历，很多儒者本身也习禅，禅门教学方式对理学启发颇多，最显著的特征就是语录体的复兴。理学家接引学人以师生对答为主，即使是解释经典的义理，也大量使用当时新鲜活泼的口语，以便于听者有切己的体会。对答和语录体在先秦时期就已出现，不过理学语录体更具有禅门机锋的味道。有个叫冯理的人问程颐，说自己曾听闻程颐的教诲，现有一奇特事要问他。程颐便问什么奇特事。答说："夜间宴坐，室中有光。"程颐回答："颐亦有奇特事。"冯理便问。程颐答："每食必饱。"（程颢 等，2004）[414] 禅门有"平常心是道"之说，更何况此处冯理有故弄玄虚之意，程颐的回答则直斥妄心，令其返归平实。又一次，尹焞问伊川："如何是道？"伊川回答："行处是。"（程颢 等，2004）[432] 这里的问答就更接近禅门"直下是道"的意味。有人问明道："如何斯可谓之恕？"回答："充扩得去则为恕。"又问："心如何是充扩得去底气象？"答："天地变化草木蕃。"再问："充扩不去时如何？"答："天地闭，贤人隐。"（程颢 等，2004）[424] 这里的回应都没有正面回答，需要弟子亲自体察。①

以上这些教学艺术无不是在师生日常交往中展开的，可见修身之学，贵乎亲炙于良师。从师游学和自我教育是一个整体，老师点化后还需要自我省察才能有进，如张载最初给范仲淹上书，范仲淹引导他潜心读《中庸》，从此张载便用功于此，深造自得。也有的人从师处未有多获，反而是自学能有所得，最终也有成就。陈白沙最初从游吴与弼，但没有找到入门处，回到家乡以后，闭门读书，累年也无所得，"于是舍彼之繁，求吾之约，惟在静坐，久之，然后见吾此心之体隐然呈露，常若有物"（陈献章，1987）[145]，即得悟本心。因此，白沙教人以静坐为主。修身教育的精

---

① 宋儒语录体的这种"机锋"的产生可能与宋儒所强调的体认"天理"有关。"天理"的体察带有直观性，却容易落入文字符号的陷阱中，与禅宗"不立文字，直指人心"之教有相契之处。

髓是"为己之学",即自我教育。无论是否有师友提点,用功都在自己身上。明代朱子学的几位代表,大多通过读书与切己修养而有所成就,甚至有的人并没有明显的师承,如曹端、薛瑄、罗钦顺。[1]

余韵　清末民初知识阶层的修身意识

讲求修身的宋明理学在清代一度式微,到了道光、咸丰时期,经邵懿辰、唐鉴、倭仁、曾国藩等人的提倡,理学才逐渐复兴。当时的读书人群体中形成了一些修身的朋友圈,他们常在一起讨论修身问题,写修身日记并互相传阅。曾国藩后来的事功让他的修身方法被清末民初的知识分子引为磨砺自己的重要资源。戴震、焦循从考据学所发展出来的新理学角度对于理、欲问题做出了新的诠释,在晚清也产生了较大影响。在这两种思潮的影响下,产生了一种很吊诡的现象。晚清以来,知识界大多放弃了天理与情欲对立的观念,尊重情欲、解放自然欲望基本上成为一种共识(王汎森,2018)[155]。但是,知识分子主张的是尊重社会大众的情欲,而一涉及领袖个人,或是回到自己身上,特别是在要为救亡和改造社会事业承担责任的时候,就带有非常严格的修身主义倾向。这一方面表明,原先那套士大夫与普通百姓共享的伦理价值以及"修身为本"的一贯传统开始出现了断裂。知识分子的克己修身其实是工具性的,它服务于"新民"的要求。启蒙隔开了知识阶层与一般民众。另一方面,知识分子在理解自我与社会的关系方面仍然受修身意识的规限和导向。王汎森指出,宋明理学的道德修养资源在近代思想与行动中所造成的影响是纷繁多样的。传统思想因子不再是一个有机的整体,它们从接榫处断开,散落成一个个材料,可以被用于服务其他的非理学目标。理学思维和近代思想与政治的关系可以分成

---

[1] 不过这与朱子学的学脉特点有关。相较于周敦颐、程颢、陆九渊等,朱熹的学问更突出文献的传习和"知"的重要(格物致知,进学在致知),这就使得朱子学能够通过文献传承下来,而不那么依赖于人的传承。

三个部分。第一，理学中主张自然人性论的部分与新文化运动前后道德思想的转变大有关系。第二，理学中自我转化的部分成为新一代行动者自我人格塑造的凭借。它可能在思想与道德混乱的时代，维持个体的道德，也可能培养出打破一切礼法之人，更可能锻造爱国志士。第三，理学中对"心"的强调，成了一部分人无限扩大自我主观能动性的凭借，造成心的神化、人的神化，以达成革命或解放的目标。（王汎森，2018）[153]这些现象理解起来并不难，回顾清末民初知识分子的成长历程，且不说康有为、梁启超等维新派，即使是后来留学美国的胡适、梅光迪等人，他们读书都是从读四书五经开始的，青少年时期写修身笔记（日记），其后思想可能一朝转换，但这种生活方式的影响是持续的，甚至并不随着他们后来对理学的大加挞伐而停止。理学式修身在转化自我、锻炼身心上有着其他思想资源无法替代的效果。

第二章
作为文化行动的修身教育

1902—1904年，清政府制定了中国第一个现代学制——壬寅-癸卯学制，其中就规定了中小学堂要设置修身科，（陈青之，2009）[543-545]这是近代学校道德课程的开端。1912年民国成立后，教育部颁行壬子癸丑学制，修身科作为道德课程得以延续。而在1922年的壬戌学制中，修身科被取消，改为公民科，后又被列入社会科之下（陈青之，2009）[665]。修身科所处的时段（1904—1922年）恰是中国思想文化由传统过渡到现代的关键时期，即张灏所谓的"转型时代"（1895—1925年）。在这一时段，思想知识的传播媒介和思想的内容，均发生了巨变。修身科跨越了清末和民初，其去留存废总是在历次教育改革中备受关注，引发激烈的讨论，是文化界和当局者非常关心的教育科目。实际上，自严复提出"鼓民力、开民智、新民德"，修身教育就内嵌在转型时期种种国民塑造、国民性改造的旋律之中。在这个意义上，清末民初的修身教育是一场试图催动中国向现代转化的文化行动。

修身科初起于晚清兴学运动。这场运动的主导和推动力量并不是清廷官方，而是地方官绅和留学生群体。甲午战争之后，各地开始出现新式学堂，同时兴起了留日运动。直至1901年9月，清廷才正式颁布兴学诏令。此后，清廷在1905年设置学部，专职统管全国教育事务，仅承担行政事务，如发布各类规程、任命官员、审定教科书等，无力负担兴学的重任。这一时期的教育行动并未受到国家权力的直接掌控，以地方官绅和留学生群体为主的民间知识阶层通过兴学、编撰教科书等行动成为推动教育发展的中坚力量。清廷的各类政策反而受到民间教育行动的推动和影响。

第一节　教育救国理想中的修身教育

如果说近代教育启蒙是"救国"理想下激发的社会动员,"修身为本""修齐治平"的修身传统则将此种社会理想转化为一种新的"民德"。修身、救国与教育行动紧密结合在一起。

一、范源廉思路:兴学、革命与留日生的教育救国

甲午战争之后,废科举、设学校的教育主张开始得到广泛提倡,一些地方官员和士绅开始兴办学堂。中国开始向日本派遣留学生。公费留学生名额有限,后来自费留学日本的人数也逐年增多。维新变法失败后,康有为、梁启超逃亡日本,一些青年学生也追随他们到了日本留学,其中就有梁启超在时务学堂的两位高足——范源廉和蔡锷。变法失败后,时务学堂停办,范源廉和蔡锷等遭到通缉,只能逃到上海,考入南洋公学。后来,二人受梁启超号召来到日本,在梁启超开办的大同学校就读,相当于换个地方继续读时务学堂。

早年的范源廉同蔡锷曾一起投身反清运动。1900 年唐才常成立自立军举义反清,范源廉和蔡锷等人回到国内准备参加。不久唐失败,范蔡等人再度流亡日本。范源廉后来考入东京高等师范学校学习,此后便决心投身教育事业。清政府筹备制定新学制之前,曾派遣考察团赴日本考察其教育制度,然而当时在日的留学生多排满,不肯为之助力。清廷官员只能按照日本政府的安排考察,不得要领。范源廉得知后主动联络考察官员。严修在东京高等师范学校考察的时候,范源廉通过校长嘉纳治五郎的介绍,主动充当翻译,为严修等介绍教育学及日本教育制度的情况。(吴家驹,

2010）[637-650] 根据吴汝纶的记录，1902 年吴汝纶赴日考察期间，担任翻译的也是正在留学的范源廉。（璩鑫圭 等，1991）[132] 出于这些缘故，范源廉虽被清廷通缉，清政府主办教育的官员却同他来往密切。范源廉实际上参与了晚清政府兴学的各类筹备事宜。1905 年，清政府命严修等设学部，严修急电召范源廉回国，任命他为学部主事。

范源廉是晚清提倡"速成师范"的第一人，曾被同学戏称"范师范"。他在东京创办"速成师范"，招收国内有旧学根底、年事稍长而思想新颖之士，由译员为学员译述讲义，学员不必学习日语，半年毕业，以应时需。1907 年，学部统计中国留日生数已逾万，而习速成者居 60%。（舒新城，2017）[45] 这些师范生多受"教育救国"思想影响，回国后积极投入办学活动，成为各地后来兴办教育的主要力量。"如上海的杨保恒自宏文学院学习师范回国后，'创办二十二铺小学于刘公祠，教授训练，精神栩栩，一时有模范小学之目'。山东菏泽宋绍唐，留学宏文学院，假期回国，即约集同志，将村西里许著名古刹东阳寺泥相拉去，改建小学，当地小学'以此为巨擘'。"（尚小明，2003）[61]

蔡元培在《我在教育界的经验》中谈到他和范源廉对于如何办教育的不同看法：

> 我与次长范静生君常持相对的循环论，范君说："小学没有办好，怎么能有好中学？中学没有办好，怎么能有好大学？所以我们第一步，当先把小学整顿。"我说："没有好大学，中学师资那里来？没有好中学，小学师资那里来？所以我们第一步，当先把大学整顿。"把两人的意见合起来，就是自小学以至大学，没有一方面不整顿。不过他的兴趣，偏于普通教育，就在普通教育上多参加一点意见。我的兴趣，偏于高等教育，就在高等教育上多参加一点意见罢了。（蔡元培，2019）[243]

蔡元培与范源廉的这段讨论发生在民国元年，二人分别担任教育总长和次长。其实，这里的争论并不仅仅代表二人之间的区别，也反映了清末兴学与民国教育政策方向的差异，其实也是留日生和留学欧美学生之间的差异。

范源廉的学问根底是维新思想，这也是多数留日生的特征。一方面，他们在日本学习师范科，重视师范教育和普通教育，怀着"教育救国"的热情，回归后积极投身教育，不辞劳苦。另一方面，他们对于"学术"与教育的关系并没有做深入思考。在他们身上，救国热情大于学术理性。蔡元培则不同，他早年同情维新变法，却没有实际投入其中。变法失败后，他因对国事失望而辞职离开，之后入南洋公学，办爱国学社，从事的都是教育青年学生的工作。再后来，他三度留学德国，在莱比锡大学见到了科学主义的心理学实验室，那种纯粹的求知精神想必给他留下了深刻的印象。多年后当他执掌北京大学，想要培育的就是这种纯粹求真的学术精神。蔡元培对于哲学、美学有着纯粹的学术兴趣，他的教育构想出于"追求纯粹学问"的学术理想。这是民国以后蔡元培苦心维护学术独立的初衷。

清末兴学之时，办教育的总体方向无疑与范源廉所说一致——首在普及初等小学。清末学制章程中提出三种筹措办学的形式：一是各府、厅、州、县之各城镇要酌筹官费，设初等小学以为模范。"至少小县城内亦必设初等小学二所，大县城内必设初等小学三所，各县著名大镇亦必设初等小学一所。"这一类称为"初等官小学"。二是民间利用义塾善举等经费筹办小学堂，或利用城、镇、乡、村公款及捐款设立小学堂，以及数镇联合设立小学堂，称为"初等公小学"。三是由一人出资办学或在家塾附近招集儿童就学，或塾师设馆教学，学生在三十人以上的学堂，称为"初等私小学"。（璩鑫圭 等，1991）[292] 开办高等小学堂、中学堂也都是采取这三种形式。从官方办学来说，州、县范围内应该至少有一所高等小学堂。（璩鑫圭 等，1991）[307] 初等小学堂和高等小学堂并设一处，则称为"两等小学堂"，此外还有半日学堂。中学堂的开办比较困难，则"须先就府治或直隶州治由官筹费设一中学堂，以为模范"（璩鑫圭 等，1991）[317]。

当时清政府财政匮乏，无力支持大量新办学堂，因此民间改良私塾以作学堂的情况比较多。在舒新城的家乡溆浦，光绪二十九年（1903年）即由知县苏萱烈督率邑绅董正汉、邹士桢等将城东文蔚山卢峰书院改为高等小学堂。1908年春天，舒新城曾就学的廊梁书院山长受县正堂（县长）的命令，筹备于下年将书院改为二都初等小学堂。（舒新城，2018）[37] 这两所书院本身办学质量较好，在当地影响较大，入学者多家境殷实。在浙江省，光绪二十八年（1902年）《钦定学堂章程》颁布以后，杭州的紫阳书院就改设为仁和高等小学堂，衢州在求益书院基址开办了西安高等小学堂，临安在锦城书院基址开办了敬业高等小学堂。在安徽省，光绪二十四年至二十五年（1898—1899年），有志之士就提倡新学。《钦定学堂章程》颁布以后，办小学堂风起云涌。但是，全国范围内地区差异很大。陕西、山西等地的学堂简陋、守旧观念重，广西地区的大部分乡村还是设立私塾，设备简陋，校舍无非庙宇神社。（李桂林 等，1995）[79-83] 李劼人在《暴风雨前》中描绘成都当时兴办小学如"钱塘的秋潮"。

>恰那时从日本学了八个月速成师范的先生们也纷纷回来，大声疾呼，逢人便是一篇启发民智论，日本维新发端在于教育说，并且有章程，有讲义。这样内外一夹攻，于是办学堂就成了钱塘的秋潮，举凡书院、庙宇、公所、祠堂、废了的衙署、私人的公馆，都在门口挂出一道粉底黑字吊脚牌，标着各种各级的学堂名称。
>
>其时，又涌起一个学说："普鲁士之能战胜法兰西，俾士麦以为功在小学。日本效法德意志，广办小学，所以维新以来，一战胜中国，再战胜俄罗斯，称霸东亚，跻于列强；故吉田松阴，尊为圣人。我国取法日本，维新图强，若不广办小学，岂不遗笑大方！……"
>
>于是办小学堂又成了秋潮的潮头，连高等学堂的几个还未卒业的优级师范班学生，也共同开办了一所小学堂。（李劼人，2011）[63]

《暴风雨前》的主人公郝又三当时刚到高等学堂师范班，他的好友田伯行看人办小学眼热，也来邀约郝又三办小学，给出的理由却很务实。

除了打官话的启发民智之外，因为"你我弟兄，交情不同，"还布露了一点私衷："我们将来毕业之后，免不得还是办学。不如趁着现在机会，也办一个学堂，先出个名。名之所在，利即随之，老实说，近年来，我因为苦读之故，不能挣钱，家已屡空，而债台又复高筑，若不及早设法，月间弄几个钱，还有一年的书，真不晓得如何读法了！"（李劼人，2011）

可见，师范教育兴起之后，诸多毕业生的出路也成了问题。清末兴学的热潮，既有"打官话"式的"教育救国"理想，也夹杂着如田伯行这样务实的职业规划。兴学的师范生还多带有排满倾向。郝又三为了办学，考察当时的小学，撞见办学的师范生们聚会大谈革命。这也影射了当时兴学群体的复杂性。小说中的郝又三的广智小学最后顺利招生开学了。实际上，清末兴学时期，民间对于学堂教育并无好感，将其视为"洋学"，更认可入书院考科举，因此清政府当时用"奖励出身"的办法鼓励民众入学堂。据学者研究，私塾与学堂之争在整个近代教育时期（1949年以前）一直延续着。在科举废除之前，民众对于新式教育多持观望态度。科举的废除在一定程度上消减了学校发展的阻力，但由于学堂的师资不足，学科门类多流于表浅，教育效果不佳，学风不好，而私塾教育重视传统记诵之法，在经学、国文方面的教育具有优势且学风良好，新式学校的学生数量远低于私塾学生的数量。

随着民国以后教育改革的不断推进、塾师的转型、新知识分子的成长，学校才逐渐成为教育主体机构。民国以后的办学格局基本沿袭了清末的状况。初等小学校由城镇、乡设立，高等小学校由县设立，中学堂由省设立。初等小学校和高等小学校在一处，即称为"初等高等小学校"。（璩鑫圭 等，1991）[653, 659]

根据1907年至1922年全国中小学校统计数据（见表2-1、图2-1），小学尤其是初等小学校的数量增长幅度最大,民国成立以后高等小学校数量也有大幅增长;而中学堂数量增长缓慢,特别是民国成立后,中学堂的数量甚至有所下降。这反映出清末兴学的重点在于普及教育。随着时间推移,中学堂以上学校数量不足的问题逐渐暴露出来。清末日本师范科和速成班所培养的师资或许能够满足小学需求,但是却无法满足中学堂的师资需求。小学以上升学空间有限,学生毕业之后势必难有出路。[①]民国成立以后,中学堂以上学校的发展显得尤为重要,各级学校的质量其实也很成问题,蔡元培所发议论正当其时。

表 2-1　清末民初中小学校数量统计

（单位：所）

	1907年	1908年	1909年	1913—1915年	1922年
初等小学校	29199	35420	44749	98833	167076
高等小学校	1955	1954	2039	7315	10236
两等学堂	2451	2936	3513	—	—
半日学堂	614	728	975		
中学堂	419	440	460	403	547

数据来源：李桂林,戚名琇,钱曼倩.中国近代教育史资料汇编：普通教育 [M].上海：上海教育出版社,1995：85-86,88-91,305,528,848,857.
注：民国以后两等学堂改称初等高等小学校,半日学堂改称半日学校,这两类学校缺乏全国数据,故表中暂缺;1913—1915年一列中,初等小学校和高等小学校统计于1913—1914年,中学堂统计于1915年;1915年后初等小学校改为国民学校,表中1922年初等小学校一栏即国民学校之数量。

[①] 以民国成立后为例：1913—1914年统计的初等小学生数量为3040744人,高等小学生数量为403382人,而1915年中学生数量为59835人,其中毕业生12783人。按初等小学校四年计算,每年毕业生约为760186人,按高等小学校三年计算,每年级学生数约为134460人,那么初等小学校毕业而能升入高等小学校的学生占17.69%;中学共四年,除去毕业生,平均每年级学生数为15684人,则只有11.66%的高小毕业生能升入中学。统计数据参见李桂林,戚名琇,钱曼倩.中国近代教育史资料汇编：普通教育 [M].上海：上海教育出版社,1995：528,847-848.

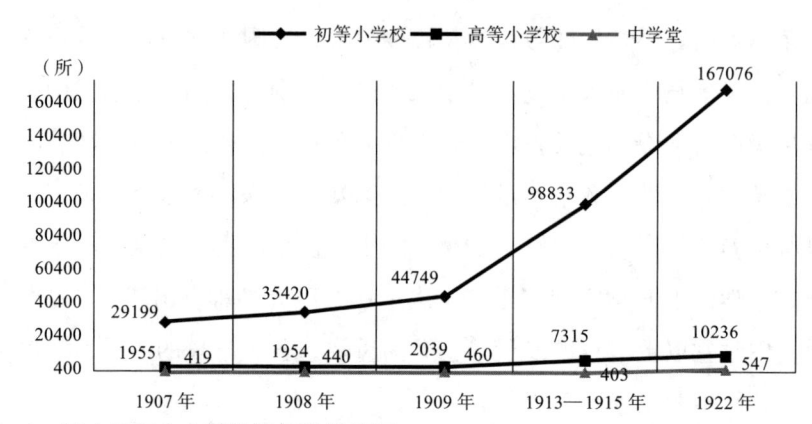

图 2-1　清末民初中小学校数量递增情况

二、教育救国与修身强国："修齐治平"的近代转化

在晚清教育救国的理想下，"修身自治"与"强国之方"联系在一起。1903 年湖南留日生曾发表《与同志书》，批评中国教育和文化的衰败。该文除了指出读书人汲汲于科举功名和埋头于词章考据之外，还特别指出宿儒们不讲"立国自强之道，修身自治之法"。

> 吾国两千年来，无普通之教育，冠儒冠者，唯以弋取功名为心，所治者科举之业；主讲席者，唯以研求帖括为事，所督者记诵之功。其有不屑于此，矫然自异者，或为词章，或为考据，能言而不能行，知古而不知今，于立国自强之道，修身自治之法，忽焉不讲，名为老师宿儒，其学问之程度，曾外国童稚之不若，此可耻之甚者也。（胡伟希，1994）[14]

在这里，修身与强国并行，二者紧密相关。这其实是"修齐治平"传统的一种变式。晚清以来的国家危机使得士人更重视修身问题。在万木草堂这一维新思想的策源地，康有为所设计的课程包括了泰西哲学、万国政治沿革、数学、格致、地理等西学，而据梁启超回顾，当时的教学"德育居十之七，智育居十之三，而体育亦特重焉"。所谓的"德育"包含了

"格物""克己""慎独""主静出倪""养心不动"等修身工夫。(朱有瓛，1986)[238] 这个办学方针被梁启超概括为"政学为主义，艺学为附庸"(田正平，2016)[61]。万木草堂培养出来的大量政治人才与其以德育为基础的课程体系并不矛盾，在"修齐治平"传统下，道德与政治本就是互通的领域。(田正平，2016)[62] 正因为如此，社会问题的解决常常回归到个体修身上。1898年，熊希龄、谭嗣同在湖南巡抚陈宝箴的支持下成立了延年会。不过它名为"延年会"，却不是养生团体，而是修身团体。它提倡"惜阴延年"，减少生命的无效消耗，办实事并减少无效应酬。延年会为会员制定了详细的生活作息表，如规定每日六点半起床、起床后要学习体操一次、七点钟早膳等，还规定"无故不得请客，无暇不得赴席，不赴不请，彼此皆不得见罪"(周少连，1995)[24]。这些规定看起来只针对个人生活方式，与强国并无关联，实际上，它针对的是当时官场奢靡虚浮的生活作风，官员们不办实事，整日忙于应酬。延年会通过立会的方式提倡个体修身以整顿吏治，进而推动社会风俗的改良。延年会、不缠足会和南学会是湖南维新运动的三个重要成果。(周少连，1995)[23-25] 如果说，成立延年会这种修身团体是士人群体的自觉行动，那么在之后的教育救国浪潮中，"修身强国"的思路与"教育救国"相结合，逐渐演化为一种教育主义。维新派、立宪派、革命派每倡导救国皆不忘提醒修身之重要性。1907年《中国新报》刊发刘显志的《论中国教育之主义》，文中列举了当时流行的各种教育主义——个人主义、社会主义、国家主义，最后总结出一种"世界的国家主义"，其要旨为"修己"与"善群"。

> 吾更玩索吾国经济之通义，求吾先哲立教之精神，足为今日国民之模范者，其要旨有二焉：曰修己（经传中言修己之原理及其方法者不胜枚举，后儒斤斤辩论者，亦智者见智，仁者见仁而已），曰善群（在亲民，在止于至善，即善群之义也。曰敷五教，曰明伦，曰仁民，曰平天下，曰安百姓，亦发明此义而已）。吾于是综以上种种主义、种种学说，为铸一主义曰：世界的国家主义。其内容曰群己兼进

主义。群者何？就教育之目的而论，指国家社会言之；就教育之作用而论，指小己之群性言之。以发达国群（合社会国家而言，曰国群，为英人穆勒约翰群己权界论）为教育之目的，以养成国群分子之组织人格（日本笕克彦氏曰：凡人有二人格，一私人格，一组织人格。私人格指以私人之资格活动者言之，组织人格依组织心以以[①]活动者也。组织心者，自觉而爱全部之心也）为其作用也。己者何？浅言之，即个人之自我也；深言之，即小己之个性也。以发达个人为教育之目的，以各因小己之个性，养成独立之人格，为其作用也。兼进者何？欲国群小己之互相发达，不能不以教育之力，陶冶国民之群性个性，俾其交相发达也。盖采社会主义个人主义之学说，镕化于国家主义之中，合此三主义而为一，即以扩充吾先哲修己善群之教义，以为今日作新国民之精神教育也。（刘显志，1907）[52-53]

从注解中可以看出，所谓"修己""善群"不过是"修己安人"的另一种说法，然而从私人格与组织人格、教育目的与教育作用的区分来看，显然，这时候"修己"已成为强国的手段和途径。

当"修身强国"开始与国民教育和启蒙话语联系在一起时，"修齐治平"传统便越出先定的适用群体，从士大夫扩展到原先只需"洒扫应对"的童子与囿于"阃内之教"的女性群体。社会和国家意识开始介入儿童和妇女的教育。1897年汪康年与叶瀚、曾广铨等联名发起成立蒙学会，并合力印行《蒙学报》，吁请国人重视儿童教育。《蒙学报》设有"东文报译"专栏，连载刊登日本小学教科书，译者为日本人古城贞吉。从1897年第1期到1898年第18期，"东文报译"专栏连载《小学初等修身书卷》。这些修身书以绘图和故事为主（见图2-2），供五至七岁、十一至十三岁两个年龄段的儿童使用。

---

① 此处疑为原文有误。后一个"以"字为衍文。

图 2-2 《蒙学报》中的修身故事

癸卯学制颁布以后，各类女学报刊也开始刊登女性修身的内容。1905年《女学讲义》开设了"修身"专栏，介绍古代女性的道德故事。同年，中国教育改良会出版了由谢允燮编辑、陈德芬校阅的《最新女子修身教科书（官话）》，这部教科书适用于初等女子学堂。1906年也有不少女子修身教科书出版，有何琪编写、会文学社出版的《最新女子初等小学修身教科书》，杜芝庭与蔡元培校阅的《最新修身教科书初等小学堂课本》，许家惺编辑、群学社出版的《最新女子修身教科书》。这些修身教科书虽然多采用传统女性嘉言懿行，但用许多现代观念加以解释，诸如自立、平等、自由、爱国等，尤其强调女子自立。针对当时女学堂数量少、多数女子不能上学堂的问题，有人提出应该多设女子修身演说会，使"不入学堂之女子人人得闻修身之学"（佚名，1906）。可见，清末兴学时期，在儿童和女性的启蒙教育中，德育被摆在第一位。

在启蒙话语之下的修身，实际上转换了主体。原本，"修身养性"和"修齐治平"作为士大夫的人生理想，是一种自觉的"修己"，而作为国民教育的修身却未必是"修己"，而恰是一种"觉他"。并且，在近代国民性改造的话语下，此种修身还带有强制性，背离了启蒙话语中的"自由"的

先定承诺①。(谢亮,2018)⁴²⁻⁵⁸

各类修身教科书所凸显的是个体对国、对社会的各类"责务"。1906年,文明书局出版了维新人士杨志洵编写的《中等修身教科书》。这其实是杨志洵担任中学教员时讲修身课用的讲义。表 2-2 呈现了该书的结构。

表 2-2　杨志洵《中等修身教科书》结构

总纲	释诚　释忠恕　释智仁勇
对国第一	国　守法　尊君②　义务　权利　自治　爱国
对家第二	宗子　夫妇　父子　兄弟
对人第三	尊长　朋友
对社会第四	公益　礼仪　信实　慈善　名誉　娱乐　博爱　经济　私产　公产
对庶物第五	博爱
结论	威仪篇　服制篇　饮食篇　心术篇

如其纲目,这本书以"对国第一""对家第二""对人第三""对社会第四""对庶物第五"为架构,前列总纲,后有结论,皆言"修己",实则以"修己"为总纲和归结,分疏不同实践领域的规范。而其内容既有中国传统义理,如诚、忠恕、智仁勇,又包含了现代伦理观念乃至社会和法制观念,如守法、义务、权利、自治等,恰如孟森在序言中所言,是融古今中西于一炉。实际上,杨志洵是最早接触法国启蒙思想的知识分子之一。早在南洋公学的时候,他就被聘用为译书院的译员,翻译了不少西方启蒙

---

① 所谓"自由"的先定承诺指的是启蒙话语中天赋自由平等的观念,实际上,无论是国家危机还是国民性问题,在早期启蒙话语中都被收摄在"自由"问题中。除了严复、梁启超等启蒙思想家的叙述,"自由"也出现在学堂教科书中,如 1902 年广州时敏学堂教席、康门弟子龙志泽所编的《修身科讲义》的首卷便解释何为"身",第一义则为"天所赋完全自由之身"。参见龙志泽.修身科讲义 [M].广州:时敏书局,1902:目录.
② 杨志洵受西方民约论影响,但对于西方政体并不十分了解。此处的"尊君"并不是传统说法,而是在与西方三权分立制度的对比中探讨君主制度的长处与弊端。时值清末,世界上对于君主政体与民主制度的优劣存在不同论调,杨氏所发议论在可见范围内尚属中肯。

书籍,如卢梭的《民约论》、孟德斯鸠的《论法的精神》。他将这些现代社会观念融合在修身教育中,使得修身教科书具有政治社会学的意味,反映了道德与政治的互通性。对国-对家-对人-对社会的纲目形式,无疑要凸显的是个人对国家社会的"责务"。这种形式是清末民初中学和师范类修身教科书的通行样式。

第二节 学制中的修身:从中学为体到公民教育

1901年9月清廷发布兴学诏令,鼓励兴办学堂,各地纷纷响应,一时间全国出现兴学热潮。1902年开始,清廷逐步实施教育制度改革。在清末的壬寅-癸卯学制中,修身是中小学堂重要的学科。到民国时期,修身科在1912年的壬子学制中被保留,在1922年的壬戌学制中被取代。不过,考察修身科的作用和性质还需要将其与相关科目联系在一起。以下内容将从横向和纵向两个角度考察修身科在近代学制中的位置和学科性质,以此来探讨其历史意义。横向角度是将修身科与读经科和公民科对比,从三者消长更替的关系出发分析从传统修身教育到现代公民教育的转型特征。纵向角度是从修身科作为德育课程在学制系统内部的上下承接关系出发来讨论"修身"在道德课程体系中的位置,这主要表现为修身科与伦理学的关系。

一、作为"中体"的修身教育:兼论读经、修身与公民

晚清以来,在国内矛盾爆发和对外丧权辱国的局面下,中央权威不断弱化,对地方的实际统治能力持续下降。至清末兴学时期,各省的军政、财政大权实际上都掌握在省督抚手中。湖广和直隶为当时地方兴学重镇。至学制制定时,参考各地兴学的经验,这两地的总督张之洞和袁世凯都对学制制定产生了影响。

在1905年清廷设置学部之前,各省就已经开始向日本派遣教育考察

团。张之洞先后派遣姚锡光、罗振玉、缪全孙等不同批次人员去日本考察。1901 年，罗振玉奉张之洞、刘坤一两位总督之命带领考察团去日本考察农业和教育，其他成员有两湖书院监院刘洪烈和自强学堂教师陈毅、胡钧、田吴炤、左全孝、陈问咸等六人。（黄耀明，2018）[9] 1904 年袁世凯聘请有丰富办学经验，后来成为"南开校父"的严修主持直隶的兴学事务。严修于当年第二次赴日考察。学部成立后，严修、罗振玉以及随同罗振玉一同赴日考察的陈毅等人都进入学部任职。不过，与晚清学制制定关系更加紧密的是 1902 年 5 月吴汝纶在管学大臣张百熙的支持下赴日考察。在这次考察中，吴汝纶以京师大学堂总教习、加五品卿衔的身份赴日，得到了日本教育界的重视。考察的结果直接影响壬寅学制与癸卯学制的制定。也正是在这次考察中，吴汝纶结识了当时在日本留学的范源廉，后向张百熙推荐（吴汝纶，1990）[299]。范源廉由是进入学部任职。

　　壬寅学制的制定由管学大臣张百熙主持。当时，罗振玉等人的考察内容已经通过《教育世界》等报刊公布出来。1901 年时任日本《教育时报》主笔的辻武雄在《教育世界》上发表《支那教育改革案》，说道："孔子之教，为天地之公道，人伦之大本。支那三千年之道德全系孔教所维持，是以学业修身须以孔教为主；然不可徒诵其言而不行其行也，但参考东西圣哲之嘉言懿行，列入伦理科，亦不为无益。"（璩鑫圭 等，1991）[186] 在赴日考察期间，罗振玉使团发现日本以中国经典进行道德教育。他在《扶桑两月记》中写道："（伊泽君）并言今日不可遽忘忽道德教育，将来中学校以上必讲《孝经》《论语》《孟子》，然后群经。其言既有理致。"（璩鑫圭 等，1991）[118] 在新学制的编订讨论中，罗振玉谈及学科则说："其实今日各国教育最重德育，其修身诸书多隐合我先哲之遗训；但必相儿童之年龄为深浅之程度，不似我之以极高深之圣训，施之极幼稚之儿童耳。"（璩鑫圭 等，1991）[153] 所以，他认为应该将四书五经分配到大中小学校，定寻常小学第四年授《孝经》《弟子职》，高等小学校授《论语》《礼记·曲礼》《礼记·少仪》《礼记·内则》，寻常中学授《孟子》《大学》《中庸》，并仿汉儒专经之例，专修一经。其余诸经为高等及大学

校研究科，不得荒弃，以立修身道德之基础。（璩鑫圭 等，1991）[158]

吴汝纶考察日本教育时，壬寅学制正在酝酿中。吴汝纶密切关注学制的制定，不仅与张百熙保持通信，还与京师大学堂的同僚们一起商议学制事宜。身处日本的吴汝纶就学制制定中的具体问题对日本教育进行针对性考察。吴汝纶在日考察期间除了听文部省的讲座、参观学校，还与日本的多位学者、教育家进行了深入的笔谈，其中涉及一些兴学方向上的重要问题，比如中学和西学的关系、课程的时长等。对于中学和西学的设置问题，吴汝纶从井上哲次郎、长尾槙太郎那里得到的建议是中西兼取——取西方自然科学而注重伦理修身教育。井上哲次郎强调从小学到大学开设伦理修身课以改造国民，需要在中国古代伦理学基础上补充自由平等之精神、个人权利、崇尚人格等观念。虽然中西兼取，但是"少年不宜直入西学"，西学课程宜从中学堂开始。（吴汝纶，2016）[92-95] 高桥作卫在给吴汝纶的信件中积极提倡"以孔道为学生修德之基"（璩鑫圭 等，1991）[193]。

结合当时多数日本教育家的看法，有关新学制的讨论形成了比较一致意见，即保留儒家修身伦理，但是西方伦理学精神以及教育阶段的问题等也被纳入考虑。根据吴汝纶的书信，壬寅学制主要由张百熙与张鹤龄（小浦）、沈兆祉（小沂）、李希圣（亦元）等人拟定。其间，张百熙还多次与张之洞通电商讨具体事宜。在壬寅学制当中，小学阶段的培养目标是"授以道德、知识及一切有益身体之事"，初等小学堂修身科"取《曲礼》、朱子《小学》诸书之平近切实者教之"，高等小学堂则"授以性理通论、伦常大义，宜选先哲前言往行平近切实者教之"，中学堂修身科"当本《论语》《孝经》之旨趣，授以人伦道德之要领"。（璩鑫圭 等，1991）[264, 270-271, 273] 其后的癸卯学制（1904年）对初等小学堂修身科的规定更加具体，要义在"随时约束以和平之规矩，不令过苦，并指示古人之嘉言懿行，动其欣慕效法之念，养成儿童德性，使之不流于匪僻，不习于放纵，尤须趁幼年时教以平情公道，不可但存私衷，以求合于爱众亲仁、恕以及物之旨。……为教员者尤当以身作则，示以模范，使儿童变化气质于不自觉。兼令诵读有益风化之古诗歌，以涵养其性情，舒畅其肺气，则所听讲授经书之理,不视为迂板矣"(璩鑫圭 等,1991)[294]。《奏定高等小学堂章程》中高等小学堂修身科要义除了与初等小学堂一样的内容,更指出"修身之道备在《四书》,故此次课程即以讲《四书》之要义为修身之课(初等小学关于读《四书》时随时讲解,止讲其浅近文义,高等小学校可讲略深者)。讲授时不必每篇训讲,须就身心切近及日用实事讲之,令其实力奉行,不可所行与所讲相违"(璩鑫圭 等,1991)[308],规定同样要诵读有益之诗歌,涵养性情,舒畅肺气。中学修身摘讲陈宏谋《五种遗规》,其要义一方面是坚其敦尚伦常之心,另一方面是鼓其奋发有为之气。尤当示以一身与家族、朋类、国家、世界之关系,务须勉以实践躬行,不可言行不符。(璩鑫圭 等,1991)[319] 由上可知,在清政府的学制中,修身科的设置目的很明确,即养成儿童人伦道德并涵养其性情,课程所选内容也多为比较浅显易懂的传统经典,讲授则要求从日常切近的事务入手,重在躬行实践。

在当时制定学制的讨论中,道德教育的重要性是被一致认定的,并且儒家经典可以用作修身教材。既然修身科承担的是道德教育的责任,学制在设修身科的同时兼设读经科就值得讨论。

学制中读经科的强化与张之洞参与学制修订有关。张百熙制定的壬寅学制没有得到清廷的认可,并未推行。其中原因虽有学制本身不够完善的问题,更深层的原因则在于清廷中枢的守旧势力的抵制。张之洞主持学制修订是清廷内部新旧势力斗争妥协的结果。张百熙是一个锐意革新的改良家,思想上和行动上都非常接近维新派。1897 年,张百熙任广东学政,创设时敏学堂,讲求时务新学。维新变法中,张百熙向光绪皇帝举荐康有为,在变法失败后受到牵连而被停职留用,直到庚子以后才被起复主持京师大学堂。张百熙执掌大学堂后起用了不少革新派人士,除维新派的活跃分子外,更有一些庚子国变时的中国议会革政派的骨干要员,例如,京师大学堂副总办赵从蕃、草拟学制的沈兆祉曾任中国议会干事,李希圣是荣禄认定的"康党",京师大学堂教习中,罗普为康有为门生,范源廉则是梁启超的学生。他甚至还试图起用因戊戌变法被罢官的陈三立和张元济。张百熙的各项举措让远在海外的维新派（此时为保皇党）欣喜不已，却令清廷旧派妒慕交加，遂致蜚语纷起。荣禄、鹿传霖、瞿鸿玑都竭力阻止。袁世凯也攻击张百熙任用的赵从蕃、沈兆祉等人主张革命。（关晓红，2000）[48-49]恰逢吴汝纶在日本调节留学生吴稚晖、孙揆与驻日公使蔡钧的冲突，引来荣禄大恼。张百熙不得不发急电让吴汝纶回国，并且不敢让他回京，而是让其回到安徽的家中。吴汝纶由于以花甲之龄赴日考察，本已操劳，再加毁谤，回家不久便去世了。赵从蕃、沈兆祉等人也被迫退出京师大学堂。1903年2月，清廷派荣庆会同张百熙管理京师大学堂事宜。荣庆与张百熙共事不久，思想和意见分歧越来越大，矛盾难以调和。恰此时张之洞入京。6月，荣庆与张百熙奏请张之洞会同协办京师大学堂事宜。在张之洞的主持下，重订学堂章程从1903年6月至1904年1月进行了半年多。张之洞另搭班底，举荐陈毅、胡钧参与学制制定，"命意由之洞，而笔墨则悉以陈、胡主之"。他们以壬寅学制为基础，取法日本，以湖北教育改革的经验为参考，增补修改。（关晓红，2000）[55-56]

对于学制事宜，张之洞与张百熙虽然有不少共鸣，但分歧也不少。出生湖湘、早年受业于郭嵩焘的张百熙讲求的是"经世致用"。壬寅学制虽然简略，却可以看出其侧重实业人才和师范人才的培养。对于"中学"的设置，张百熙的重要参谋——桐城派宗师吴汝纶给出的建议是"国朝史为要，古文次之，经又次之。经先论语，次孟子，次左传。他经从缓"（朱有瓛，1987）[44]。吴汝纶的"中学"建议其实有所考虑。他在日本考察期间，井上哲次郎曾提醒道"少年不知本邦之事体者，直从事于西学，往往误其方向"（吴汝纶，2016）[92]。而要让学生通晓本邦事体，本朝史学当然是首选，读西学也应该要能通晓本国文字，文理通畅，古文应次之，如此，经学列在最后。所列经书中，《论语》《孟子》属四书，重在修身，《左传》近于史学。可见，吴汝纶主要是从培养人才的实用需求出发考虑问题。

在吴汝纶的影响下，壬寅学制中读经科的分量并不重。寻常小学堂三年，每日修身科和读经科均有固定的1课时。一周有12天，总课时为72

个，修身科和读经科各占六分之一，与其他课程时间相当。高等小学堂三年，修身科和读经科并没有设置每日固定的学时，而是与史学、古文词、算学、理科、习字、图画、体操等混合安排。在72个总课时中，修身科4课时，读经科12课时，史学10或者8课时，古文词4课时，算学、理科等随着年级的升高而增加课时量。中学堂每星期的37个课时中，修身科和读经科分别只占2课时和3课时。（璩鑫圭 等，1991）[265, 272-275] 修身科课时的比例并没有压缩（由4/72变为2/37），读经科课时的占比则被大大缩减了（由12/72变为3/37），因为中学堂的西学科目内容有所加重。中小学课程"修身第一，读经第二"，为的是在学生年龄小的时候打下"中学"的根基，越往后西学、实学的课程比重越大。

到了癸卯学制，"读经"变成了"读经讲经"，因为要讲经，所以时间延长许多。初等小学堂每星期30课时，修身科2课时，读经讲经12课时。高等小学堂每星期36课时，修身科2课时，读经讲经12课时。这就是说，小学堂里约三分之一的时间是用在读经讲经上。（璩鑫圭 等，1991）[297-299, 312-313] 中学堂每星期36课时，修身科1课时，读经讲经则有9课时（读经6课时，讲经3课时），读经讲经占四分之一的时间。（璩鑫圭 等，1991）[323] 不仅中小学阶段读经科时间延长，高等学堂也增加了读经的比重。张之洞在学制中阐述了读经讲经的要义，在初等小学校中为"授读经文，字数宜少，使儿童易记。讲解经文宜从浅显，使儿童易解，令圣贤正理深入其心，以端儿童知识初开之本。每日所授之经，必使成诵乃已"（璩鑫圭 等，1991）[294]。在高等小学校中为"《诗》、《书》、《易》三经文义虽多有古奥之处，亦甚有明显易解之处，可讲其明显切用者，缓其深奥者以待将来入高等学堂再习。若少年不读此数经，以后更不愿读，则此最古数经必将废绝矣。十二岁以后，为知识渐开、外诱纷至之时，尤宜令圣贤之道时常浸灌于心，以免流于恶习，开离经叛道之渐；每日所授之经，亦必使之成诵"（璩鑫圭 等，1991）[309]。

壬寅学制和癸卯学制中"读经"设置的差异其实反映了"中学"内部的分际。有学者指出，乾嘉以来东南地区即为经史之学的重镇，而道咸之后北方文教则为曾国藩、张裕钊、吴汝纶一系古文家所培植。同光政坛清浊分际，张之洞周边的江鄂系学人与以吴汝纶为代表的北洋一脉已经开始形成"宗经"与"重文"的不同趋向。（陆胤，2015）[182-183]即便都在中学为体的思路下，两种趋向的思想和行动的差别仍十分明显。

就保存中国文化而言，经学和文学都适当其用。"重文"未必不读经书，但是对经典的侧重不一样。桐城派文章家重视义理，多偏重程朱理学，从吴汝纶所列《论语》《孟子》《左传》也可看出端倪。实际上，清代桐城派的复兴与理学息息相关。清代后期，湖湘学系曾国藩成为桐城派领袖，在"义理""考据""词章"三要素外加入"经济"，强调文章的实用性。这一种理路在遭遇变革之际，往往催人锐意进取、主动革新。久居曾国藩门下的吴汝纶深受此影响。他主持的莲池书院大力提倡西学，聘请西人教习，开办西文和东文学堂。两学堂的教学内容除了英文、日文外，还包括欧美历史、地理、政治、宪法、格致之学等方面的内容。（张静，2016）[121]出身湖湘的张百熙与吴汝纶无疑在思路上更为相契。

与理学家侧重四书不同，经学家多侧重精研名物典章的小学（《尔雅》类）和五经。张之洞在湖北兴学时便具有明显的"经学"取向，如对于《春秋》要求读"春秋三传"。经学家往往释"经"为"常道"，将其作为立国之本、纲常所依。这种思路会引导人专注于传统的"不变性"维度，若固守传统则容易走向"卫道"。癸卯学制中对于"读经"解释道："外国学堂有宗教一门。中国之经书，即是中国之宗教。若学堂不读经书，则是尧舜禹汤文武周公孔子之道，所谓三纲五常者尽行废绝，中国必不能立国矣。学失其本则无学，政失其本则无政。其本既失，则爱国爱类之心亦随之改易矣。安有富强之望乎？故无论学生将来所执何业，在学堂时，经书必宜诵读讲解；各学堂所读有多少，所讲有浅深，并非强归一致。极之由小学改业者，亦必须曾诵经书之要言，略闻圣教之要义，方足以定其心性，正其本源。"（璩鑫圭 等，1991）[492]读经科旨在令"圣贤正理"植根于内心，所以要在少年之时即能背诵，而经义则可待日后再习。

癸卯学制中，修身科意在养成人伦道德，明言"修身之道备在《四书》",读经科旨在传达"圣贤正理",两者之间其实有所重叠。学制中也说明某些情况下,如两科不能同时设立,则可以合并为一科:"惟有乡民贫瘠师儒稀少地方,不能不量从简略以期多设;应另设简易科,……修身、读经合为一科(即于讲经时带讲修身)。"(璩鑫圭 等,1991)²⁹⁴。在实际教学中,读经、修身常常合并在一处,当时编写的各类修身教科书中,有为数不少的"经训教科书""经训修身教科书",就是两科合并的结果。从商务印书馆所编高等小学《经训教科书》(见图2-3)来看,其纲目和结构与修身教科书有相似之处,但是选文更短小,多是"子曰""孝经曰""孟子曰"等原典语句,只不过配上德目作为标题。经训科与修身科的区别在于经训科重在讽诵。

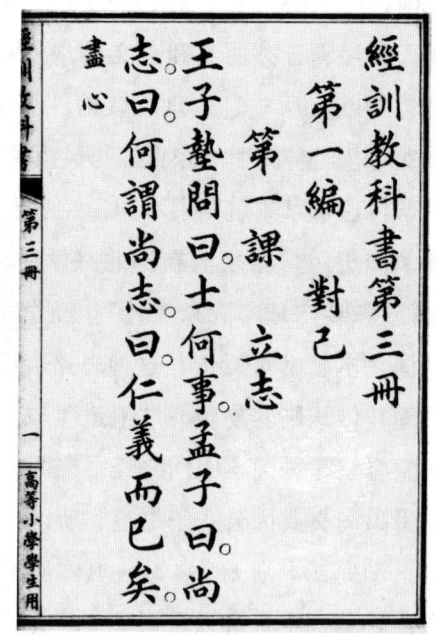

图 2-3 《经训教科书》第三册书影

正因为修身与读经两科十分接近,而所谓"圣贤正理"相较于"修身伦理"的接受度和认可度要小得多,学制颁行不久,读经科就招来了反对声音。民间从事教科书编写的知识分子,对于读经讲经大力批判。1905年《东方杂志》第二期刊出蒋维乔(署名竹庄)的一篇社说《论读经非幼稚所宜》，文中质疑："立法者之用意，其不以六经为国粹，而欲取为德育之本哉？然修身一科独非德育乎？而必并列之，固已淆乱无序矣。"（竹庄，1905）作者断言"读经非有益于德育，且有害于德育"。因为六经本就不是为小学生而作，其中包含的许多内容不适合小学生。修身科的存在与教科书的形制特点，使得读经科地位十分尴尬。伴随着废除读经科的声音，读经科持续到清政府覆灭。民国一建立，教育部公布的《小学校令》和《中学校令》就规定取消读经科。（陈青之，2009）[617-618] 1915年，袁世凯复辟时期公布的《国民学校令》中加入了读经一科。不过随着复辟闹剧的收场，读经科随即在1916年被删去。可见，所谓"圣贤正理"，脱离修身情境，便就剩下纲常名教，很容易与"忠君""尊孔"结合在一起，由此被视作复古复辟的象征堡垒，无可避免地成为社会革新的靶子。

修身科并没有随着封建帝制的倒塌而消失，它在民国的学制系统中延续下来。民国元年的《教育部订定小学校教则及课程表》规定小学校的修身要旨为"以嘉言懿行及谚辞等指导儿童，使知戒勉，兼演习礼仪；又宜授以民国法制大意，俾具有国家观念"（璩鑫圭 等，1991）[691]。《教育部公布中学校令施行规则》规定中学校修身在于"养成道德上之思想情操，并勉以躬行实践，完具国民之品格。修身宜授以道德要领，渐及对国家社会家族之责务，兼授伦理学大要，尤宜注意本国道德之特色"（璩鑫圭 等，1991）[669]。

相较于清末修身强调"敦尚伦常"和"涵养性情"，民国时期修身的主要目标从个人身心涵养转向了国民道德的培养。修身科的教学内容也不断添加法制、公民等内容。1912年12月订定的小学校教则及课程表中，修身科除了教授道德之要旨，还有民国法制大意（璩鑫圭 等，1991）[695-696]。1913年公布的《中学校课程标准》规定修身科教授"持躬处世待人之道"、"对国家之责务"、"对社会之责务"、"对家族及自己之责务"、"对人类及万有之责务"、"伦理学大要"、"本国教育之特色"。（璩鑫圭 等，1991）[718]而在经历了袁世凯复辟之后，1916年，由教育总长范源廉公布的教育部令规定修身科除了教授"道德之要旨"之外，还要教授

"公民须知"。到了商议壬戌学制之时,有人提议建立公民科,将修身、伦理、法制和经济囊括其中。(璩鑫圭 等,1991)[809,885] 时人指出修身科有三方面问题。一是修身范围太狭,仅斤斤于个人修养,务必使个人适应社会;公民学则改良社会以适应个人,所以修身不适用于共和的社会。二是修身注重道德涵养,缺乏法律观念,不适用于法治国家。三是修身的标准太旧,多从消极面立言,与公民积极图谋团体幸福相反。因此修身科不适用于合作团体。(程锦章 等,1922)修身科和公民科的本质区别在于,修身科旨在通过个人道德培养达成国民品格塑造和社会改良,而公民科则直接从公共制度(如法制)和团体生活入手改良社会,放弃了普遍化的"修身强国"道路。这样,修身科中不断加强的公民意识的潜流最终成了主流,直接取代了"修身"这个科目名称。然而,在南京国民政府成立后,越来越强势的政治意识渗透最终使它滑向了党化教育的泥潭,令人惋惜。

从修身、读经和公民三科的关系来看,读经科与公民科在其所指涉的政治含义上居于两极,从清末延续至1920年代的修身科恰在这两极之间。研究者往往以从"'臣民'到'公民'"来描述修身科的这段历程。实际上,壬戌学制虽然取消了"修身科"的名称,但修身教育并未实质性消失。这不仅在于它成了公民科的一部分,更重要的是,虽然"修身强国"的思路在普通教育的意义上被放弃,但修身所指向的个人道德修养(私德)在学生群体和知识阶层的思想与行动中依然占据重要地位。

二、修身科与近代道德教育之次第

修身科作为道德课程涉及一个问题,即修身科与作为道德学科的伦理学之间的关系。为此,需要厘清近代"修身""道德""伦理"这几个词的含义。

清末学制创立时,"道德教育"理念伴随修身科一起从日本被引入中国。与"教育"一词一样,这里的"道德"其实已经不再是传统修身意义上的道德。如前所述,"修身"是儒家道德的根基,而"道德"其实是

"道"和"德"。在传统经典的语境下,"道"指向宇宙、自然或"天",具有本体论上的特点,"道"无处不在;而"德"一般指向"人",古人言"以德配天","德"具有崇高的地位,在郭店楚简中,"德"高于"仁义礼智圣"。无论如何,在儒家传统中,"道德"的范围很大,包含一切人与自我、人与人和人与自然关系的处理,而"伦理"一般用"彝伦""人伦"来表述,指的是人与人的社会交往秩序,因此在传统意义上,"道德"的范围大于"伦理","修身"实是个人成就"道德"的路径和方法。相较于"伦理",与"修身""道德"关系更为密切的是"义理"。

近代西学与日本词汇的引入使得以上词语的意义发生了变化。道德和伦理来自西方词语 moral 和 ethics,原本是同一个意思。康德在《道德形而上学基础》中将这两个词进行区分,分成主观意图范围和客观道德领域(习惯、风俗),并且认为国家的伦理建立在个人道德之上。从此以后,道德和伦理被区分开来。近代日本在引进西方思想的时候,也受到康德的影响,将 moral 译为个人道德,将 ethics 译为社会伦理,并且创造了"伦理学"一词,作为专门研究道德的起源、本质及范畴的学问。(朱永新 等,1999)[6] 近代中国的西学词汇最初由严复翻译,他对 ethics 的翻译在"人道之学""德行之学""义理之学"之间斟酌,后来日本翻译的"伦理学"成为通行词,严复也改用"伦理学"。(杨玉荣,2009)中国近代的"道德"和"伦理"的含义也如日本一样,道德表示个人德行,伦理代表一种社会规则,前者主观,后者客观,"伦理"包含"道德"。

同时,在学科划分上,传统的"义理之学"被"伦理学"取代,成为"道德哲学"的学科归属。19 世纪末,日本教育家西村茂树就谈到"近五、六年间,有修身学、伦理学之名目,余不知其为何义。问某教育家,答曰:修身学宜用于小学科者,英语(Moral)之译语;伦理学宜用于中学以上者,英语(Ethics)之译语"。(杨玉荣,2009)清末小学的修身课本上,扉页印着课本的英文名称,为 elementary ethics,显然表示修身和伦理的意思是通用的,修身是伦理的初阶。

但是清末官方的学制系统对于传统人伦与西方伦理学依然进行了区

分。修身科主要在中小学校、师范学校、女子学校设置，高等学堂设置的是人伦道德。这种设置其实与古代修身之学的场域与时间正好相反。传统意义上修身作为"大学之道"，其实是设置于较高阶段的，儿童以及女子教育则是以伦常教化为主。清末学制之所以如此设置，是因为当时以修身科为道德实践，而与之相对的伦理科则是研究道德的专门学问。

《奏定高等学堂章程》中规定"摘讲宋、元、明、国朝诸儒学案，择其切于身心日用而明显简要者"（璩鑫圭 等，1991）[330]。章程中还提到："外国高等学堂均有伦理一科，其讲授之书名伦理学，其书内亦有实践人伦道德字样，其宗旨亦是勉人为善，而其解说伦理与中国不尽相同。中国学堂讲此科者，必须指定一书，阐发此理，不能无所附丽，以至泛滥无归。查列朝学案等书，乃理学诸儒之言论行实，皆是宗法孔孟，纯粹谨严，讲人伦道德者自以此书为最善。惟止宜择其切于身心日用，而其说理又明显简要、中正和平者，为学生解说，兼讲本书中诸儒本传之躬行实事，以资楷模。若其中精深微渺者，可从缓讲，俟入大学堂后，其愿习理学专门者自行研究。又或有议论过高、于古人动加訾议、以及各分门户互相攻驳者，可置不讲。讲授者尤当发明人伦道德为各种学科根本、须臾不可离之故。"（璩鑫圭 等，1991）[336-337] 可见，学制对于传统人伦道德与外国伦理学之间的区别有清晰的认识，宋明理学依然是修身科的学理基础。

高等学堂之上是大学堂，大学堂设有经学科，其中就包括理学。也就是说在清末学制中，中小学堂到高等学堂再到大学堂的道德课程设置为：修身—人伦道德—经学（理学），从日常道德实践到学术研究，"理学"一以贯之。优级师范本科通习科目中设有伦理学，讲授伦理学史、东西洋伦理学等内容，是属于教育学的基础课程。（璩鑫圭 等，1991）[567] 民国以后，中小学读经科与大学的经学科都被取消。修身科依然是中小学道德课程，大学分文、理、法、商、医、农、工七科，文科下设哲学门，有部分经学和理学都被归入哲学门下的中国哲学，伦理学是中国哲学和西洋哲学都设有的科目。（璩鑫圭 等，1991）[697-698] 可见，民国以后，学制中理学已经同经学一道成为"国故",而伦理学作为独立科目,具有现代意义上道德哲学的学科地位。蔡元培在他编写的修身教科书和伦理教科书中对修身与伦理做过明确区分,修身指的是道德实践,伦理则是研究道德的一门学问。①

对道德和伦理的划分,给近代道德教育带来了重要影响。首先,伦理地位的提拔凸显了社会关系在人的生存情境中的位置,道德由社会伦理来限定,改变了传统以"成人"为目的的德育观念,道德不再是贯通整体生存情境的人格气象,而窄化为个人对社会规范的遵守。从前文清末民初的学制变迁中修身科的要旨可以看出道德教育逐渐由德行涵养演变为国民塑形。民国时期修身教科书当中也多有"好国民""中华国民"②这一类直接训育的德目。其次,伦理观念的凸显使作为立身之本的个体性道德(人格成长)被迫压缩。随着近代社会转型,社会伦理也处于不断变革之中,进而引发了道德革命。近代道德革命转型变迁的关键在公德上,即社会、国家伦理。1902年,梁启超在《新民说》中提出公德说,认为中国人缺乏对国家、社会的公德。这一观念迅速反映在清末的教科书(如1904年版《最新修身教科书》)中。在梁启超之后,谭嗣同冲决传统伦理"罗网",道德革命一发不可收拾,最终演变为五四时期彻底的新旧道德冲突。③教科书中的公德内容随着社会变革不断扩充和变化,进入了政治领域。

---

① 近代以来,很多欧陆思想经由日本流入中国,比如德国哲学、法国社会学等,其中涂尔干的《道德教育论》被翻译到中国。某种意义上,涂尔干以道德的社会性代替了个人性,这也是造成国人道德教育观念变革的外来因素。参见肖朗,田海洋.近代西方道德教育理论的传播与民国德育观念的变革 [J].社会科学战线,2011(7):207-215.
② 如民国元年以后商务印书馆出版的初等小学校《共和国教科书新修身》第八册编目和中华书局出版的初等小学校《新编中华修身教科书》第八册编目。
③ 有关清末民初知识分子所引动的道德革命可参见黄进兴.从理学到伦理学:清末民初道德意识的转化 [M].北京:中华书局,2014:129.

第三节　出版视野下的修身科：
修身教科书的编撰与近代文化转型

新旧教育转化中，与学制取代传统教育体制并行的是教科书取代传统经典。蒋维乔在反对读经讲经的文章中便提出，六经只能作参考书，不能作教科书，主张将六经中适合修身的内容编入修身教科书。这一观点代表了当时多数出版业知识分子的看法。兴学之后，教科书的出版和发行蔚然成风，留学生、学校教员、传统士绅皆投入修身教科书的编写。教科书编写似有取代注疏经典、出版专著而成为一种新的文化创造活动的趋势。不过，对于修身科而言，由于与传统经典具有深层关联，无论在形式上还是在内容上，修身教科书对传统经典的取代并不彻底。

清末民初修身教科书的编撰最初借鉴了日本修身教科书，在其中发挥桥梁作用的就是留日生。当时出版界的人物多有留学日本的经历，如文明书局的丁福保、商务印书馆的高凤谦，而蒋智由自己编写发行的修身教科书非但借鉴日本的教科书，且是由日本同文印刷舍来印刷的。民国以后，留学欧美的学生逐渐回国，成为影响教育界的重要群体。他们通常是留日生的学生辈，早年在留日生们创办的新式学堂求学，青少年时期通过官方途径或者自费留学欧美，回国后投身教育改革。

教科书是伴随学制课程设置出现的，与分科知识体系及其课堂讲授方式相配套。清末学制颁布以后，教学具有了明显的学科和年级特点。不过在癸卯学制之前，教科书都没有按年级编写，通常是一个科目一本教科书，如文明书局出版的《蒙学读本全书》。在清末学制颁布之初，虽有明文规定新式学堂要使用教科书，但此时教科书编撰毫无成例，也没有规范。同时新旧交替之际，私塾与学堂并立，教科书替代传统教材也非朝夕间可为，一时间教材出版呈现出杂乱的局面。为了规范教科书出版，清政府不得不加强对教科书的审查。清末学部曾经成立编译图书局，成员多为翰林院的进士，其中不乏博学多才者，当时王国维也供职其中，编译《教育学》。（李林，2017）[224-225] 尽管如此，学部编译图书局编出的教科书却不尽如人意。其原因不在这些编书翰林们，而在于学部要求的种种调和中西的宗旨，加上学部校勘者不懂教育，执笔乱改（关晓红，2000）[381]，种种原因致使学部编撰的教科书质量不佳，备受批评。而这一时期，民间出版机构已经比较成熟，于是教科书出版市场一直由民间印书机构占据主要地位。

一、兴学初期的修身教科书：从南洋公学到文明书局

甲午战争之后，上海、天津等地开始出现新式学堂。此时学制尚未颁布，学部也没有成立。这些学堂多仿照日本学校制度，采取新式教学方法，由于没有教科书，许多留日生将日本教科书翻译至国内。教员们仿照日本教科书编写教学材料，随教随编。这些教材后来被出版，成为通行教科书。由教员编写教材始于南洋公学师范生在外院任教的教育实践。

（一）南洋公学

1896 年盛宣怀在上海筹办南洋公学。南洋公学设置了不同学段，先设师范院，请中外教习讲授中西各科，又仿照师范学校附属小学的做法设置外院，招收十岁至十七八岁的学生，分班教授。然后再开设二等学堂和头等学堂，即南洋公学中院与上院。中上两院的教习，皆出于师范院，而外院的幼童，毕业后可以升入中上两院，由此形成了一个完备的人才培养体系。南洋公学在近代教育史上发挥了重要作用。南洋公学师范院和译书院在戊戌变法之后汇聚了诸多维新人士，使得维新思想向文化教育领域推进。设立南洋公学师范院其实也是引进现代教育学和教学法的重要途径之一。

南洋公学师范院于 1897 年招生，至 1903 年停办，总共培养 71 位师范生，其中不少是近代历史上的重要人物，如北洋政府时期担任驻日公使的章宗祥，后来加入同盟会的纽永建、白雅余（又作白雅雨）等。相当一部分师范生后来从事文教事业，成为"教育学家"：朱树人、沈庆鸿（心

工）、陈懋治、杨志洵、白作霖（振民）、吴馨、董瑞椿、侯鸿鉴、孟森、吴敬恒（稚晖）、胡尔霖（雨人）、杜嗣程、张相文、陆尔奎。他们中许多人都创办过学校或编写过教科书，或在各类学堂任教，同时担任各大书局的编辑。与现代教育学相配的各科教学法正是通过南洋公学师范生进入中国教育界的。其中，白作霖、杨志洵与胡适还有师生之缘。[①] 杨志洵曾任职于南洋公学译书院，与张相文、孟森一起翻译了许多西方启蒙经典作品。

在戊戌维新期间至清末新政以前，南洋公学师范生都是近代文教变革的先驱。他们在进入南洋公学之前就有很好的旧学功底，有的还中过举人，进入南洋公学以后，受到西学和维新思潮影响，逐渐倒向了革命，有不少人后来加入了同盟会。1902年南洋公学中院的"墨水瓶事件"引发的风波最终导致一众学生及蔡元培等教员离开南洋公学。他们随后成立爱国学社，在《苏报》上宣传革命。1903年的"《苏报》案"使爱国学社被迫解散。南洋公学师范院于1903年停办，应该也与这种日益高涨的反清革命风潮有关联。

最早涉及修身内容的教科书是由南洋公学师范生们所编写的《蒙学课本》。当时，外院的教员均由师范生充任，因无现成教科书，师范生们便一边教学一边编写相应的教科书。外院当时开设课程有：读经、修身、国文、笔算、珠算、历史、地理、理科、体操、习字、图画、乐歌。后来清廷制定学制的时候，参照了当时各地的办学经验，这些课程就都被写入了学制，成了小学堂的规定课程。南洋公学外院虽然开设了修身科，但

[①] 胡适的二哥胡洪骓1897年考入南洋公学，与白作霖是同班同学。1901年澄衷学堂开办，刘树屏、蔡元培先后被聘为总理（校长），白作霖为监起居（舍监），而后改任总教习（教务长）和总理。白作霖在胡洪骓那里看到了胡适在梅溪学堂写的文章，便说服了胡家兄弟，让胡适进入澄衷学堂读书。后来胡适与白作霖发生了冲突，被记大过，胡适离开澄衷学堂，转到中国公学就读。杨志洵当时在中国公学任教。1910年胡适北上考选第二批庚款留学生，杨志洵介绍他住在女子师范学校（后来的女师大）校舍里，为他节省了费用。杨志洵还在读书上给予指导。杨志洵是杨绛的叔公，胡适后来对杨绛说，非常感激杨志洵的帮助。参见陆阳.杨家旧事：杨绛记忆之外的故事[M].南京：南京师范大学出版社，2017：25-27.

其实并没有编写专门的修身课本，修身的内容其实是放在识字课本中的。1897年出版的南洋公学《蒙学课本》由师范生陈懋治、杜嗣程、沈庆鸿编辑（蒋维乔，2013）[15]。第二编择选了60个故事，其中30个属于德育（修身）的内容。这些德育故事多是从西方教科书翻译过来的，编者谈道："中土之所固有者，惟德育一门而已。然载籍所传，或高远难行，或简淡乏味，如二十四孝之类，半涉迂诞，尤不足以为教，故概不登录。凡所捃拾，大半译自西书，略加点窜。间有出自臆撰者，远仿凭虚亡是之体，近师西人用稗说体编小学书之例，意主启发，勿疑为私造典故也。"（朱有瓛，1986）[541] 可见，编者也曾考虑选入中国传统典籍中的道德故事，然而中国传统道德故事要么陈义过高，要么枯燥无味，"二十四孝"之类的故事又有很多迂腐和不合情理的地方，最后干脆全部选用西方的故事。

今天的研究者通常将南洋公学的《蒙学课本》与无锡三等公学堂的《蒙学读本全书》放在一起比较。实际上，无锡三等公学堂与南洋公学的师范生也有关系。无锡三等公学堂创办于1898年，提议创办者有吴稚晖、俞复、丁宝书、杜嗣程等。吴稚晖和杜嗣程都是南洋公学师范生，此时也还在南洋公学任教。无锡三等公学堂不收学费，教授由同人十余轮值，俞复主事，授课时"每日选编课书一首，令学生钞读，就本课中设问题数条，令学生笔答之"。（朱有瓛，1986）[758] 就这样，无锡三等公学堂在教学过程中积累了教学材料，后来编成教科书，经清政府官厅审定，由上海文澜书局出版。

（二）文明书局

文澜书局出版的《蒙学读本全书》十分畅销，俞复受到鼓舞，与廉泉、丁宝书等人于1902年在上海创办了文明书局，从事教科书出版发行工作。书局成立后便将《蒙学读本全书》（又称《蒙学读本》）（见图2-4）重新印行。这套书比南洋公学的《蒙学课本》更受欢迎，它配有插图，书、画精美，文字简洁有趣，在当时有书画文"三绝"之美称。之所以能如此，是因为编写该书的俞复、丁宝书和杜嗣程三人都是清末著名的书画家。

《蒙学读本全书》前三编相当于小学国文教科书,第四编是修身科教科书:

> 第四编,专重德育,用论语弟子章,分纲提目,系以历史故事,每课示以指归,仿新安小学涑水家范而加以兴趣,并译东西前哲懿行,示良知良能,为中外古今所同具,盖完全为今修身教科之具体。(朱有瓛,1986)[759]

图 2-4 《蒙学读本全书》四编书影

与《蒙学课本》一样,《蒙学读本全书》在选择传统资源的时候也发现了中国古代道德教育存在的问题:"自感应阴阳等书流播宇内,爱亲敬长,视为富贵福泽之因果,一或不效,遂至横决而不可收拾,苟求侥幸,亏陷大伦,有伤德育不少,是编凡语涉因果者,一概摒除。"(无锡三等公学堂,1902)[1]

可见,中国古代道德资源在儿童教育上具有很多局限性,要么像《礼记·曲礼》《弟子规》这类行为准则,说教性太强,要么像"二十四孝"

这类故事不仅迂腐，还充满了因果感应等不合理的地方。《蒙学读本全书》最后也选用了很多西方故事。《蒙学课本》和《蒙学读本全书》都采取人物故事的形式，这种形式成为后来小学修身教科书的通行样式。

文明书局创办人俞复、丁宝书等都受维新思想影响，积极资助留学生。通过吴稚晖等人的联络，文明书局设立了出洋游学生招待会。通过留学生，文明书局在国内翻译出版了大量西学书籍，尤其是哲学社会科学方面的书籍，如《路梭民约论》《群学肄言》等。这些书促进了维新思想和革命思想在中国的传播。（朱丽，2011；卢坡，2017）在教科书方面，南洋公学师范生所编辑的许多教科书也在文明书局出版，如朱树人编的《蒙学文法教科书》、张相文编的《蒙学外国地理教科书》、董瑞椿编的《蒙学珠算教科书》，这些蒙学教科书出版于壬寅学制颁布之时，因此大受欢迎。

当时的很多教科书由日本教科书翻译而来。其中修身教科书有1903年初版的《蒙学修身教科书》（李嘉谷编），分为"修己""保身""待人""处世"四章，每章下面有若干节，这是当时通行的修身教科书编写样式。清政府于1901年下诏兴学后，各地学堂数量增长迅速，教科书需求量大，编写方式尚未形成定式，因此教科书类型多样，题材也很丰富。当时学习外国文化的年轻人逐渐增多，成立了一些专门编译西方书籍的书社。1901年，庄俞在上海设立的"人演社"就是这种编译外国书籍的书社（张人凤，2020）[97]。这一类书社一般只负责编译，然后将书稿交给其他印刷社或出版社进行印刷发行。1903年，庄俞的人演社编写了一本《初级蒙学修身教科书》（见图2-5），由大同书局印刷，通过文明书局发行。当时，日本修身教科书以图画为主，有的甚至没有文字。这部修身教科书也仿照日本教科书的样式，以插图为主进行教学。教科书与插图本分为两册，每篇课文都有对应的插图，教学的时候先让学生看图，然后再讲课文。课文则多是用儿童游戏和日常故事来阐发道理，也有少量寓言故事。

日本蒙小学所用修身书皆演寻常游戏及日用小说俾易刺入幼童脑筋。是编取其意旨，专就我国幼童惯为之事，常发之言，成课六十，朴实浅显，理趣具备，幼童自易领悟。

　　修身科理深义广，中国旧籍若朱子小学等不适用，人所共知。编者借游戏之言，行附述正义，一二语儿童读之，既不致见书思倦，转可启发其活泼之精神，文学之嗜好，伦常之情性，关系至大，教员临时当就寓意切实发明。（庄俞，1903）^{约指}

在学制中被列为重要教学内容的《小学》，庄俞认为并不适合给小学生用，还认为这是"人所共知"的。可见，当时民间教育家编写教科书拥有较大的自由，他们已经意识到传统道德教育的问题。这部教科书充分考虑了儿童心理特点，日常故事的叙事主体多为儿童，寓言故事则是以动物为主，整体上充满儿童趣味。

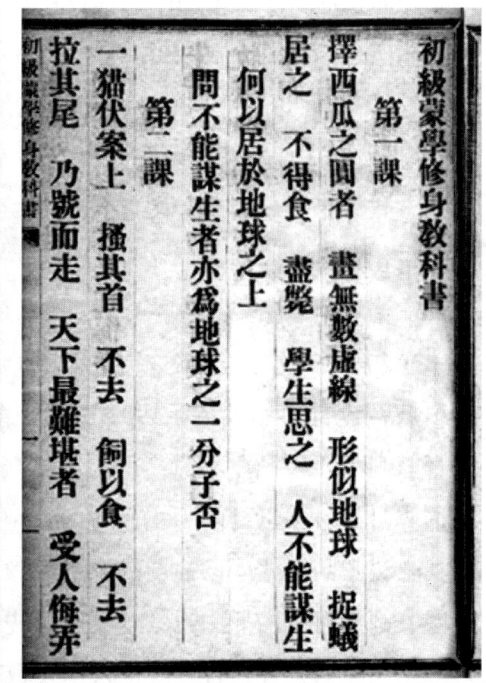

图 2-5 《初级蒙学修身教科书》书影

这部教科书后来被文明书局重新编辑，由丁福保梳理纲目，课文内容完全未变，插图则重新绘制。这种以图画为主的编写方式后来被广泛用在初等小学校的教科书中，如商务印书馆 1904 年出版的《最新修身教科书》和文明书局 1905 年出版的由陆费逵编写的《新编初等小学修身教科书》，它们的第一、二册都没有文字，全是图画。

修身教科书除了重视插图，还将音乐与修身融合在一起。1905 年文明书局出版的由国学保存会成员田北湖编写的《小学修身唱歌书》，将修身内容编入歌词，师生可进行演唱。更早使用这个方法的是沈心工。沈心工从 1903 年开始担任南洋公学外院教员，教授修身、音乐、体操等课，后来又长期担任外院校长。沈心工是提倡学堂乐歌第一人，他创作的许多学堂乐歌融合了启蒙思想，如《女学歌》《爱国》等。此外，前文所提到的经训修身教科书也是一种常见的修身教科书。

二、出版群体与教育改革：学制规范下的修身教科书

文明书局出版的很多教科书是在癸卯学制颁布之前编辑的，这类教科书要么译自日本，要么是教学讲义，或带有专著性质。教科书的形制与其背后的教育原则之间的关联在这些教科书中并不明显。癸卯学制颁布后，学堂要按照年级分科教学，真正开创"教科书时代"的是商务印书馆出版的"最新教科书"系列。（毕苑，2010）[97] 商务印书馆和后来崛起的中华书局在出版教科书的同时创办教育刊物，甚至开办师范讲习所，以推动教育改革。

1903 年张元济加入商务印书馆组织编译所，在蔡元培的建议下开始编写教科书。由于与蔡元培的关系，爱国学社的很多文史教员后来都加入了商务印书馆编译所，逐渐形成了一支强大的专门从事教科书编辑的队伍，成员包括蔡元培、蒋维乔、庄俞、高凤谦等。商务印刷馆编译所以团队形式进行编辑，认真研究教科书的形制，附设了速成小学师范讲习所，试验其所编教科书。因此，商务印书馆推出的教科书质量上乘，涵盖各科各年级，能配合学制使用；且与教学法紧密结合，编辑大意中说明了每周授课时数和教科书使用方法，并配有专门的教授书。从此教科书与学制、学校成为现代教育制度中不可缺少的部分。商务印书馆的教科书体例逐渐

成为通行的教科书体例。(毕苑,2010)[107]

　　商务印书馆在清末时是中日合资,编译所也有日籍职员,如《最新修身教科书教授法》封面页印有的校订人员包括日本文部省前图书审查官小谷重和日本高等师范学校前教授长尾慎太郎。需要指出的是,清末民初的教科书编撰虽然在内容和形式上都受到日本的影响,但这并不意味着一种"拿来主义"式的照搬照抄。庄俞在《谈谈我馆编辑教科书的变迁》一文中说商务印书馆当时编辑"最新教科书"系列是"完全创作,毫无成例,也无公式,闭门造车"(庄俞,1987)[62]。即使是在中日合资时期(1903—1914年),商务印书馆编译所有两位日籍职员,教科书的编辑仍采取"圆桌会议"的形式,严定"择善而从""主权在我"的原则。蒋维乔谈到在编辑初等小学校修身教科书时,日籍职员长尾慎太郎指出日本修身教科书多以小儿游戏故事为主,但商务印书馆的初等小学校修身教科书最后没有采纳这样的方式,而是以中国古人的嘉言懿行为故事进行编辑,其形式更接近刘宗周的《人谱》,只是去掉了"三纲"的内容。在编辑高等小学校修身教科书时,长尾慎太郎提出可依照日本的做法,即修身教科书文字大半与国文教科书重复,教员的讲演则不同,修身更注重训诫。当时高凤谦与蒋维乔对此提议皆不认同,认为中国文字素有"文以载道"的传统,修身和国文的文字相同并不妥当,最终双方未能达成一致,最后出版的高等小学校修身教科书还是按照高凤谦的意思,以"采集经文中一二语合于今日社会者为纲,而演述其意"的方式来编撰。(汪家熔,1998)[50-51] 其实,早期商务印书馆在资金、技术、编辑出版的经验方面都非常缺乏,与日方的合资提高了商务印书馆的实力。在教科书的编辑上,日籍职员提供了很多重要的编写经验,如教科书请一流画师画插图、教科书的次序应"互相联络"等。(汪家熔,1998)[31, 50] 在借鉴日本教科书编辑经验的基础上,商务印书馆出版了"最新教科书",其选材极力表彰我国悠久文化和古代圣贤的嘉言懿行,且矫正陋习,如迷信、缠足、吸鸦片等,务使人人"皆有普通之道德知识,然而进求古圣贤之要道,世界万国之学术艺"。(汪家熔,1998)[102] 由此可见其注重普及教育思想,既欢迎新学,又注重传统。

这套教科书的编写设计和排印形式都符合教育原理，并且注重质量的编写态度为行业树立了"样板"，其他出版社便不再敢粗制滥造。（汪家熔，1998）[103] 透过商务印书馆编译所的工作情况，我们可以看到清末民初的教科书编撰中其实有很多中国人自身的考量，不应认为教科书编撰就是照抄日本教科书。①

商务印书馆出版的《最新修身教科书》在选材上按照学制要求，主要从《小学》《人谱》、四书中选择素材，还有很多素材来自"二十四史"、《颜氏家训》《列女传》《宋元学案》《明儒学案》《五种遗规》等。在体例上，《最新修身教科书》也是采取德目主义与人物主义相结合的方式。此后，这种编撰方式一直延续到民初。（方光锐，2013）

（一）癸卯学制下的修身教科书体例：德目主义与人物主义

德目主义与人物主义相结合的编排方式在清末民初的修身教科书中最为常见，尤其是在初等小学堂教科书中。这种编排方式受日本教科书的影响。所谓德目主义就是指把道德经验高度概括和凝结为德育内容并罗列为各种条目，以此作为传递道德经验的抓手，借助专门德育教师的课堂讲授使被教育者实际理解和掌握这些德目。（岳刚德，2015）[207] 人物主义是指将道德典范人物的故事选编到教科书中，运用榜样示范作用，实现道德教化的目的。1890年明治天皇颁布《教育敕语》，确定了日本近代修身教育的总方针。此后的一段时间，修身教科书的内容大都是将《教育敕语》中的德目整理排列出来，后来受德国赫尔巴特教育学的影响，采用了以人物传记为中心的教育方法。（贾佳，2012）

---

① 日本的教科书编辑情况与中国有所不同。日本自1902年的"教科书受贿事件"以后，将教科书的编订权收归到政府手中，实行国定制。而在对待儒家传统的态度上，明治政府从19世纪80年代开始趋向保守，其后修身科以儒教主义为中心，虽然此后也曾出现西化和保守两派的"德育论争"，但这种趋向并未改变，而最终"德育论争"以保守派取得了胜利收场。日本的皇国思想和教科书国定制使得修身教科书的内容带有浓厚的"忠君""爱国"色彩。参见贾佳.日本战前学校道德教育及其教科书[J].历史教学，2012(10)：52-57. 在中国，由于清政府始终无力承担教科书编撰之任，不得不采取审定制，民间教育力量遂得以通过教科书的内容选择传播自己的教育观念，在有的方面与政府主张不一致。

德目主义道德教育流派在19世纪后半期的西方盛行一时。(赵志毅 等,2009)德目主义是学校教育结构下的一种直接德育模式。[①]某种程度上,采用德目主义是德育课程化的必然走向。从儒家传统来说,德育重在日常涵养工夫而非掌握道德内容。无论是先秦儒家还是宋明理学家,都很少对具体德目做条分缕析的陈述。儒家所言的"诚""敬""忠""恕"之类虽可算是道德内容(个人品德),但更是道德修养的工夫进路。而朱熹倾心构建的《小学》《近思录》的德育体系,归结起来也只是列出了一些大的实践范畴,如《小学》的"立教""明伦""敬身",《近思录》的"为学""克己""存养"等,这些条目难说是具体的德目,因为每个条目都含有丰富的实践指向,可以扩展出很多方面的细小德目。总体上说,儒家传统的修身教育讲求"先立乎大本",即立定宗旨一以贯之,重在实践的工夫进路,对于德目不作细究,防止流于支离。人的生活世界本身是一个整体,一个具体的实践事例常常能体现出不止一个德目的内容。而在教科书当中,利用这些事例搭配德目进行教学,不免有僵化的可能。其实,从商务印书馆所编的《最新修身教科书》来看,编辑者对于这一点非常清楚,在第四册第三课"廉洁"的教授书中编者特别提醒教员"上卷所举事例,可援以发明本课之义者,教员宜随便引证,使学生……融会贯通,以免支离之病"。(商务印书馆编译所,1906a)[4]

在实际编辑中,德目主义与人物主义之间存在张力。有学者考证,近代日本曾流行赫尔巴特学派的人物传记主义的德育方式,这种方式要求用同一个人的传记来讲授数十个德目。当时日本民间教科书中的很多德目都牵强附会,因此1904年日本实行教科书国定制以后,对这种传记主义做了改良,一个人物只配数个德目,但被安排在连续的几课当中。(方光

[①] 在德育理论上,德目主义常常与全面主义相对,前者是一种直接德育模式,设置专门的德育课程,后者是一种间接德育模式,不设立专门的道德学科,而是通过学校全面的德育活动来实施道德教育。参见张忠华.承传与超越:当代德育理论发展研究[M].北京:光明日报出版社,2015:518.需要注意的是,无论是德目主义还是全面主义,都是学校场域下的德育模式,现代学校教育的产生是其讨论的前提。

锐，2013）由此而观，商务印书馆的初等小学校《最新修身教科书》的编排乃取折中方式，但更偏德目主义。从表 2-3 可以看出，《最新修身教科书》的编写采用多次循环的方法，德目不是很多，但重复"家庭""祖先""爱国""公德"等内容，有的德目是相互组合而成的，内涵相通，如"敬""慎"之类。而且，人物也重复出现。教授书常常让教员在讲解的时候前后联系，这有利于学生融会贯通，了解人物的整体性格。

表 2-3　初等小学校《最新修身教科书》（1904—1906 年）人物的循环出现情况

人物	标题	内容	标题	内容	标题	内容
马援	第一册 马援	幼年读书之事	第八册 尚武	语录：马革裹尸	第八册 惠邮	接济昆弟
胡敬斋	第一册 胡敬斋	平居读书之图	第十册 修省	平居读书之状		
孟母	第二册 勤学	断织教子	第七册 守礼	指出孟子的无礼		
子路	第二册 改过	闻过则喜	第五册 孝行	百里负米		
孔子	第二册 谨厚	孔子家儿不知骂	第三册 行恕	子贡问孔子	第六册 敬祖	子思侍坐孔子
	第七册 爱国	孔子救鲁				
曾子	第二册 谨厚	曾子家儿不知怒	第八册 克己	子夏见曾子		
吕希哲	第三册 谨慎	平居冠带整齐	第六册 自重	不事科举不荐其子	第十册 诚信	李公择与吕希哲诸贤讲诚信
第五伦	第三册 戒迷信	禁淫祀	第四册 公德	载盐往来除粪		
司马光	第三册 诚实	从不妄语	第九册 淡泊	居家节俭	第十册 正直	陈敏不诬司马光
陶侃	第三册 惜物	陶侃惜谷	第五册 习勤	陶侃运甓		

续表

人物	标题	内容	标题	内容	标题	内容
张九龄 李泌	第五册 戒矜	张九龄告诫李泌	第十册 克己	李泌劝诫张九龄		
魏文侯	第五册 公平	问解狐举荐之人	第七册 自立	问狐卷子何人可恃		
范纯仁	第六册 笃厚	赠石曼卿麦舟	第六册 果敢	发粟麦济灾民		
郭泰	第四册 公德	洒扫逆旅	第八册 温厚	感化贾淑改过	第九册 自立	家贫自立
蒋琬	第八册 沉着	临事无喜无忧	第十册 宽容	宽容杨敏诬告		
蔺相如	第九册 勇敢	完璧归赵	第九册 协和	将相和		
王罴	第九册 爱物	爱惜食物	第九册 报国	死守华州		
来歙	第九册 报国	临终托付军事	第十册 诚信	为人守信义		

相较于初等小学校用书，商务印书馆"最新教科书"系列的高等小学校修身书则明显采用了人物传记式的编写方法。这套书共四册，按照历史顺序来讲述古代有德之人的生平事迹，以人物名称而非德目为标题，每册40篇课文，人物只有10个左右。第一册的人物依次为孔子、孟子、卜式、苏武、马援、郭泰、诸葛亮、王祥、陶侃、高允，其中孔子和诸葛亮皆有7篇课文之多，马援和陶侃则有5篇课文，同一个人物连续排列。（商务印书馆编译所，1908a）^{目录}这种编排方式显然与初等小学校教科书不同，它以人物为中心，注重人物的整体生活史。中国教化传统本就有"叙事伦理"的德育倾向，《列女传》《名臣录》等都是以传记方式树立道德榜样。高凤谦等编撰教科书之时遍查经史，也是从这一叙事传统中选材。

商务印书馆的《最新修身教科书》出版后，备受欢迎，从今天来看，这些取自经史的材料有些过于艰深，不过当时小学生大半来自私塾，教师也多半读过古典的经籍，相较之下这套教科书更浅显易懂，故而可以应用。其后商务印书馆又编辑了第二套教科书"简明教科书"，于宣统年间出版。（庄俞，1987）[62]这套教科书对"最新教科书"进行了改良，文字图画都更为浅显简洁。《最新修身教科书》的编者主要是张元济和高凤谦，《简明修身教科书》的编者为戴克敦、陆费逵和沈颐，也是民国元年中华书局的修身教科书的编辑班底。《简明修身教科书》中的人物不再以古人为主，而是大量增加了同龄儿童的榜样行为，到民国以后，又增加了外国的道德榜样，这一点也被看作形式上的"世界观教育"。（方光锐，2013）

（二）民国以后"以学生为中心"的联络教材

新文化运动后，现代儿童意识进入教育场域。杜威的"儿童中心主义"主张"全面德育"，课堂以活动为主。尽管这一时期壬戌学制尚未制定，但各类教科书都开始朝着"以学生为中心"的方向改革。联络教材就是在这样一种思潮下出现的。

联络教材是一种综合教材，融合了唱歌、游戏等身心活动，目的是让儿童在身心愉悦中得到感化，避免修身科的枯燥乏味。1918年商务印书馆出版了《修身游技唱歌联络教材》。其第六版的第二册序言中说儿童在修身课上要正襟危坐，身心受苦，欲图改善之法，则"非各学年均与唱歌游技联络课之不为功。常熟严君树森所编修身唱歌游技联络教材一册，同人屡试于国民学校一二学年，程度适合，形式上可使身心愉快，实际上可收德育实效。惟歌词简短，动作不多，仅适用于一二学年，而不敷四个学年之用。爰集关于三四学年最需要之德目，编为语体之歌词，配以平易之乐谱。复按其语气，演为游技，逐一试验于尚公小学，随时编辑，随时修改，试行一年有半，儿童于此精神焕发，体态活泼，可以一时间而兼收三科之效"（吕云彪 等，1921）[序言]。从这段序言可知，联络教材这种形式是一线教员在教学实践中探索出来的，使用联络教材进行教学就相当于修身、唱歌和游技三科融合的综合课程，这种形式符合儿童身心特点，教学效果也较好。这本教材供国民小学第三、四学年用，总共只有30个德目，包括了洒扫、食礼、行路等日常行为规范,节俭、自治、守信、家庭、敬长等个人美德,以及当兵、纳税、爱母校等新社会观念。每课内容分为上下两部分,上半部分为乐谱,下半部分讲作法,讲授时先修身、次唱歌、后游技。修身内容都在歌词里面,个人品德类德目用"唱歌游技"教授,按唱歌的节拍做出简易的动作。例如,"洒扫"搭配扫地的动作;侧重团体协作类的德目,如上课、退课、当兵、修桥补路等,则不用唱歌而用"竞争游技",即组织学生进行课堂比赛(见图2-6)。

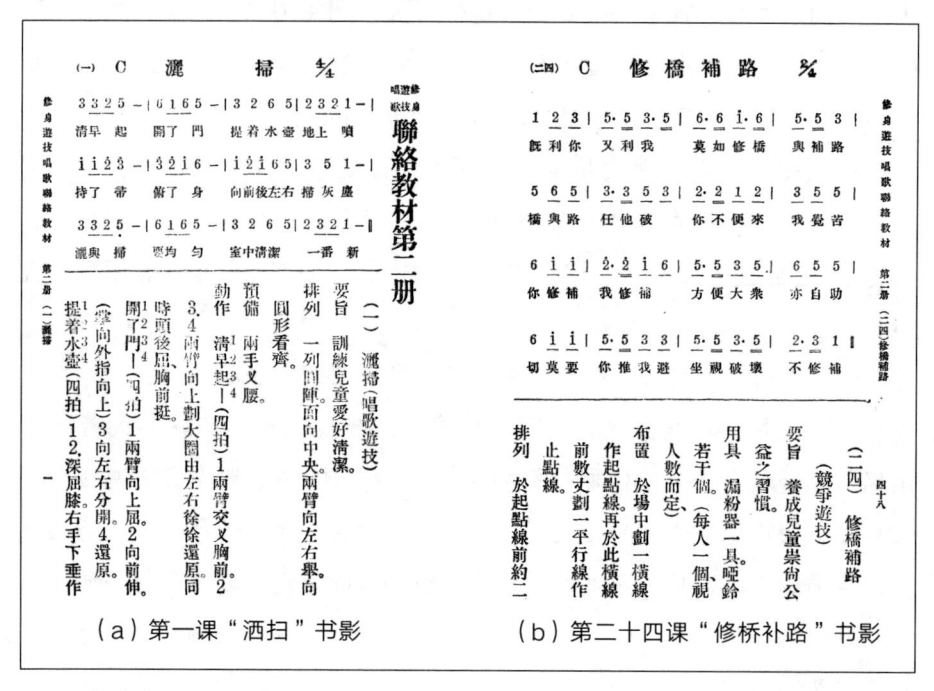

(a)第一课"洒扫"书影　　(b)第二十四课"修桥补路"书影

图2-6　联络教材的形式

从联络教材的形式和内容可以看出,这一时期的教育对儿童的身心特点已经相当注意,这种形式突破了清末以来德目主义与人物主义的框架,更倾向于活动课程和德育的全面主义。此外,新文化运动提倡的白话文也已经在小学教材中得以运用。联络教材的这些形式影响了后续的修身教科书。到1920年,教科书中的文言文被白话文全面取代,商务印书馆出版了《新法修身教科书》。《新法修身教科书》的初等小学校用书总共八册,其编辑大纲中说："前四册全用图画，表示种种作法。后四册用故事、童话、寓言、格言，将游戏、手工、唱歌、图画，联合为一；……前四册注重身心、家庭、学校和社会各方面；后四册加入对国家对世界的智识。取材标准，注重孝悌、亲爱、信实、义勇、恭敬、勤俭、清洁各种美德；都是平时常见的事实。"（刘宪 等，1920）^{编辑大纲}在教授的时候使用挂图，配合谈话、唱歌、游戏等多种形式。如第四册第一课为"同学相爱"，其中有两幅图（见图2-7），右图画着教室中同学对坐谈话，左图画着同学拉手。图画的意旨在表现同学互相亲爱之情状，为使学生知同学应亲爱。教授书的"教授次数"部分说明了具体开展的形式（一共讲两次）：第一次谈话15分钟，观图10分钟，训练谈话5分钟，表情唱歌15分钟；第二次则是谈话5分钟，观图5分钟，唱歌15分钟，游戏15分钟，说明及训话5分钟。这种形式也可以说是在游技唱歌联络课程基础上的拓展。

图2-7 《新法修身教科书》第四册第一课"同学相爱"插图

《新法修身教科书》的高等小学校用书则更加侧重智识，在编写上的考量与以前的教科书有很大不同。以下是其高等小学校用书的编辑大要：

取材注重故事，不论本国的和世界的，务求合于儿童心理。公民常识、社会组织、世界观念，凡枯燥的例话训话，概不采入。间选格言，载在教授书里面。目的注重创造、互助、牺牲、自觉、自决……等新道德，凡旧史事旧学说，不合现代情形的概不采入。课题不用德目排列，但教授书里面仍说明德目以供教师参考。文字注重文艺的描写，一以能发动儿童的感情为主，各课不拘长短，一以事实的繁简为准。每册各有儿童团体的组织一种，附载教授书里面，教学时候，可以参考实行。（丁晓先 等，1920）^{编辑大要}

可见，《新法修身教科书》注重故事的趣味性，取材"以今为主"，明显以"新道德"权衡"旧学说"，凸显了"新旧"之间的差异。"新道德"偏重现代公民素质，注重团体生活习惯的培养。如表2-4所示，高等小学校用书中"孝悌"类的传统家庭伦理内容比例大大降低，增加了很多新颖的内容，比如"研究动荡的绳子""创造汽船"这一类强调智力创造的材料，以及"铁达尼邮船遇险""进步号探险记"等社会见闻类的材料，在此之前人们很难想象这些内容会出现在修身教科书中。其实，这套教科书也选用了一些古代故事，如第一册第十一课"狭路相逢掀瓦甓"——原为《共和国教科书新修身》（初等小学校用书）第八册第六课"公益"的内容，而第五册第八课"赠麦救急"即为清末《最新修身教科书》第六册第四课"笃厚"的内容，所言为范仲淹之子范纯仁赠麦舟于石曼卿以救急的故事，类似的还有"危城里看护病友"等，这些材料经过改编更具文学性。

三、讲义类教科书与修身传统的存续：以林纾、杨昌济为例

如前所述，清末民初的修身教育具有次第性。初等小学校修身科不仅需要顾及儿童心理特征，还需要与国文教学相配合，在内容和形式上有诸多限制。而高等小学阶段以上的修身科涉及更深刻的内容，形式也更加自由。清末民初的中学修身教科书则多是依照编者个人的修身思想来编写，更接近个人修身学专著，讲义类修身教科书便是这样一类。

第二章 作为文化行动的修身教育 125

表 2-4 《新法修身教科书》高等小学校用书目录

	第一册	第二册	第三册	第四册	第五册	第六册
第一课	学问大进步	蓬门里的学生	穷苦家庭	排字童子	半工半读	冤家
第二课	很大的包裹	有名的美术家	火车上的试验室	研究动汤的绳子	两番觉悟的鞋工	佳耦
第三课	最小的馒头	管理小牛	创造汽船	卖了草辫换书读	快乐的磨面郎	剧场中的童子
第四课	刷鞋童子	抵御山犬	改良瓷器	这是什么意思？	捉电	疯狂人的救星
第五课	黄金梦	席下明珠	火烧文稿	火车里的将军	验日	五千元的小机器
第六课	金药	重视余款	老鼠咬画册	编辑室里的暴客	三难题	化女犯地狱降明星
第七课	锈坏的东西	临流羡鱼	完璧归赵	危城里看护病友	三难题（续）	救伤兵战场遇天使
第八课	玩具和老人	渔翁的话	仁爱的少年	二年前的约期	赠麦救急	会支会孔斥齐侯
第九课	火车下的小孩	破船里的呼声	义勇的伶人	丛林遇旧	审鼠子	廉蔺之交
第十课	冒雨救火车	浪里救人逢老父	灯塔的管理人	竖鸡蛋	审鼠子（续）	美国的模范人物
第十一课	狭路相逢掀瓦甓	民主号的管理长	救生局的管理人	沧海浮沉	法庭辩护	新市政
第十二课	问路	好马和宝剑	救沉船将身补漏洞	决不愿泄露秘密	盗肉案	新村游记
第十三课	得标	尽力帮助人家	铁达尼邮船遇险	家山残破	强盗疑团	新村游记（续）
第十四课	不肯刷靴	和那一个相交呢？	进步号探险记	最后五分钟	尽力爱群	希望我们日本人
第十五课	不肯开门	和那一个相交呢？（续）	进步号探险记（续）	终究到了幸福的路上	心醉自由的同胞呵！	欧战后精神独立会宣言

讲义原本不能算作严格的教科书，但公开出版的各类修身讲义却又实实在在地用于修身课堂，姑且能算是教学材料。其实，古代修身之学的研习便是以"讲学"为主要形式，在这个意义上，讲义这种形式的教材更接近中国修身传统。修身传统本身根植于传统经典的土壤。清末学制指出"修身之道备在《四书》"，在这一时期，宋明理学依然是传统士人修身的重要思想资源。黄进兴就用"从理学到伦理学"来描述清末民初道德意识的转变（黄进兴，2014）[1]。与理学修身意识渊源深厚的湖湘学人和桐城派在近代教育行动中表现十分活跃，理学式修身教育仍然在当时的教育实践中占有重要地位。下文将以林纾和杨昌济为例，通过他们所编写的修身讲义考察理学修身传统在近代修身教育中的存续。

（一）林纾的《修身讲义》

林纾是吴汝纶的门生，被称为"桐城派护法"，自然传承了宋明理学的义理体系。五四运动以后，桐城派被钱玄同指斥为"桐城谬种"，由此而来的一场与蔡元培的争论也使得他被视为旧派的典型代表。不过，他在1916年出版的《修身讲义》却颇有复杂意味。

1901年，林纾从杭州搬到北京，担任金台书院讲席，又受聘于五城中学堂，为总教习，授修身、国文课；1906年担任京师大学堂预科和师范馆的经学教员。（薛绥之 等，2010）[21,24] 他的《修身讲义》即是由此开始渐积而成。这本书适用于师范学校和中学校。不过，此书出版却是在10年之后。下面是其书之序言：

> 南皮张文襄公长学部时，令各校以儒先之言为广义，逐条阐发，以示学生。时余适应李公柳溪之聘，主大学预科及师范班讲席，取夏峰先生《理学宗传》中诸贤语录，诠释讲解，久之积而成帙。迨业毕，遂移文科讲古文辞，不再任此矣。窃谓集英俊之少年，与言陈旧之道学，闻者必倦。而讲台之上，亦怵怵以晷刻为长。践此席者，多不终而去。自余主讲三年，听者似无倦容。一日钟动罢讲，前席数人起而留余续讲。然则，余之所言，果不令之生倦邪？后此又试之实业

高等学堂，又试之五城中学堂，皆然。似乎此帙为可存矣。夏峰之讲学，唯其是，无朱陆之分，余深以为然。子张、子夏同出圣门，而持论互异，然学者能如二贤亦足矣。必轩之轻之，是争门户，非向学也。朱陆之学，犹之二子辩论同异，特朋友之切磋，非类楚汉之搏。乃其徒弗察，各守师说，互相攻讦。余恒叹为无用之争，转荒实际，故帙中朱陆并举，以有益于身心性命者为宗，不尊朱而斥陆，亦不右陆而诋朱，从夏峰先生教也。（林纾，1916）[1]

从这篇序言可知，林纾是在张之洞执掌学部、提倡"儒先之言"的情形下进入京师大学堂的。起初他认为学生一定对这种陈旧道学心生厌烦，师生只能怏怏度日。出乎意料的是，课堂效果竟然非常好，及至下课，学生"前席数人起而留余续讲"。他在实业高等学堂和五城中学堂同样依此教授，教学效果也非常好，故认为所讲内容有留存价值。

林纾的讲课内容来自孙夏峰的《理学宗传》。孙夏峰是清初的讲学大师，学问上没有门户之见，林纾选择《理学宗传》正是因为这一点。他择取了周敦颐、程颐、程颢、张载的思想组成上卷，将朱熹、陆九渊、薛敬轩等七位理学家的语录收入下卷。林纾的这本讲义，很容易让人想到朱熹和吕祖谦编写的宋代修身教材——《近思录》。从内容选择上看，林纾这本讲义的上卷所选的道学传统中的"北宋四子"非常接近《近思录》，只是在下卷加入了南宋朱熹、陆九渊和明代薛敬轩。清末学堂讲课流行使用讲义，然古代讲学没有讲义，林纾讲课的时候采用的就是传统"语录体"的方式，先列一句诸贤语录，再通过解说阐明大义。所择取内容多为理学家心性修养工夫格言，如"人心不得有所系"，"怒惊皆是主心不定"，"莫说将第一等让与别人，且做第二等。才如此说，便是自弃"，等等。近代国家意识、社会伦理、公民观念等都没有体现在其中。可以说，这本《修身讲义》带有浓厚的理学色彩。

林纾提供了古文家讲修身的典型案例，他的经学和国文教员双重身份也从侧面反映了经学、国文与修身之间的关联。林纾的这本教材是讲义而非教科书，两者有本质上的不同。所谓教科书必然是依据学科、课程、教学时间来事先编排好内容。清末民初的教科书虽然没有所谓的"教学大纲"，但是基本的编排都预先有所设计，一般还配有教授法，按照三段式或五段式来进行教学。讲义则完全不同。从序言可以看到，林纾的讲义是直接从课堂积累而来的。他辑选语录进行讲学的方式，延承了宋明理学家讲学的一贯形式。①

值得注意的是，《修身讲义》虽然是在1906年前后完成，却是1916年才由商务印书馆出版。林纾与商务印书馆的高梦旦是至交，林纾的大部分著作和译本都是由商务印书馆出版的。然而，在1916年，当时教科书出版市场已成形。就修身科而言，各类章节明晰、紧贴学制的教科书层出不穷。即便要以经学讲修身，尚有诸多经训类教科书。虽然也有以"讲义"为名出版的各类师范学校和中学校修身用书，但其体例和内容与一般的修身教科书没有太大差别。因此，林纾的《修身讲义》无论是在形式上还是在内容上，在一众修身教科书和经训教科书中都十分显眼。何以这样一本修身讲义能够出版呢？

实际上，1916年正值袁世凯复辟，废止了四年的"读经""尊孔"被重新写入学制。当时的教科书市场也为之一变，商务印书馆于袁世凯称帝前后的几个月中，迫于政治压力，将"共和国教科书"系列的小学课本改为"普通教科书"系列，删除了有碍帝制的内容，此事一直为同行所诟病。（介子平，2015）[116] 林纾本人虽是"遗老"，但反对袁世凯称帝。面对袁世凯的征聘，他抵死拒绝。此种态度也与当时一众名流学者截然不同。（林薇，1990）[364] 因此，面对读经、尊孔与帝制的老问题，商务印书馆此时将林纾的这本辑录"儒先之言"的《修身讲义》推出，在顺应当时"复

---

① 北宋二程门人记录二程语录以参学。《二程集》记载，伊川先生无恙时，门人尹焞得朱光庭所钞先生语，奉而质诸先生，先生曰："某在，何必读此书。若不得某之心，所记者徒彼意耳。"尹公自是不敢复读。虽然这种方式遭到程颐本人的批评，但随着程朱理学体系的建立，语录体讲学在理学家群体中十分流行。参见程颢，程颐.二程集[M].2版.北京：中华书局，2004：6.

古"潮流的同时形成一种提示：儒家以修身为本，读古书应该朝着修身的方向去。

王汎森指出，近代修身资源的影响是纷繁多样的。原有思想分子之间的有机联络已经破裂，它们从接榫处散开，散落成一个个分子。这些散开的分子只是材料，形式已经不存在，新的理念或主义的介入使它们不断游离并重组。（王汎森，2018）[152-153]多数教科书都是这样的情形。民国以后，直到读经科被废，经训修身之类的读本还有很多。直至20世纪30年代，世界书局和广东省教育厅还在编辑"经训读本"。在这种情形下，林纾这本宗旨鲜明的《修身讲义》不啻为一种价值引领。

（二）杨昌济的《论语类钞》

杨昌济出身理学世家，是谭嗣同的后辈，深受谭嗣同维新思想的影响。维新变法时期，杨昌济就读于岳麓书院。谭嗣同与熊希龄、唐才常等人成立南学会，组织延年会、不缠足会等，杨昌济都积极拥护，并不顾岳麓书院师长反对加入了南学会。戊戌变法失败后，谭嗣同等"六君子"被杀，杨昌济退隐家乡，决志从事教育，居乡间授徒。1900年，唐才常组织"自立军"失败被杀，杨昌济对清廷彻底失望。（李沛诚，1998）[17-18]

维新派变法运动的失败，对于中国知识分子来说是具有创伤性的事件。此后，支持维新的知识分子大概有两种倾向：政治上因对清廷失望而逐渐转向革命；学问上则绝意科举，留学海外以寻求救国思想，同时在个人方面又开始重视内圣、修养之学。杨昌济在1898—1901年隐居家乡，研究经世之学，勤写日记，《达化斋日记》的一部分内容便是在这个时期写的。1903年杨昌济公费赴日留学，最初在宏文学院读速成师范，学习教育、心理、教授法等课程。后来杨昌济觉得速成师范课程太简单于是转修普通科，进入东京高等师范学校。在东京高等师范学校就学一年后，1909年杨昌济因友人杨毓麟、章士钊的推荐赴英国留学，在苏格兰阿伯丁大学哲学系攻读哲学、伦理学和心理学等课程。（李沛诚，1998）[17-22]正是因为这些学科背景，杨昌济日后在湖南和北京的高校担任修身、伦理、教育学教师。

1913年杨昌济回国后,在湖南省立第一师范学校(以下简称"湖南一师")、第四师范学校担任伦理学教员,后来又担任修身、教育学教员。1914年1月,杨昌济与黎锦熙、徐特立等人在长沙创办宏文图书社,社内编译部由黎锦熙负责,主要编辑共和国中小学各科教科书和翻译东西方著述。这是湖南民间自编教科书之开端。(杨锡贵 等,2017)[358] 杨昌济在湖南一师讲修身科所用的教学材料并不是当时已出版的教科书,而是《论语》。他的修身课讲稿《论语类钞》于1914年7月由宏文图书社以单行本出版。黎锦熙在扉页写了一段话介绍杨昌济的修身课教学:

> 杨君怀中,留学英伦及苏格兰有年,研究伦理教育,去年归自德,主湖南第一师范修身科讲席,是书即其所编讲义也。语语自道心得,故说理精。自述经验,故比事切。旁征泰西教理学说,析其同异,无所牵附,故博而不凿。即《论语》之内容而析为类,自成系统,亦无碎义,故约而不拘。盖非庠学校讲授之善本而已,世有笃志自修者,得是书以为研习经训之途径,其于修己、接人、观世、知化之道,思过半矣。因请付刊,君许之。爰缀以圈点,印成,为识于此。(杨昌济,2008)[249]

从黎锦熙的这段说明中可以看出,杨昌济的修身课讲授源于自己多年的心得,结合中西方伦理学说,故而自成系统。

《论语类钞》分立志、宗教思想、性道微言、儒家态度、处事格言五个部分。杨氏1915年的日记表明,他仍有此书续编之作,如"圣贤气象",但未见出版。这一讲学结构具有鲜明的理学特色。不过,在具体思想的阐发上,杨昌济将西方伦理学思想与孔孟学说、理学家及王船山语录融合在一起。

杨昌济非常重视道德意志的作用,在阐发"三军可夺帅也,匹夫不可夺志也"时指出:"道德教育,在于锻炼意志。人有强固之意志,始能实现高尚之理想,养成善良之习惯,造就纯正之品性。意志之强者,对于己身，则能抑制情欲之横恣；对于社会，则能抵抗权势之压迫。道德者，克己之连续。人生者，不断之竞争。有不可夺之志，则为无不成矣。"他还引用西方自由意志之说进一步阐释："海尔巴脱[①]谓意志从良心之命令而行，则内心得其自由；意志之强度，常同于良心之强度，则内心之自由完全。临难毋苟免，见危授命，乃意志之强同于良心之强之状态也。"（杨昌济，2008）[252]

近代湖湘士风激荡，经王船山、谭嗣同之后形成了一种唯意志论倾向。受此影响，杨昌济将西方自由意志学说注入儒家的"立志"观念，得出一种儒家式"个人主义"伦理观："吾国伦理学说，最重个人之独立。观历史之所载，经训之所传，莫不以守死善道为个人第一之义务。"（杨昌济，2008）[253]所谓的伦理其实都出于自由意志的要求。对此，他还引用王船山"唯我为子故尽孝，唯我为臣故尽忠，忠孝非以奉君亲，而但自践其身心之则"为"个人独立"作注解。（杨昌济，2008）[253]这种从身心之则出发的个人主义被他称为"人格惟心论"（杨昌济，2008）[265]，表面上非常接近传统"心学"。但是，在近代自由意志的加持下，这种人格惟心论引申出对传统"三纲"的批判。显然，这来自谭嗣同的启发：

> 吾国三纲之说，为谭浏阳所痛辟。余戊戌在岳麓书院闻湘潭王君言及此，当时亦颇疑之，后读其《仁学》，乃知中国三纲之说，严责卑幼而薄责尊长，实酿暴虐残忍之风。君子之为教也，与父言慈，与子言孝。卑幼者自由之意志、独立之人格，尊长者固不可蔑视之。（杨昌济，2008）[252]

杨昌济融汇近代伦理学与湖湘风格的修身教育对当时求学于湖南一师的青年毛泽东产生了深远的影响，使其伦理学兴趣从康有为转向了曾国

---

① 今译赫尔巴特。——作者注

藩①,这种笃信道德意志的个人主义也成为青年毛泽东之后教育行动乃至政治生活的底色。

小结 多面的修身教育

新教育的诞生源于国家危机,道德危机是在强敌环伺下对于"弱国弱民"的惊觉,因此人们有"教育救国"与"修身强国"的愿望。尽管此种愿望是普遍性的,不同群体在教育行动层面却必然呈现出差异。具体而言,对于清末开设修身教育的态度有三种典型的派别——保守派、温和派和激进派。保守派来自传统士绅,他们将修身与读经视作"圣贤正理"的传承途径,认为这代表着"中学之体"。温和派主要是教育界人士,他们对修身的理解基于现代教育体制中道德教育的性质和作用。他们积极引入现代教育制度,改良教学方法,却发现了修身教育在现代教学制度下效果不佳的"缺陷"。激进派主要是戊戌变法后转向革命的留日生们,他们对于修身的期许是通过爱国主义式的修身来达到强国的目的。

在清末救亡图存的主旋律下,这三种派别的态度无碍于教育改革的进行。民国建立以后,教育独立成一个专业领域,道德也从传统经学教育中脱嵌,修身教育的地位和意义被重新安置。如果以民国初年的学制为参照点,修身科处于读经科与公民科之间,以适当的张力维持传统与现代、个体与群体之间的关联。但是,这种中间状态并不稳定。在近代以文化构建社会的既定路线上,群体先于个体,现代优于传统。同时,教育学家们也最终发现,修身传统与现代教育制度之间存在着难以调和的地方。修身教

---

① 1917年毛泽东在写给黎锦熙的信中说道:"今之论人者,称袁世凯、孙文、康有为而三。孙、袁吾不论,独康似略有本源矣。然细观之,其本源究不能指其实在何处,徒为华言炫听,并无一干树立、枝叶扶疏之兆。愚意所谓本源者,倡学而已矣。惟学如基础,今人无学,故基础不厚,时惧倾圮。愚于近人,独服曾文正,观其收拾洪杨一役,完满无缺。"见任继昉.毛泽东学生时期文稿详注[M].北京:中央文献出版社,2013:240.

育最终归摄于公民教育，既出于文化变革的诉求，也离不开教育自身因素所发挥的作用。

不过，跳出学校场域看修身科的兴废，修身教育在具体行动者身上所凝结的教育效应仍然是可预见的。在近代风潮迭起的各类运动中，修身意识贯穿于各类行动主体的实践中。在这个意义上，修身意识是参与近代启蒙的重要传统资源。

附　录

附表　在清末民初重要时间段出版的代表性修身教科书

时间段	学段	书名	出版者	责任者	初版时间
壬寅学制	蒙学	《蒙学读本全书》四编	文明书局	无锡三等公学堂	1902 年
	初等小学	《蒙学修身教科书》	文明书局	李嘉谷	1903 年
癸卯学制	初等小学	《最新修身教科书》（10 册）	商务印书馆	商务印书馆编译所	1904—1906 年
		《小学修身书》	同文印刷舍	蒋智由	1906 年
		《简明修身教科书》（8 册）	商务印书馆	陆费逵、戴克敦、沈颐	1907 年
	高等小学	《最新修身教科书》（4 册）	商务印书馆	商务印书馆编译所	1907 年
	中学	《中等修身教科书》	文明书局	杨志洵	1906 年
		《中学修身教科书》（5 册）	商务印书馆	蔡振	1907—1908 年
	师范讲习社	《修身讲义》	商务印书馆	陆费逵	1910 年
	初等女学堂	《最新女子初等小学修身教科书》（8 册）	会文学社	何琪	1906 年

续表

时间段	学段	书名	出版者	责任者	初版时间
癸卯学制	女子师范学校	《绘图女子修身教科书》	南洋官书局	胡冰心	1906年
		《女子师范讲义第一种修身学》	爱善社	孙清如	1908年
壬子学制	初等小学	《中华初等小学修身教科书》（8册）	中华书局	陈懋功、汪涛	1912年
		《共和国教科书新修身》（8册）	商务印书馆	沈颐、戴克敦	1912年
		《新制中华修身教科书》（12册）	中华书局	戴克敦、沈颐、陆费逵	1912—1913年
		《新编中华修身教科书》（8册）	中华书局	沈颐、范源廉、董文	1913—1914年
	高等小学	《中华高等小学修身教科书》（4册）	中华书局	汪涛	1912年
		《共和国教科书新修身》（6册）	商务印书馆	包公毅、沈颐	1912年
		《新制中华修身教科书》（9册）	中华书局	戴克敦、沈颐、陆费逵	1913年
		《新编中华修身教科书》（6册）	中华书局	沈颐、葛文珪	1913年
	中学	《中华中学修身教科书》（4册）	中华书局	缪文功	1912年
		《订正中学校用修身教科书》（2编）	商务印书馆	蔡振	1912年
		《共和国教科书修身要义》（2卷）	商务印书馆	樊炳清、张元济	1913年
		《新制修身教本》（4册）	中华书局	李步青	1914年
	师范学校	《师范讲习科用修身教科书》（2卷）	中国图书公司	王仁夔	1913年

续表

时间段	学段	书名	出版者	责任者	初版时间
壬子学制	师范讲习所	《讲习适用修身教科书》(1册)	中华书局	周日济	1913年
		《实用修身、伦理学讲义》	中华书局	李步青、周日济、潘武	1915年
	女子初等小学	《最新女子初等小学修身教科书》(8册,重订)	会文学社	何琪	1912年
	女子高等小学	《订正女子修身教科书》(4册)	商务印书馆	沈颐	1912年
		《中华女子修身教科书》(3册)	中华书局	李步青	1914年
	国民学校	《女子修身教科书》(8册)	中华书局	沈颐、董文	1915年
洪宪帝制	国民学校	《普通教科书新修身》(8册)	商务印书馆	秦同培	1915年
		《新式修身教科书》(8册)	中华书局	方钧	1916年
	高等小学	《普通教科书新修身》(6册)	商务印书馆	庄庆祥	1915年
		《新式修身教科书》(6册)	中华书局	吴兴、方浏生	1916年
	中学、师范学校	《修身讲义》	商务印书馆	林纾	1916年
	中学	《中学修身教科书》	见吾草堂	徐炯	1916年
新文化运动	国民学校	《修身游技唱歌联络教材》	商务印书馆	吕云彪、傅球、蒋千	1918年
		《新法修身教科书》(8册)	商务印书馆	刘宪、费焜	1920年
		《新教育教科书修身》(8册)	中华书局	刘傅厚、张相、戴克敦等	1920年

续表

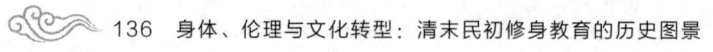

时间段	学段	书名	出版者	责任者	初版时间
新文化运动	高等小学	《新法修身教科书》（6册）	商务印书馆	丁晓先、吴研因、赵欲仁等	1920年
		《新教育教科书修身》（6册）	中华书局	朱文叔、董文、刘传厚等	1921年
	师范讲习科	《新体修身讲义》	商务印书馆	贾丰臻	1918年

第三章
讲授与作法：课堂内的教化之道

作为新式教育的修身科，存在于以学校组织和班级讲授为特征的现代教育制度中。近代学校制度的建立其实是传统私塾和书院教育被取代、被改造的过程。这两种类型的教育形式有着显著的差异。

首先，现代学校是为公共教育而生的，进行普遍性知识的传授。如果说中国传统的经学教育以伦理道德为依归，那么新式学校教育则是以知识为本位。就师生关系而言，传统私塾或书院教育极为重视的是师生和同辈的交游与共学，学生在这种伦理化的教学关系中成长。新式学生不再像传统教育那样从游一师，而是转益多师，这样老师的文章道德很难融合为一种整体性的"师教"，师道尊严逐渐瓦解。（左松涛，2017）[265]同时，师生关系也比较疏远。舒新城十五岁进入高等小学堂即感受到"师生的漠然"——初见监学，简略地行过礼，办完手续，监学便离去了，连其姓名都不曾知道，其他的教职员更是不曾谋面，直让他觉得教职员与学生仿佛路人一般。（舒新城，2018）[38]

其次，两者的兴办力量与组织形式也不同。传统私塾教育是一种松散的教育形式，由民间自发力量而形成，对于民众入学无义务性要求。新式学校是一种普及性的强迫（义务）教育，它由国家主导，课程由国家制定，受教育成为一种国民义务。清末兴学时，为求普及，学堂不收学费，普通民众将其与以前的"义学"联系起来，上层和中层社会的家庭都不愿把子弟送到学堂读书（左松涛，2017）[264]。在组织形式上，学校教育有着相对严格的管理制度，舒新城将其描述为"起居的机械"："无论是什么地方，自讲堂、食堂、自修室、寝室、会客室以至盥洗室、厕所都贴有若干条规则，一举一动都得顾忌着规条，好像没有规章就不能生活下去的一般。"（舒新城，2018）[39] 传统书院与现代学堂在时间管理上有很大不同。书院没有现代计时工具，没有星期制度和严格的假期制度，生活比较闲散、轻松。它像农业一样，依据气候、天时来安排教学活动，甚至教师的讲课时间也没有明确的限制。（丁钢，2009）[52-64] 这种形式配合了书院教育以人格陶养为主的教育目的。

最后，两者与民间社会的关系大不相同。传统私塾或书院往往是地方教化的重要场所。据舒新城的回忆，乡间对于私塾先生甚为尊重，每到年节，大家都要请先生吃饭，平常吃过晚饭，乡民会围着先生听书、讲故事，遇到乡间发生重大事件和争执，也会请先生代为解决，日常婚丧喜庆，要请先生挑选日子，且作上宾。"先生不独是全乡的领袖，而且作了日常事务的顾问。所以一乡有了一个私塾，那乡间的人民都无形中感到光荣；而学塾与人民之间……成为彼此不可分离的友谊。"（舒新城，2018）[21] 对比于私塾在民间社会的亲和力，新式学堂却十分"威严"，其门口悬挂"学校重地，闲人免入"的虎头牌，这种空间上的自我隔离，有意无意给民众带来了心理紧张与压迫。（舒新城，2018）[39] 学堂由官方力量主导，"自上而下"的植入切断了其与本土的联系，使其难以获得基层认同。与清末兴学相对的是民间毁学、仇视学界的抵抗心态。从整体上看，现代学校系统的"小学—中学—大学"是以知识层次来划分教育层次，与传统上深刻嵌入地域之中的"村学—县学—府学"格局已经大异其趣。这也意味着现代教育与地方社会的隔离。

作为公共教育制度，现代学校非常重视具体的教学方法。这其实也是一项具有历史意义的改革。西方近代教育理论的奠基者夸美纽斯在17世纪欧洲进行印刷术革命时，便敏锐地意识到这项技术对于知识传播和增产具有的非凡意义，预见到一种全新的教育制度必然产生。

> 我坚持认为，一个教师同时教几百个学生不仅是可能的，而且也是很重要的，因为对教师和学生两方面它是更有利得多的制度。教师看到在他面前的学生愈多，对自己进行的工作就愈有兴趣（正如一个采矿者发现丰富的矿脉时激动得双手发颤一样）。教师本人愈是热心，他的学生表现出来的热情也就愈大。同样，对学生来说，大量同伴在场不仅能产生更大效果，而且也是一种享受（因为有同伴一起辛勤做功课会给他们带来愉快），因为他们可以相互鼓励，互相帮助。事实上，对这个年纪的孩子来说，竞争是最好的激励。（夸美纽斯，2006）[152]

这种"有利得多的制度"就是现代教育中的班级教学制度。夸美纽斯在《大教学论》中系统地论述了班级授课制和教学技艺，并构想"教育"作为一门学科的基础理论。他将这种新的教学方法称作"Didachography"（教学术）。不过，按照他的解释，或许称为"教刷术"更为贴切（佐藤学，2016）[16]。夸美纽斯是这样描述的：

> 在教学术中（记住这一名称），也呈现出同样的成分。代替纸，我们有学生，他们的头脑要印上知识的符号。代替活字，我们有教科书和为使教学顺利进行而设计的其他教具。教师的声音代替墨汁，因为正是这种声音将知识从书上传达到听者的头脑中。印刷机就是学校的纪律，它保持学生做他们的功课，督促他们学习。（夸美纽斯，2006）[263]

印刷技术和活字文化的隐喻揭示了近代教育的追求——通过这样的"教刷术"可以实现较少的教师教授较多的学生，且这种方法对于"愚蠢落后"的学生和没有教学天赋的教师都适用。有了这两项保障，就可以实现普及性的公共教育。印刷术的发明与普及也以"书写文化"这一基准将儿童与大人明确区分开来。可以说，作为教育对象的儿童，是通过活

字印刷所引发的书写文化革命而被发现的。(佐藤学，2006)[16]（波兹曼，2015）[52-53]

夸美纽斯逝世后的两个世纪内，他的公共教育理念在欧洲各国得以实现，成为近代学校教育制度的蓝本。19世纪中叶，伴随公共教育制度和国民教育的确立，赫尔巴特学派的"科学教育学"在欧洲兴起。赫尔巴特建构了儿童管理、阶段教学、训育等一般性教育原则，其后继者赖因在此基础上发展学科与教材编制的"中心统合法"及"五段教授法"的课堂教学模式，并结合师范学校教师教育制度，为各国国民教育制度化提供了最大推动力（佐藤学，2006）[4]。

第一节 "教授法"之下的近代修身教育

一、来自域外的经验：修身科与赫尔巴特教育学

日本学制以修身科为道德课程，这一设置直到"二战"以后才取消。日本模式的修身课程在形式上受赫尔巴特教育学的影响较大，采用的是德目主义与人物主义相结合的教育方式。在思想内容上，修身科继承了儒家伦理观念，并且采用儒家经典进行教学，如《孝经》《论语》《孟子》。日本修身科对于清末学制的影响显著体现在教科书的编写上，前文已有分析。

民国成立以后，教育部本有意借鉴欧美的教育制度。据蒋维乔回忆，当时请留学生翻译欧美诸国的教育条文，"结果所译出之条文，与我国多枘凿不相容。而起草委员会，屡经讨论，仍趋重于采取日本制。临时教育会议，时经一月，辩论至详，而决议案之趋势，亦归宿于模仿日本制"（璩鑫圭 等，1991）[629]。

"教育"本身是近代引入的西方词语。传统叙述中与之相对应的是"学"与"教"的概念，而这两个概念都具有多重内涵。"学"不仅指受教

育者主动"为学",还指代"学术""学问";"教"既作为师徒相授的"教（jiāo）",又作为"教化"的"教（jiào）"。传统的"学"与"教"涉及教学实践、学术研究、社会治理,这些内容最终都被导入"礼",教育行政则归于礼部。近代"教育"一词的引入是教育观念与制度转变的一大表征。在观念上,教育科学作为一门现代学科被建构起来。现代教育科学体系的建立始于王国维对赫尔巴特教育思想的引入。

1898年,罗振玉在上海开设东文学社,聘请日本人为教授,专门培养翻译人才。当时的王国维在上海《时务报》工作,在工作之余来到东文学社学习日文。二人由此相识。1900年,东文学社财力难以为继。此时张元济也南下上海主持南洋公学,便将东文学社整体并入南洋公学译书院,改为东文学堂。当时的学生除了王国维,还有樊炳清、丁福保等人。樊炳清后来在商务印书馆任编辑,曾编写修身教科书。丁福保后来留学日本,成为中西医学家,编著过卫生类教科书。1901年,王国维得到罗振玉的资助赴日本留学,1902年回国,任南洋公学虹口分校执事,并协助罗振玉编辑《教育世界》杂志。王国维的《教育世界》从1901年5月到1903年12月（癸卯学制颁布前）,大量刊登介绍日本教育法规、学校章程的译文及论文。作为日本教育体制原型的德国近代教育也就随之被引入中国。此后,《教育世界》从第43号起把重点转向了欧美国家,开始连载介绍德国近代教育现状的论文和译文;同时,又以大量的篇幅介绍和引入西方近代教育科学及其各分支学科,其中的重点就是赫尔巴特的教育学说。王国维引入的赫尔巴特教育学思想以管理论、训育论、教授论为主要内容,并且将伦理学、心理学、生理学和卫生学作为教育学的基础。(肖朗 等,2004) 清末出版了大量的教育学类书籍,包括各类师范用书、教育学原理、各科教授法等。作为一门独立学科的教育学正是在这一背景下发展起来的。

比赫尔巴特教育学更早被引入的是科学知识观。19世纪后半叶至20世纪前半叶,伴随着进化论的引入与传播,斯宾塞的教育思想传入近代中国。1882年,颜永京将斯宾塞《教育论》的第一篇"什么知识最有价值"

翻译出来，取名为《肄业要览》①。甲午战争之后，严复在中国大力传播斯宾塞的思想，以斯宾塞的德智体"三育"为分类框架，提出要"鼓民力、开民智、新民德"，这句话几乎成了转型时期新教育的主旋律。

二、做教员的资质：教授法与师资技能

阿伦特在《过去与未来之间》中指出现代教育危机的由来之一是一个"与教（teaching）有关"的基本假定："在现代心理学和实用主义信条的影响下，教育学演变成了一般的教学科学，从而完全不受实际所教内容的束缚。一位教师可以是一个无所不教的人，他在教学上的训练不是指他对特定主题的掌握。"（阿伦特，2011）[170]将教育学与"教之术"捆绑在一起的是师范教育，阿伦特所批评的情景恰是中国建立近代师范教育时人们所孜孜希求的。

传统教育以"学"为教，《礼记·学记》上说"建国军民，教学为先"，而其实"学"在"教"先。"玉不琢，不成器；人不学，不知道"是要人主动求学。《礼记·学记》所谈的"豫""时""孙""摩"等教学法②，包括《礼记·学记》之前的孔子的教学艺术，都是以个别教学为前提。《大教学论》提出"教学法的含义是教学的艺术"（夸美纽斯，2006）[7]。近代兴学要求"学堂教习"皆出于师范学堂，是以造就师资人才的师范教育成为"群学之基"。师范教育研习的一个重要内容就是教授法。教育学和教授法构成了体用关系："教育学究教育之原理，教授法资教育之应用。"（樋口勘次郎，1901）[序]清末学制颁行之前，盛宣怀创办南洋公学，首先开设的是师范院（1897年）。随后南洋公学又设"外院"（小学）招收8—18岁的学生，由师范生充当外院的教员。苦于当时没有合适的教材及学堂教授

---

① 斯宾塞的《教育论》一直没有完整翻译，直到1962年胡毅才翻译了整本书。参见柯遵科，李斌.斯宾塞《教育论》在中国的传播与影响[J].中国科技史杂志，2014（2）：188-197.
② 《礼记·学记》曰："大学之法，禁于未发之谓豫，当其可之谓时，不陵节而施之谓孙，相观而善谓之摩。此四者，教之所由兴也。……故君子之教喻也，道（dǎo）而弗牵，强而弗抑，开而弗达。道而弗牵则和，强而弗抑则易，开而弗达则思。和易以思，可谓善喻矣。"

书，南洋公学的师范生一边自编教材，一边将许多日本教授法著作翻译至中国。彼时的日本教育界，对于教授法的研究盛行，各类教授书言必称赫尔巴特，如1902年由白作霖翻译的《小学各科教授法》序言说：

> 黑尔巴特有言："教育者陶冶品性，教授者陶冶思想界。仅知教育而不讲求教授。终必淡然无味。故言教育不可无教授也。"盖教授之目的虽从教育之目的而定，而其功用则在使之能由外界观念而得兴味，结合一种感情而生无限快乐，然后鼓舞奋发于不自知。是兴味与意志其关系尤切也。顾欲达此目的不能不先求一定之方案，是则教授法之研究实不可忽。日本自近年以来，兹学大昌。师范讲习会所讨论、小学教员所实验者，悉各出其心得，参以欧美专家之说，证以吾国经传之言，笔之于书无虑数十百种。（寺内颖 等，1902）^{绪言}

除赫尔巴特（实为赖因）的"五段教学法"（预备－提示－比较－统括－应用），日本教育界还盛行"三段教学法"——德罗布福特的"直观－思考－应用"、威尔曼的"受领－理会－应用"和凯意兰凯尔连的"预备－教授－应用"等。（大濑甚太郎 等，1907）[7]数目庞大的教授书也存在各种问题："重方法者略精神，偏理论者昧实际，甚或驰空说而不适于人民之习惯，是犹言之不能行，行之未必效也。"（寺内颖 等，1902）^{绪言}但在学堂初设、教师稀缺的情况下，人们还是将教授法作为教学模型。阶段教学法的发明便利了教师的"教"，容易普及。问题也由此而来，重视教师的"教"则难免对学生的"学"有所忽视。早在1901年，南洋公学师范院翻译《统合教授法》时就在序言中指出，当时的教师对于"五段教学法"过分拘泥于形式，"致失童子活泼之性"。编者主张"令生童依自己之活动而寓学习于游戏，由随时看察所得之知识而习惯其发表及实践"（樋口勘次郎，1901）^序，可谓发实用主义教育之先声。

虽有教授法，但授课最重要的是讲解。旧时对于儿童的启蒙教育除了强调习惯养成，还包括常为人诟病的"记诵"之学。"读书百遍而义自见",私塾的学习强调大量诵读,但基本上不讲解。当然,塾师并非全然不讲。据胡适回忆,他幼年上私塾,母亲为了让他多学一些,给私塾先生多交学费,先生才专为他"讲书"。正是"讲书"使他受益最大,而没有听过"讲书"的同学,虽然比胡适入学早,却连写信时的"父亲大人膝下"这几个字的意思也不明白。(胡适,1993)[22]这个例子说明了"讲书"的确不能算私塾先生的常规教学项目。

1898年吴稚晖经引荐进入南洋公学师范院,并担任国文教习。吴稚晖注重口授讲解,在1900年的《演说学堂教授事》中,他表达了对当时授课的看法。

> 近来有教育之任者,无不欲编书教授,以为书果编定,即可告无罪于学生者,仆诚惑之。仆意重教习之讲说,而不重课本之编裁。夫著作之言,不如在喉舌者之活,一刊诸楮墨,往往滞而不灵。即有教科书,而教习之责任仍别有所在。仆见沪上新学家群聚以谋编教书。数年迄无成者。彼其无教授之事业犹且不济,况既为教习,朝编书而夕讲授,不已太劳耶?若夫以编之书,其有出于外人手者,则方针所对,彼此迥殊。彼省所编之书,亦必有印合一处之思想程度而成者,未必与此地人之思想程度吻合也。更有甚于此者,苟为名士,无不爱惜羽毛,若其无文,即所谓言之不雅驯,缙绅先生难言之。求文字之工以博同辈之赞赏,此为自己名声计则善矣,而学生甚无增益也。(吴稚晖,2013)[390]

吴稚晖讲授的是国文这一极具中学特色的学科,他的看法反映了从新式教学出发对旧学的批判眼光。在他看来,编撰课本不仅辛劳,而且针对性和适用性差,最关键的是书面文字讲求章句工整,教学生要求内容易于理解,两者背道而驰。这里隐含的意思是传统的书面文化不适合讲授,编课本也跟旧时著作一样用的都是死板的语言,唯有口头语言才是灵活的。国文科要讲文词,可以选取成文。吴稚晖反对背诵,主张"亲切讲解,使印惯于其脑",学生"受益当胜于古读十倍"。(吴稚晖,2013)[390]

旧时记诵之学要求一字不差，其实也将人牢牢束缚在书本上，导致教师讲课也不敢脱离书本，必手执书本而讲，可以想见这种情形下教员讲课的紧张感、局促感，有时还有一种教者的思想包袱。吴稚晖观察到有的教员拿着书随文讲授，遇到自己有疑问或不了解的内容往往就"抹过"不肯即时查考，以为是"教者之羞"。而日本学校的教习在课堂讲授，"口不停讲，手不停挥，摘其要语，书于板上，讹则又改之，有疑则谨志之"。（吴稚晖，2013）[391] 口授讲解不仅是一种教学方法，还是一种坦诚公开、面向公众的态度。早在1899年，吴稚晖给学生讲严复的《原富》时，见学生手翻目检，颇为麻烦，便提出会讲之法，让学生在教室轮讲，以集全班的智慧，使人人受益，称为"群智会"。结果学生热情高涨，纷纷赞同，选出了13人主讲，分为4班轮流讲诵。主讲人登堂讲诵，听者环而坐之："仿佛西方议院，主讲者为上议院，听讲者为下议院。"之后他又组织了辩驳会。（上海交通大学校史编纂委员会，2006）[16-17] 从这里也可以看出，吴稚晖对"口说""讲解"的提倡中显然带有他立志"不读线装书"的革命精神。

三、从教授法到教案

晚清由日本翻译来的各类教授法书，如南洋公学师范院翻译的《统合教授法》（1901年）和《小学各科教授法》（1902年），文明书局编译的《最新教授法教科书》（1907年），多从学校教育的宏观层面介绍教授法，一般从教授法原理谈到学堂开设的各科目的教授，论述范围不只包含教学法，还包含对学校教育的说明、对学科内容的解析以及教材编写等诸多方面。如1907年商务印书馆出版的《小学教授法要义》，第一编为"教授之原理"，下有九个章节："教授之意义""关于教授目的之诸说""教授之术及学""教授之伦理的心理的并论理的基础""教材之分类并选择""教材之排列""教材之处置（所谓狭义之教授法）""教授之原则""教师"。第二编则为"教授各论"，包括修身、国语、算术等科目的教授方法。对于"教授之意义"，该书强调教授必须是一种有意的传达知识的行为，日常生活中因见闻而获得新知识不是所谓"教授"，此外，该书还特意指出工匠的师徒传授不是"真教授",因为它是以"知识的会悟""艺能之熟达"为目的,"若教师教授之知识,自己不明确,不考其顺序方法,而自己之教授动作不得说明理由,则不可言真教授","于教授学所当研究之主题考之,则为(一)教师(二)生徒(三)教材(四)方法之四项"。(木村忠治郎 等,1907)[1,4]可以看出,这里探讨的"教授"基本相当于现代教育学中"教育"的概念,这种"教育"目的明确、概念清晰、崇尚理性。"教授法要义"实为"教育概论",其中"教材之处置"才相当于教学法意义上的"教授法"(即狭义的教授法)。

癸卯学制颁行以后,商务印书馆自行编写了全套分年级的"最新教科书"系列,同时为每册教科书配了相应的教授法。此后,教授法就与教科书搭配使用,详细安排每一课的具体讲授,此即狭义的教授法,实质上就是教案。对于教员们来说,写好教案才能上好课。一时间从学堂教员到师范学生都在研习教案,一些教育报刊也积极倡导,并征集优秀教案。(杨来恩 等,2017a)

清末民初的阶段教学法主要是"五段教学法"和"三段教学法"。"五段"为预备、提示、比较、概括和应用,"三段"则将提示、比较和概括合在一起。从清末各类教授法和教案的编写情况来看,当时采取最多的是"三段教学法"。(杨来恩 等,2017a)修身科的教授也是如此。当时商务印书馆出版的《最新修身教科书》所配的教授案,已广泛采用"三段教授法"。高等小学阶段的《最新修身教科书详解》对阶段教学论的特点和应用情景进行了说明。

清末修身教科书选编的内容以人物传记居多,在高等小学阶段,教科书通常以连续的多篇文章完整叙述传记,如《最新修身教科书》第一册第三十二课至三十六课为陶侃的传记。修身讲授首先要将人物传记中所含的德目分为若干个讲授单元,讲授方法有三种情形:一是讲论事实,使儿童动其心意而模仿其人物行为;二是由所讲之具体的事实更进而用比较总括以归纳于伦理上之规则;三是用已经归纳之规则或格言,依演绎的方法,就偶发事项或平生行状,更引新例话,以训诫之,而充实其伦理的概念之

内容，扩张应用之范围。（庄俞 等，1909）[1-2]

这三种情形中，第二种需要运用抽象能力归纳概念，总结伦理规则，需采用"五段教授法"，其余两种则不必。第一种情形用预备、提示、应用"三段"形式，第三种情形则只需要"应用"。阶段教学法的每个阶段都有非常明确的目标：预备段指示目的，新旧衔接；提示段呈现直观具体的事实；比较段运用反面例子进行经验比较；总括段概括伦理规则；应用段联系生活让学生自己判断。表 3-1 呈现了《最新修身教科书详解》（高等小学堂教员用）对"五段教授法"的解析与列举的教案，从中可见其特征。

表 3-1　阶段教学法教案

题目	陶侃习劳惜时谨勅率众之事。（本书第一册第三十四课）[①]		
目的	讲陶侃致力中原，励志勤力，谨勅持身之事。使学生感动其人物行为，令领会凡事必勤勉谨慎，不辞劳苦，始有成效之理。		
材料	陶侃至广州，讨王机平之。无事时，辄朝运百甓于斋外，暮运于斋内，以习劳。又镇荆州，勤于吏职。		
方法	教案		教授法说明
	第一课时	第二课时	
	预备 　　教员告学生曰："今日所讲，陶侃传之续也。"因就前日所已授之陶侃行事，与学生问答，以温习之。再告学生曰："今日与诸生，讲陶侃习劳惜阴谨勅率众之事。"即入提示。	预备 　　以前日所授过者，略行温习。（问答宜简短）教员告学生曰："今日与诸生，讲陶侃惜光阴，且戒参佐或以谈戏废事之事。"即入提示。	预备段 　　指示目的之后，则唤其旧观念与新授事实有关系者，问答分解之，而后入提示段。

---

① 课文全文如下。
　　时王机盗据广州，侃至始兴。州人皆言宜观察形势，不听。直至广州，讨机斩之，广州遂平。在州无事，辄朝运百甓于斋外，暮运于斋内。人问其故。答曰："吾方致力中原，过尔优逸，恐不堪事，故习劳耳。"其励志勤力类如此！
　　太宁中，复镇荆州，楚郢士女，莫不相庆。侃性聪敏，勤于吏职，恭而近礼，爱好人伦，终日敛膝危坐。阃外多事，千绪万端，罔有遗漏；远近书疏，莫不手答；笔翰如流，未尝壅滞；引接疏远，门无停客。常语人曰："大禹圣人，乃惜寸阴。至于众人，当惜分阴。岂可逸游荒醉！生无益于时，死无闻于后，是自弃也。"诸参佐或以谈戏废事者，乃命取其酒器蒱博之具，悉投之于江。曰："樗蒱者，牧猪奴戏耳！君子当正其衣冠，摄其威仪，何有蓬头跣足，自谓宏达耶！"

续表

	教案		教授法说明
	第一课时	第二课时	
方法	提示 　　时王机盗据广州，侃至始兴。州人皆言，宜观察形势，不听。直至广州，讨机斩之，广州遂平。（州人何故劝其观察形势乎？）在州无事，辄朝运百甓于斋外，暮运于斋内。人问其故。答曰："吾方致力中原，过尔优逸，恐不堪事，故习劳耳。"其励志勤力皆如此类。（诸生视陶侃如此之行以为如何乎？）太宁中，复镇荆州，楚郢士女，莫不相庆。侃性聪敏，勤于吏职，恭而近礼，爱好人伦，终日敛膝危坐。阃外多事，千绪万端，罔有遗漏；远近书疏，莫不手答；笔翰如流，未尝壅滞；引接疏远，门无停客。（讲话中插问答略如上例。）教员问学生曰："陶公讨王机时，何以不听人言，而直至广州乎？陶公勤于吏职，千绪万端，罔有遗漏，何以能如是乎？"教员使学生复演所讲授之大要，以检其能领会否。而后再行问答曰："诸生如任事，应以何心当之乎？平居无事时，可以荒怠游、玩愒时日否？陶公励志勤力，可学否？"	提示 　　常语人曰："大禹圣人，乃惜寸阴。至于众人，当惜分阴。岂可逸游荒醉！生无益于时，死无闻于后，是自弃也。"（光阴何以不可不惜乎？诸生有耽娱游戏，徒费光阴者乎？闻陶公此语，果有何感？）诸参佐或以谈戏废事者，乃命取其酒器蒱博之具，悉投之于江。曰："樗蒱者，牧猪奴戏耳！君子当正其衣冠，摄其威仪，何有蓬头跣足，自谓宏达耶！"（陶公持己如不谨勅，则能得率人如此严肃乎？） 比较 　　已授过之陶公事迹中。有类此者否？陶公行事不励志勤力则如何？不谨勤严肃则如何？诸生尚知他人行事有类陶公者否？陶公讨王机，即能奏讨平之功，何故乎？其镇荆州楚郢士女，相庆者何故？人之在世何为？所可为者何事？不摄其威仪，蓬头跣足，自谓宏达，如此之人，有能成事者否？ 总括 　　然则作事者，应如何乎？凡人之行事，虽大小不同，未曾有不成于勤勉，而败于荒怠者。今教诸生一格言："业精于勤，荒于惰。"因书之于黑板，而讲解其意，或使学生笔记。（或使学生讲读书中大禹圣人乃惜寸阴数语亦可）	提示段 　　于此段务须为直观的、为具体的而发表之。凡教师言动须为感情的。讲话之际时时发问，使儿童判断。讲话已终，使儿童复演之，更用问答，以使领会其真相。 比较段 　　假设与提示相反之事实，或举已经讲过之事实，或儿童平生经验之事实与以比较。 总括段 　　以比较之结果使总括于伦理上之规则，若有适当之格言则教之，或使讲读教科书，或使笔记教授要项。

续表

	教案		教授法说明
	第一课时	第二课时	
方法		应用 　　诸生就学，日肄学业，将为如何人物乎？父母命诸生事，以如何心当之？以如何力治之乎？诸生讲学，可师陶公惜阴否？平居习勤，可学陶公运甓否？	应用段 　　依前所总括之规则就日常行为，或新事例，使学者自行说明判断。且教以与此关系之礼法为要。

　　阶段教授法依据心理学的认知规律设定预备、比较、概括等方法，重视从事实经验中抽象出规则（概念、德目）以及对人物行为进行判断的理性能力，教学过程侧重问答和启发，注意新旧观念之间的衔接。这种教学方法，一方面抛弃了旧学侧重记诵的方式，更强调讲授和理解，让人耳目一新；另一方面，偏重"讲道理"的方式，将重心放在道德认知上，对于道德情感的激发、道德行为的修正效力不足。剧本式的教学构想也忽视了学生的主动性。不过，这都是后话，教员们和师范生的燃眉之急是把课顺利进行下去。尽管教材编写者为课文配了教授法，但实际上用起来还是不够，一些教育报纸和杂志悬赏征集优秀教案。如《教育杂志》在1909年创刊号上就刊登了悬赏征集教案的公告，当年第八期刊登了中选的五篇修身科的教案，课文内容是商务印书馆《简明修身教科书》第四册的"不拾遗"，教授法用"三段"或"五段"教学法。（黄彦昌 等，1909）

　　因采用阶段教学法，教授案的写作和用语后来都有了固定的格式。（杨来恩 等，2017b）如，教案的编排顺序为"题目""目的""方法"等，授课目的多用"使知""令知"等动词，同时还分述"形式上"目的和"实质上"目的。

第二节　如何上课？——修身课的讲授

教授案虽然重要，但是能否上好课却是另一回事。民国以后，师范教育得到加强，政令要求各师范学校都设附属小学，还增设了师范讲习所、实业教员讲习所等。教员的师范技能培养比清末更加规范细致，实习生授课时，学校组织本校教师同学和有经验的中小学教师一起听课评课，各省教育报刊和校刊上常刊登师范学校这种磨课的记录。如1914年的《教育粹编》刊登了湖南一师的"实习教授评案"，《京师教育报》刊登了北京女子师范学校附属小学第三次教授法研究会的记录；1916年《教育周报（杭州）》刊登了浙江省立第一女子师范学校教生实习评案，《江苏省立第四师范学校校友会杂志》记录了当时的实习教授批评会过程……。修身作为当时的一门重要课程，也常见于这些记录中。《江西教育杂志》不仅设有"编制教案"专栏，还设"讲授批评"专栏，刊登教师们对于实习生授课的讲评。

一、师范生的磨课

从这些记录来看，当时对师范生讲修身课的点评比较集中。对于教学形式，评点角度主要有三个。一是发问的适当性。人们公认对于儿童教授，应以问答启发法为主。提问的技巧备受关注，什么内容要提问，何时提问，单独提问还是向全班提问，学生回答之后如何订正，等等，都在讨论之列。二是教学管理，即维持课堂纪律。因为是修身课，不仅要注意矫正学生的坐姿等问题，还要善于将即时发现的问题与修身内容联系起来，指点学生。三是教态问题。修身课重视言传身教，要求授课教师举止端庄。然而实习生上课多少有些紧张，出现手足无措或"撞教鞭""两掌反据于教案"等不雅观的姿态，都被一一指出。（李师铎，1914）

在教学内容的处理方面，常见的问题有两种。一方面是讲解的难易程度问题。《江西教育杂志》1916年第5期刊登了修身课讲评。当时一名叫龙益谦的师范生给小学生讲"社会之秩序",结果讲了一个小时还没有讲完。评课的老师杨绪昌认为该生讲课超时足见其"热心教育",但讲授内容"过深过详",并指出初等小学校讲授"不患其不渊深,而患其不浅显","不难于施而难于受",建议"须少留钟刻,以便反问,而觇其能悟能记与否"。(龙益谦,1916)另一方面则是对德目的分辨和联络问题,如公德与私德的边界、积极德目和消极德目的处理问题。湖南一师的实习生郑经讲"仁勇",课文内容是加里波第少时救溺水妇人之事。郑经在讲解时有两处运用了"联络"——"盖宽容即为仁之一端,苦学即忍之一端","加氏年仅十二,能奋身援溺妇,司马温公当七龄时,能破缸救小友,盖为仁固不一端,而为勇亦不一辙,要其所以成仁与勇者,莫不于幼小时基之"。听课的同学当场指出这里"联络不明",因为"仁勇"为抽象名词,应由抽象至具体,儿童才好把握。这里以宽容为"仁"之一端,苦学即为"勇"之一端,是由具体而演为抽象,导致学生默然不能答;而讲司马温公故事时候,应该指出加氏"以勇成仁",温公"以智成仁",联络时应该审慎,让学生行仁无阻碍,同时也不会好勇轻生。(郑经,1914)

教师对德目之间关联和区别的辨认依赖其较强的自省反照能力,如果不是对德目常做思索玩味,很难指认出来,甚至在解释的时候也容易出现纰漏。浙江省立第一女子师范学校的学生魏晋讲"朋友"一课,课文故事为周生放学路上看到沈儿拿着重物在树下休息,就帮他一起拿。教者指着图上的沈儿解释说:"他在树下休息,是俟人来助,后见同学来故甚喜。"点评的级任教师认为,这里的解释有大问题,因为"人贵有独立之精神,今疲倦而思人援助,实有依赖之心"。(魏晋,1916)可见,德目之间的细微区别和联络,对于年轻的师范生来说,确实是比较难把握的。

不过修身课的讲授,最考验功夫的还不是这些,而是语言的问题。

首先,用语要求浅白易晓,"一言既发,必须全体明了","声音语言,正确清缓,字字明白"。(马宗瀛 等,1916;郑经,1914)当时课文用文言,授课用白话,讲课的时候稍不注意就会夹杂文言,令小学生不能明白，心生厌倦。

其次，也是最重要的，是讲演的能力。按阶段教学法，"预备"段之后的"提示"段是重点，主要靠"讲演"。"讲演法之直观，全在言语形容。"（顾耀均，1914）要让学生明白义理，体会情感，从中有所感发。1916年，江苏省立第四师范学校学生马宗瀛讲二年级修身课"兄弟"。这一课是伦理性内容，需要情感饱满。授课后，同学指出，教者虽以自己为例说明幼时无兄弟之苦，但"未有真实之情态表现"。当时评课的仇先生指出了一堂好的修身课所应具有的效果：

> 修身科教授之目的，要归结于实践上，故历过提示段至于应用之时，不能得儿童圆满之领受，即不能达教授之目的。本课要旨在养成兄弟亲爱之情，即当于兄弟不可不亲之故说得悃切动人，于兄弟亲爱有如何快乐之处说得神采飞舞，使儿童畅然意满，自忘其身在教室中，俨若与兄弟同处者，然后教者与儿童朗读全文两遍，心领神会，满座春风矣！教者于兄弟应当亲爱之故未能说得十分透达，致儿童不甚领会，朗读两遍徒以敷衍时间，索然寡味，皆未求达乎修身科目的之故……（马宗瀛 等，1916）

另一位评课教师钱笙仙更进一步点出修身课成功的关隘在"演述力"：

> 修身一科全是感情与意志作用，教授时必有以激动其奋发之感情，方足以唤起其躬行实践之意志。在年级较高之儿童可以明了畅达之理论以激动之，幼稚生理会力极弱，理论愈多，厌倦愈甚。惟有问其家庭之情形，使各述经验，教师趁机阐发其兄弟相亲之乐趣，以激发之，方有效力。教者上半时全凭虚设的思想，以致儿童兴味索然。修身以不用教科书为佳，免儿童注意于文字方面而难收实行之效果。但既用书，亦必设法使于书上收适当之效力。教师须将儿童所述境遇

及经验,全副精神融入书上数语,叙述得兴会淋漓,有声有色,则儿童朗读时如身处其境,兴味勃发,以后一见此课,即情景跃然在目,得坚固正确之观念。在实行一层,亦易收效。教者以数语了之,是不如不用书之为愈也。知识教科提示中多发问,甚有效力,修身则全恃教师之演述力,必演述至儿童生机勃发,注意力集注于所授德目之中坚时,然后发问,使其自行警悟,乃为有力。教者每于叙述之际,发宽泛问语,如兄弟似身上何物,何人所生谓之从兄弟等,使语意中断,儿童注意力散漫,甚觉无味。(马宗瀛 等,1916)

在修身的教学史上,声音的确具有重要意义。儒家说"动容貌""出辞气","仁言,不如仁声之入人深也",可见,修身确有"声入心通"的一面。一堂好的修身课能给学生"畅然意满""满座春风"之感,授课教师的演说不仅要恳切动人、声情并茂,还要一气呵成,不能有气馁之感。这对于师范生而言自有难度,难度并不在教授技巧,而在于个人阅历、经验和平时修养水平。

二、真实的课堂

虽然师范生的讲授效果不一定好,但从教案和评课记录来看,大多数课堂教学秩序良好。不过,真实的课堂又是如何呢?不同于教育杂志上的课堂记录,报纸呈现了当时修身课堂的另一种光景。1924年6月21日的《大世界》第三版刊出一则短篇小说,题目就叫《上修身的一课》。

上修身的一课

当……当……那一片钟声响着,把草地上游玩的学生们一个个都唤醒了,在地上打弹子的也不打了,在场上踢球的也停止了。一齐望着课堂里,挤挤轧轧的冲进去。一面走一面还夹了些拉杂的声音,唱着"一马离了……""你把那……""米读拉沙"。

进了课堂,都拿了些铅粉在黑板上乱涂,有的画一只狗,旁边写

"此是光明和尚"，有的画一个人头像猪头三，一般旁边也写了几个不三不四的字。忽然哗喇一声，一个学生喊着道："黑炭头，你看，我的长衫被你扯破了！"原来，一个学生站在台上做"大点将"，不料被旁边的学生一推，一个不小心就跌下来了。

一阵皮靴声远远的传过来，那修身教员尤先生走进来了。那些学生便默不作声，有的伏在桌上同别个做鬼脸，有的把书顶翻，摆着装假正经。尤先生走进来先朝椅子上一坐，再把点名簿打开来，点了一遍。然后慢慢的看着修身课本，道："今天上哪一课？"说话未完，就有些学生喊着说道："今朝上第二十二页四十二课……先生，我今朝书忘记在家里，没有带来，所以不知道上哪一课，请先生说吧……"尤先生把台子一拍，喊着："不要吵，今朝是上念二课。"学生们一听见上念二课，又喊道："先生，我们今天书都没有带来，还是请先生讲古事吧！"尤先生拂不过众意，也只得讲古事了。

古事没有讲到一半，学生已经听得不耐烦起来，有的拿外国书在那里查生字，有的在那里看小说，一个个都不要听了。

当……当……一阵散课钟敲着。那些学生一窝蜂儿的走出去，反而把尤先生挤在后面，慢慢的夹着修身课本，朝教员室里去了。（素心馆主，1924）

这则小说是当日"寓言世界"中的一篇，实是对现实课堂的一种写照。吵闹的教室、枯燥的内容、无奈的教员、悻悻的学生，这或许是修身课堂真实的一面。这类关于修身课堂的描述在报纸中并不鲜见，如《申报》的文艺副刊《自由谈》中有不少教育杂文和小说都涉及修身课。1923年4月15日刊出的《家庭与学校》一文中描写了学生上修身课的情形：

铃声一响，学校里上课的时候到了，这一课是修身课。二三十个小学生，坐在课堂里听讲。身体虽在课堂里，心仍在操场上。有的手里还拿了一只皮球，在桌子上拍，有的回头望着玻璃窗外的杨柳树，

总而言之是"心不在焉"罢了。(胡寄尘，1923)

10月21日《再下一课》一文更直白地反映了学生内心的看法："这一课是黄胖子的修身课，我预备看小说了。"(烟桥，1923)

从清末兴学到民国初年，学校数量增长迅速，不免良莠不齐，教员水平参差不齐。有的教员上修身课不仅不能感动学生，反而闹出笑话。1904年《大陆报》上刊登的一则时事批评，便指出当时学堂修身课的教员用《论语》中"君子食无求饱"来阐释"饮食之谨"而招致学生们的戏谑：

某省高等学堂教习讲修身学，首分数条，曰饮食之谨、衣服之谨、起居之谨，每条下缀古训数句，后按以己说一段。然文义浅薄，无甚发明，其中所引古训有尤可诧异者。"饮食之谨"下引论语"君子食无求饱"句。某君见而笑曰，论语尚有一句最妥帖的，可惜某教席不会引了上去。或询之，则指"吾尝终日不食"句也。闻者大噱。(佚名，1904a)

修身课上，教员讲解如文不对题则常常会被学生刁难，报纸中各类"笑林""谐谈"栏目也常拿修身科作笑料。如下面几段文字皆来自当时报纸上拿修身科做的笑料文章：

某教员上修身课，语诸生曰："人生在世好比马路上之电车，东西驰骋，不出轨道，一或不慎，即如电车出轨。"待讲毕，某生起立问曰："现在新行的无轨电车，先生何以解之？"教员曰："这便是无规则了。"(龙翔，1914)

此间某小学校上修身课。教员对学生曰："男子三十而娶，女二十而嫁。"(按该教员弱冠已娶妻)一狡学生起曰："然则先生二十就娶妻，是何故？"教员面赤，无以对。(不平，1915)

校里一天上修身课，教员在黑板上写了一句"君子食毋求饱"解释给学生们听,那时一个顽皮不过的学生站了起来道:"怪不得学堂里的饭常常不够吃,原来是斋夫教我们做君子的。"(芝房,1924)

上面这些笑话大多讽刺的是当时修身课内容古板、不合时宜。而下面的例子则是直接嘲讽教员己身不修,还要强为人师。

小学校教师上修身课时,向学生们道:"你们诸生,无论在家中或是学校里,不论对于什么人,总须要和气,切勿可两句话不对便破口骂人。譬如,诸生在一条路上走路,人家无意踏了你们一脚,万不可怒气冲天的和人家争论,设使你们踏了旁人的脚却须得向人家赔不是,说声'对不住',那么人家虽想动怒,也就怒不起来了……"教师讲到这里,下课铃刚巧也响了。众学生于是纷纷退出教室,正在喧扰之际,忽然里面走出一个学生来,跑到教师面前踏着教师的脚,道:"先生,对不住!对不住!"教师怒声叱道:"你这东西怎么……"那学生道:"咦,我不是已经向先生说过对不住了吗?"(佚名,1923)

这里的喜剧效果源于教员讲一套、做一套,言行之间的反差让人跌破眼镜。前文提到的《家庭与学校》其实讲述了一个完整的故事,内容更加典型。故事里,"好孩子"许志成在学校听了修身课之后下决心绝不赌博、绝不吸烟,然而回到家发现自己的父亲正在与几个朋友打扑克,还让自己帮忙去买烟。许志成很疑惑,不明白为什么修身教员说赌博吸烟会让人失败,却没见父亲失败。过了几年,许志成上了中学,这个疑惑解开了。因为中学也有修身课,上课的不是别人,正是他的父亲。他的父亲也跟小学教员一样"滔滔汩汩"地说,怎样不可以赌博,怎样不可以吸烟,说得天花乱坠,还用挂图告诉同学们赌博吸烟的害处。同学们都很感动,说这个修身教员的教授法好。但是许志成却很不耐烦听了。后来他想通了,不赌博不吸烟"那是学校里的话",赌博吸烟"这是家里的事"。(胡寄尘,1923)

从这些故事可以看出，修身教员言行不一致，大众对家庭和学校教育的割裂已经习以为常。人们对修身科的讨论也指出关键的问题在于"知行合一"和"榜样的问题"。（贾丰臻，1918）当时的教员教书只为谋生，不少人自己也是身染恶习，当然无法成为学生的榜样，上课讲的内容自然也就没有效力。其实，在一些办学条件较好的学校中，修身课还是比较受重视的，有非常成功的修身课案例。

三、成功的修身课

1911年，江苏省立第一女子师范学校的教师杨缉庵为二年级学生讲"事亲"，课堂极为感人，被当时听课的学生杨达才记录下来发表在校刊《学粹》上。据这位同学记录，杨缉庵授课时"至事亲而不获终养，昊天罔极之恩，伊于胡底数语，不禁黯然神伤，潸然涕下"，于是，"全级生徒，有心感者，有愧不能报父母之德，至于流涕者，金谓杨夫子纯孝也"。继而感慨道："世之衰也，人习虚伪，终身慕父母者已不多观，矧于学校教授时而能涕泣以道，入人之深者？舍杨师外吾罕见也。"（杨达才，1911）

"事亲"与"兄弟"一样，谈的是人伦情感，教授者的真情流露最是感人。类似杨缉庵这样能对学生产生深刻影响的教师不少。修身科通常没有专任教师，多由其他学科教师兼任。修身教科书内容多以文史为主，所以很多学校从国文科、历史科的授课教师中选择基础扎实、声望较高的教师来讲修身课。民国成立后，梁实秋进入"当时办得比较良好"的公立第三小学读高等小学一年级。当时的年级主任教师是周士棻先生——"年纪不大，三十几岁，但是蓄了小胡子，道貌岸然"，他不仅教国文、历史、地理、习字，还担任修身课教师。（梁实秋，2020）[107]据梁实秋回忆，他在教学上非常认真负责。对于修身：

> 他特别注意生活上的小节，例如纽扣是否扣好，头发是否梳齐，以及说话的腔调，走路的姿势，无一不加指点。他要求于我们的很

多，谁的笔记本子折角卷角就要受申斥。我的课业本子永远不敢不保持整洁。老师本人即是一个榜样。他布衣布履，纤尘不染，走起路来目不斜视，迈大步昂首前进，几乎两步一丈。讲起话来和颜悦色，但是永无戏言。在我们心目中他几乎是一个完人。我父亲很敬重周老师的为人，在我们毕业之后特别请他到家里为我的弟弟妹妹补课多年，后来还请他租用我们的邻院作为我们的邻居。我的弟弟妹妹都受业于周老师，至少我们写的字都像是周老师的笔法。（梁实秋，2020）[108]

当然，也有其他学科教师兼任修身教师的情况。宣统年间，南洋公学附属小学的修身课由教务主任沈叔逵担任教师，他同时教授唱歌。据当时学生回忆，沈叔逵极为严格，有"活阎罗"之称，学生"不但对修身课本要强记强背，就是对唱歌一课也不敢不重视"（周浩泉，1986）[292]。沈叔逵就是沈心工，他最为人所熟知的其实是对音乐教育的贡献，他编写的《沈心工唱歌集》是中国最早的学堂乐歌集。

民国以后，很多学校的修身课都由校长亲自来教。1919年，11岁的唐君毅进入成都省立第一师范附小读高等小学。当时学校每星期一的第一堂课是修身课，由省立第一师范学校校长祝屺怀先生亲自执教。（唐君毅，2016）[375]。校长教修身课，多数不依照教科书或特定的教学形式，而是根据自己的教育理想自主发挥，形式上更接近讲演或训话。金克木就读寿县第一小学时，修身科已经改为公民科，各年级都要上，且都是校长教，两星期上一次。修身课没有课本，各年级讲的也不一样。时隔七十年，金克木还记得当时校长在课上讲的有关国耻的内容。（傅国涌，2018）[245]

校长讲修身课，最有名的当属南开中学。后人说起南开中学的办学特色，多会提及它的修身课。张伯苓校长"独出心裁，不用那些老一套的修身课课本，也没有任何讲义，而是在每星期三下午，把全体学生集中到大礼堂，由他亲自登台给学生讲求学、做人和处世之道。张校长采用漫谈的方式，古今中外的事情都有涉及，讲得娓娓动听。以极其平凡的语言，讲出一个极其深奥的道理，这是张伯苓的一贯作风。在讲正题之前，往往要先说一段故事"（龙飞 等，1997）[22]。

南开中学修身课声名远播，与主讲人张伯苓善于演讲不无关系。据学生回忆，张伯苓操爽朗干脆的天津口音，声如洪钟，口若悬河，风趣诙谐。他常常使用"顶""干""坚持最后五分钟""最后一拳"等语言。每当说到关键处，他便握紧拳头往前伸，表示用全身劲儿打出这一拳，使听众深为感动，大礼堂里不时响起阵阵笑声和热烈的掌声。（龙飞 等，1997）[22]

从演讲的内容来看，除了谈处世为人之道外，张伯苓还讲时事，对学生进行爱国教育，内容丰富多彩。学校有时也请社会上的名流、学者来演讲。梁启超、胡适、陶行知、徐悲鸿、欧阳予倩、洪深等名家先后到校做过报告。张伯苓还曾经请外籍友人来校演讲，让学生了解世界，开阔视野，增长知识。在改变生活陋习上，张伯苓以身作则。为让学生戒烟，他亲自折断自己的烟枪，学生也不敢再吸烟。（龙飞 等，1997）[23-24]南开中学的修身课完全摆脱了清末以来修身科的经学味道，以演说为主，与时代问题联系紧密，实际上更接近公民课。

修身课成功与否依赖讲授者自身更甚于教授内容或教授方法。修身科用不用教科书，用哪种方法教授，都是次要问题。从案例来看，并没有一种绝对成功的授课方式。似张伯苓校长这般激情澎湃的演讲，自然能够鼓动青年学生。而如杨缉庵这样的旧学先生，按照经学的方式教授，情辞恳切，也能够感发人心。正如孟子所言，"仁言，不如仁声之入人深也"，修身课的教授内容自然都是为学生好的"仁言"，而真正的"仁声"出于肺腑，形式不拘却作不得假。在这个意义上，"声入心通"确实是修身课的特征。而在班级授课制的情境下，耳学重于眼学，"声入心通"更可能表现出来的方式是——读书不如讲授，讲授不如演说。课堂里的声音，虽然还是来自校长们、教员们的演说，但也是新的文化出现的征兆。课堂内的讲授和课堂外的讲演，有同样的革命性。

第三节　知行关系与修身作法

自修身科开设以来，知行关系一直是围绕此科讨论的焦点。修身课效果不佳致使有人提倡"作法"。修身科的作法主要指日常礼仪规范的训练，相当于古代蒙学所讲的"洒扫""应对""进退"之节或《弟子规》。从清末自日本引介的教授法来看，日本的修身科重视作法。《小学各科教授法》（1902年）关于"修身"的教授，最后一项即"作法"：

> 日用仪节，虽极细微，视之若可不措意，实则人人之能保持品位，皆视其有作法。故养成实践之习惯，引其义务之观念，悉本于此。故不待其于社会、于家庭、但于其学校之礼仪作法，而可知其习惯与否。衣服室屋，亦其一也。
> 世人多忽视作法，以为不必要而无谓。此大误也。即如每朝盥面教之盥法，澡身教之浴法，应对教之言语法，于学校此等可教之时机甚多，必不可以为琐近而忽之。
> 至若此外作法，亦可随例话教之。即如讲小川泰山之事时，即可教以自家至师所途中结履系并向人陈谢之作法，皆是也。
> 于寻常小学，亦特有设教作法时间者，然假设事项与实际相离且无兴会，故其功效不广。（寺内颖 等，1902）[9]

"作法"对于品格陶养具有重要意义，且教法灵活，日常生活中可以随事指点，随"例话"而教。不过，清末兴学之初并不重视作法。1909年，全国要求立宪的呼声高涨，有人发表题为《论筹备宪政必以改良教育为起点》的议论文章，对于修身科的看法是应重视作法——"作法之大要，乃举社会交际行动各种现象，一一实地演习。如习馈赠礼仪，则或教员设为客，学生为进礼物者，趋前致辞，辞有未善，教员改正之"。（伍达，

1909）可见，作法侧重社会交际层面的礼仪，不同于之前的修身侧重内在修养。为配合立宪，学部改订两等小学堂章程，将修身的目标改为"养成普通道德及礼仪之作法，再授以国民之道"（李景文 等，2015a）[380]。不过，在实际教学层面，作法并没有引起特别的重视。当时的修身教授法和教案中并无单列作法一项。作法受到重视是因为修身课堂教授效果不佳，人们批评修身的讲授类同国文科。（佚名，1910；1911）

实际上，由于清末修身科教学内容大多取自经史，又十分注重与国文科的联络，套上"五段教学法"的格式，修身科的教学与国文科的确非常接近。师范生上课经常不自觉地把"修身"上成了"国文"。如1916年江西省立第二师范的师范生刘启然讲"自立"，这一课的内容是讲富兰克林少年家贫做了印刷工人，后自学成才的故事。刘启然读完课文之后对学生说"此篇文字可学"，而非"富兰克林之事实可学"，评课老师认为"流于国文教授"。（刘启然，1906）课堂上经常出现这类情况。

修身科类于国文科，还在于它的考核形式。据邹韬奋回忆，南洋公学的修身课教师就是当时的国文教务长，"教的是宋明的理学，油印的讲义充满着许多慎独的功夫、克欲的方法。教师上课的时候，就把这些讲义高声朗诵，同时在课堂里大踱其方步。他只是朗诵着讲义，不大讲解其中的意义，朗诵之后，余下来的工夫就大骂当代的一切人物，这些人在他似乎觉得都不合于他心目中的修身的标准"。而这位修身科教师考核的方式就是出一个理学的题目，让大家做文章。邹韬奋直接说："这篇文章的好坏，与其说是关于作者平日修身的怎样，不如说是关于作者国文程度的怎样。国文好的人就大占便宜，和修身不修身似乎没有什么直接的关系。"（邹韬奋，2019）[18-19] 1915年侯鸿鉴在《教育杂志》上发表文章《小学校废去修身考试及考察性行之讨论》，指出："小学校中有修身一科，教员辄以教国文之方法教授之，又以考试国文之方法考试之。与所以设修身科之实义，相去日背谬，而学生之对于修身课也大抵亦以与国文课视为相同也。"（侯鸿鉴，1915）这反映了当时修身课教学的情状。侯鸿鉴主张废去修身考试，改为在平时考察性行，根据平时考察的优劣给分数。他还详细列出所需要考察的性行类目，分为性质（指个性心理）、言语、行为、仪容、服务、修业，并制作了考核表格（见图 3-1）。

其中，"仪容"考察的完全就是作法的内容，而"言语""行为"等也带有"作法"的成分。

贾丰臻比侯鸿鉴更早开始探讨"修身作法"。1912 年，贾丰臻在《教育杂志》上连载了小学各年级段修身作法的教授内容。按他所说，这些内容是取"日本小学校所教授之作法，与吾国风俗人情所不相谋而合者，或日本所无，而为吾国小学校所不可少者"摄集而成。他将各年段的作法与德目结合在一起列出来，涵盖了小学生的各种行为规范，大至学校仪式、入学规范，小至学习习惯、卫生习惯等。（贾丰臻，1912）商务印书馆在 1912 年第 22 期的《儿童教育画》封底刊登了一则《修身作法图》广告（见图 3-2），挂图所画的是一名小学生鞠躬的身姿，这套挂图共十六幅。广告词为"是图悬挂教室，足备训练之用，家庭中若用此图随时指示，足

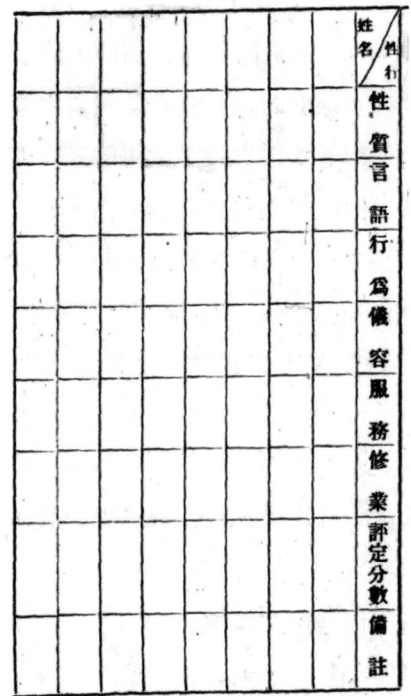

图 3-1　修身性行考核表　　　　图 3-2　《修身作法图》（挂图）

使儿童易于习练，获益尤大"（佚名，1912）。可见，当时的修身课开始转向行为训练。之后，人们认为教授法中应该在"应用"段加上"作法"。（佚名，1913）1915年，全浙教育会联合会开会，有代表提议"小学校修身科应兼授作法"。（佚名，1915）同年出版的《实用修身教授书》当中就设计了"作法"，例如第一册的四个作法为：坐之姿势、立之姿势、走之姿势、睡之姿势。（北京教育图书社，1915）^{目录}之后，修身教科书也开始出现以作法为中心的趋势。1920年商务印书馆出版了白话体的《新法修身教科书》，初等小学校用书总共八册，"前四册全用图画，表示种种作法"。（刘宪 等，1920）^{编辑大纲}

"作法"原本指日常礼仪规范的训练，在修身课教授效果持续不佳的情况下，人们开始直接以训练为目标。1922年修身科改称公民科。如果说修身科以"陶养"为中心，公民科则是以"训练"（training）为中心。1927年南京国民政府又将公民科改为党义科。但此时，公民教育已成为大势所趋，人们出于改良政治的愿望，推动教育部恢复公民科的设置。1929年后，教育界人士在报刊上大量讨论"公民训练"问题。1933年教育部颁布的小学课程中，便增加了"小学公民训练标准"。（李景文 等，2015a）[383]"小学公民训练标准"有目标、纲要、愿词，以及规律、条目、实施方案等要点，涵盖"体格""德性""经济""政治"四方面的训练，包含三十二类条目，这些条目的表述均以"中国公民"开头，如"中国公民是强健的""中国公民是清洁的""中国公民是快乐的"；其下还有具体细目，以第一人称来表述，如"我不把不能吃的东西放在嘴里""我身边要常带手帕""我喜欢听笑话，说笑话"等。[①]"小学公民训练标准"算是非常详尽的小学生行为守则了。在该标准的指导下，20世纪30年代出版了大量的公民课本和公民训练指导书，这些书在编排结构上相似度很高（见图3-3）。

---

① 1932年《教育公报》在第7—12期上连载"小学公民训练标准"。

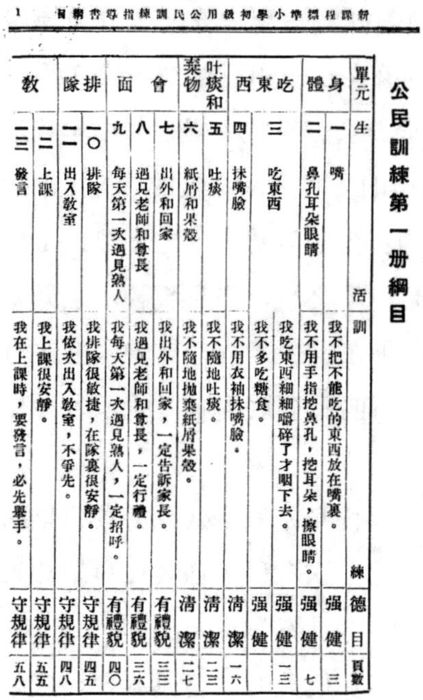

164　身体、伦理与文化转型：清末民初修身教育的历史图景

（a）《小学公民训练指导书：初级第一册》书影　　（b）《模范公民》第三册书影

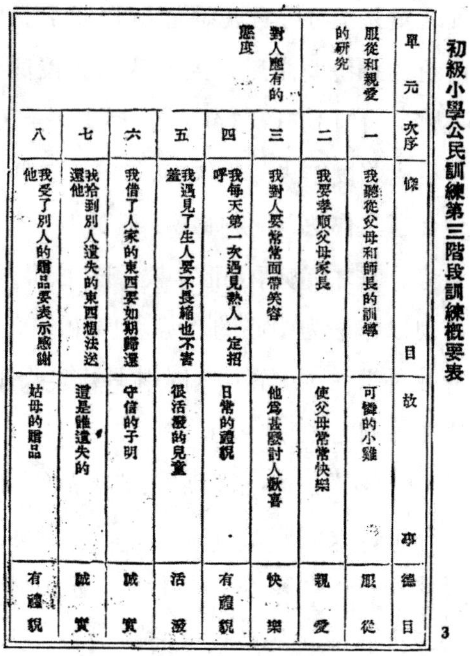

图 3-3 "小学公民训练标准"条目举例

这种类似"功过格"的公民训练表格以第一人称表述，传达出一种较强的"自我要求"。对比清末修身课的嘉言懿行，第一人称的表述更具有绝对性和强制性。上面列举的《模范公民》每册后面都有一个"自省表"〔见图3-4（a）〕，要求小学生对照表格审查自己的行为。规范和准则取代了典范人物，成为自我形塑的目标。自我建构空间被外在道德命令挤压，这种自我规范强调服从。《模范公民》第三册所列"我听从父母和师长的训导"的教学内容是一则《可怜的小鸡》的故事——不听从母鸡训导的小鸡单独行动，最后被老鹰抓走了。根据课本插图〔见图3-4（b）〕，这个故事是父母讲给小学生听的，目的当然是教育小学生"听从父母和师长的训导"。经过了20世纪20年代"儿童的发现"之后，在公民训练的情境下父母和师长的权威并没有发生动摇。

(a) (b)

图 3-4 《模范公民》第三册书影

小结　格物致知的变章——课堂讲授与修身之学的张力

在中国传统教育史上，修身并不作为单独的教学目标来实施，而总是隐含在识字、经史的教学过程中。近代教育制度中，修身作为学堂教授的一门课，将道德涵养过程显性化。无论修身科在教科书编写上与修身传统有多么深刻的联系，其讲授和教学的过程使得近代修身课与传统修身之教的断裂多于延续。具体来说，从修身学到修身科的变化体现在三个方面。

其一，眼学与耳学。"眼学"和"耳学"出自章太炎的《救学弊论》对现代教育的批评："制之恶者，期人速悟，而不寻其根柢，专重耳学，遗弃眼学，卒令学者所知，不能出于讲义。"（上海人民出版社，2014）[89]意思是学生自己不下功夫读书，只在课堂上听讲，不在乎真才实学，只求考试能够通过。章太炎还列举了一些事例说明当时学业怠惰的情况，诸如京师高等师范的地理老师把"方腊"当作地名,大学生以为朱熹是广东人,中学教员说孟子是汉代人,等等。章太炎认为"凡学先以识字,次以记诵,终以考辨,其步骤然也"(上海人民出版社,2014)[88]。现代学制建立之后,学习的重心由"读书"转变为"听讲",教员耗费心血地研究教授法、教案,无非是要令学生更快掌握所学知识,无形之中,教学的主动性已经从学习者自身转移到了教师身上。学生依赖于教师的"讲授",最终养成怠惰的毛病,读书人除了教科书以外不曾读其他书,以至于梁启超、胡适等人要给青年学生开列国学书单。学生依赖讲授对于修身课的讲授者要求显然更高。实际上,修身作为一门学堂功课,每周一节,多数是以校长或学堂监督来兼任教师,学生对此课的热情并不高。新教育师资良莠不齐,对于日常本就不修身的教员们来说,对这门课无非就是敷衍应付。

其二,"体知"与认知。如前所述,传统的修身观念带有较强的身体意识,强调以"身"载"道"、"身体力行"、"践形"、"美身"、变化气质等,是一种"身体性学习"。这种身体性学习贯穿在古代修身工夫、洒扫应对的身体性实践中。赫尔巴特教育理论以心理学为基础,强调教学要按照心理发展规律,主要是认知心理学规律来展开。这种道德教育很容易变成知识性道德学习,失去传统修身极为重要的"体践性"。

其三,知识与修养。综合来看,教授道德对于中国的修身传统来说具有天然的困境,修身所具有的超越言诠的特性在"讲授－听讲"的过程中无从展开,因此课堂教学难以实现德行的涵养,容易落入知识传授的陷阱。这也是时人批评修身科乃至现代教育的一大问题源。

实际上,传统修身之教也并非与知识问题无涉。宋明理学中"格物致知"本身也带有认识世界的意图。然而,这种认识依然建立在对经典和事理的"体践"上。吴汝纶在考察日本时,就注意到现代学校教学与传统教学在记诵要求上的差异:

(吴汝纶)问:课程中半西半,仆以为甚难合并。西学不求能记诵，止是讲授而已。汉学则非倍诵温习，不能牢记。不牢记，则读如未读。今若使学徒倍诵温习，则一师不过能教五六学生，势不能如西学之一堂，六七十人，同班共受一学，此其难合并者，一也。西学门类已多，再加汉学，无此脑力，二也。至大学，则汉文仅止专门，专门则习之者少，其不亡如线。此求两全，必将两失，奈何奈何。至执事允为寻求一切，感荷感荷。（吴汝纶，2016）[93]

传统修身之学以经典学习为基础，格物致知包括了对经典的涵玩、吟咏与讽诵，记诵自然是不可或缺的。在传统立场上，经典学习和记诵也是身心实践的一部分。近代修身课的教学既然以讲授为主，就必然会出现"说教"的问题。"作法"以确定的标准来实施行为的训练，它的出现标志着修身教育彻底放弃了身心涵养的内部工夫。对于现代道德教育而言，这一举措似乎有其必然性。不过，从修身传统内部来看，则未免有些遗憾。20世纪二三十年代，不少教育家开始在学校制度之外寻求新的修身教育之道。①

---

① 被视为新儒家先驱的马一浮、梁漱溟、钱穆都有办学的经历，他们分别从经学、儒学和史学的角度探索新的儒家式修身教育方案。

第四章
修身与近代身体的生成

"修己之道不一,而以康强其身为第一义。"(蔡元培,2010)[121] 蔡元培在《中学修身教科书》开篇"修己"章如是说。无论在中国古代还是近代,"身体"都是修身活动及修身话语的中心。然而,这一身体往往具有极为复杂的含义。古代修身传统中,身体是整饬的对象或修身活动的容器。修身之"身"是"修齐治平"的起点,它指代存在意义上的"自我",是伦常道德行为的主体;"修身养性"的"身"也是医学意义上的身体,修身具有养身延年的含义;作为躯体的身体还有"行动"的意味——身不正其令不行,在这个语境下身体是规训的对象。近代中国人的身体不仅包括上述含义,还引申出了另一重隐喻,即国家与社会意义上的身体。近代中国在身体的照顾与保养、规训与整饬上发展出了更具有普遍性的身体操练技术,通过对身体的操练、发掘和改造实现"人"的转化。自宋明以来的个体性的身体操练技术以及相关的身心体验,在身体操练的普遍性寻求中逐渐消退。因此,勾勒近代修身教育中的"身体脉络"有助于我们重访这些与身体紧密关联的身心体验。

本章我们将从身体角度来观察"修身养性"的体验在清末民初修身教育图景中的呈现与变迁。身体性经验将是重点关注的内容。为有所参照,我们需要将目光拓展到更广阔的教育空间——"非学校"场景的教育经验,这些"非正式"教育场域往往是修身活动的发生现场。

第一节　身体的对待：疾病预防与保健养生

从修身原本的脉络来看，养身延年本就在修身的范围之内，不过，清末民初对于身体的普遍关注却与"东亚病夫"的民族性焦虑有关，这使得近代中国人的身体多了一重象征含义。[①] 在此种情形下，无论是站在家庭伦理还是国家伦理的角度，修身的第一要义便是照顾好自己的身体。首出的一个问题便是如何理解和对待"身体"。19世纪下半叶，西方微生物学、公共卫生学关于身体及其养护已经有了新的知识体系。专注于疾病预防的"新卫生观念"在甲午战争之后被引入中国，然而清政府和民国政府都无力建设全国性的公共卫生系统。（雷祥麟，2004）（李艳丽，2019）[293] 直至20世纪30年代，官方和民间倡导的、轰轰烈烈的"新生活运动"依然把卫生的重点放在个人习惯的养成上。随着晚清中国被卷入全球化进程，鼠疫、霍乱等烈性传染病也前所未有地在中国流行。而在西方人眼中，华人的"不卫生"、环境的污秽是疫病来源。[②] 发生在中国重要港口城市的疫病，最初由外国人进行防控，这令中国知识阶层倍感耻辱。为求民族自强、改良国种，卫生知识必须成为普及国民教育的重要内容，这个任务由修身科来承担。

近代中国卫生观念的来源有两个，一是甲午战争以后引入的、由日本学者长与专斋所翻译的"卫生"，其所指为现代公共卫生行政组织。不

[①] 不过，"东亚病夫"最初指的并不是中国人的身体素质，而是指中国国家力量的衰微。后来在军国民主义思潮影响下，其所指涉的对象从国体的衰微直接平移到了国民身体的衰弱。

[②] 实际上，诸如上海这样的近代城市在1860年之前也并未被认为"不卫生"，但其后随着城市化、工业化发展与人口膨胀，道路污秽、生活垃圾的处理就成了问题，同时周边原生的农业环境也受到破坏，水源污染严重，近代微生物学的发展为西方人提供了华人"不卫生"的理论依据。参见胡成."不卫生"的华人形象：中外间的不同讲述：以上海公共卫生为中心的观察（1860—1911）[J]."中央"研究院近代史研究所集刊，2007（56）：1-43.

过，长与专斋大概不会想到，他所翻译的名称在 20 世纪 30 年代遭到了中国人的抨击。陈方之认为这一翻译误导了中国人，将公共卫生混淆为个人卫生习惯。因为原词 hygiene 并没有保卫生命的意思，要保卫的是一般国民的健康，而卫生这一概念与古代养生有较大重叠之处。（雷祥麟，2004）其实，在甲午战争之前，"卫生"一词就已经出现在传教士所翻译的西方书籍中了。19 世纪末，江南制造局翻译馆的首席译员傅兰雅陆续翻译了《化学卫生论》（1878—1880 年）、《居宅卫生论》（1890 年）[①]、《孩童卫生编》（1893 年）、《童幼卫生编》（1894 年）、《初学卫生编》（1895 年）。在傅兰雅的译书中，卫生主要从保卫生命的角度出发，通过西方科学知识普及个人养护身体之道和对外在环境的创造。（夏晶，2017）[289-297] 显然，傅兰雅对于卫生的理解更顺承"养生"的古代含义。修身与养生也有相当多的重叠之处，那么在清末民初的修身教育中，卫生这一概念的新旧意涵如何呈现？当西方细菌学说进一步将身体关切聚焦于"肉体"上，修身传统中贯穿肉体与精神、行为与心理的身体该如何安放？我们将根据修身教科书来考察身体的这些面向。在处于现代卫生概念核心地位的"国家卫生行政"尚不能在中国实现的情境下，现代卫生更可能表现为一种文化制度，通过教育这一软性渠道实现对于身体的干预。

一、避外：卫生清洁与公共性身体的生成

20 世纪初，卫生和生理学观念开始在教科书中出现。当时的上海文明书局出版了一系列蒙学教科书，其中由清末民初医学翻译大家丁福保主编的《蒙学卫生教科书》在光绪二十九年（1903 年）首次出版，笔者所见为光绪三十二年（1906 年）的第十一版。这本书第一课为"分别学科"，界定"生理""解剖""卫生"的学科概念：理科之属于全体者，分

[①] 孙宝瑄曾在日记中披露，他于 1897 年读到了傅兰雅翻译的《居宅卫生论》（1890 年），在 1902 年，读过丁福保所写的《卫生学问答》（1899 年）。参见胡成."不卫生"的华人形象：中外间的不同讲述：以上海公共卫生为中心的观察（1860—1911）[J]."中央"研究院近代史研究所集刊，2007（56）：1-43。

为三科。研究人体生活之原理者，曰生理学；研究人体各部之位置形状及构造者，曰解剖学；研究人体康健之规则者，曰卫生学。第二课为"总纲"，讲明卫生之法分为五个方面：饮食、空气、日光、运动和休息。（丁福保，1906）[1]

丁福保的界定是清末民初通行的对"卫生"的理解方式。这种理解更接近傅兰雅翻译中的"卫生"含义，即保卫生命、养护身体，将传统养生统合到"卫生"当中。商务印书馆的《共和国教科书新修身》高等小学校用书第三册对"卫生"的解释如下：

> 吕不韦曰："不处大室，不为高台。味不众珍，衣不烨热。"华佗曰："人体欲劳动。劳动则谷气自销，血脉流通，病不能生。"此诚养生家之言也。惟其言各有片长，未足尽卫生之旨。盖凡起居动作，饮食衣服，诚宜致慎，余如日光必充，空气必洁，沐浴必勤，睡眠必时。有一失当，亦易致疾。昧者不察，或则囿于习惯，而以为当然。或则纵其嗜欲，而不加裁制。酝酿所积，驯致伤生。此何异明知疾病足以死人，而故陷其身欤。（包公毅 等，1913）[3]

这段文字引用了古代养生家所言，但又明确指出养生家所言"未足尽卫生之旨"。按其意，卫生的一个重要方面就是疾病预防。古代养生家所没有指出的是除了饮食衣服之外的日光、空气、清洁（沐浴）这三方面。其中最重要的是"清洁"。直到今天，消毒和清洁依然是卫生的重要内容。晚清以来，中国人"不卫生"的形象已经留在外国人的记叙里，"不卫生"指的就是不干净、不清洁。因此从清末开始，教科书大多会安排关于"清洁"的内容（见图4-1）。

清末民初"卫生"所涉空间逐步从个人、家庭扩展到全体社会。图4-1呈现的是教科书中居处环境的清洁和个人身体卫生的清洁。不过，清洁的重要性其实并非在近代才被注意到。在传统治家格言中，关于门庭清扫、内外整洁的要求也不少，这里面自然有卫生的要求，但同时还带有一种"整

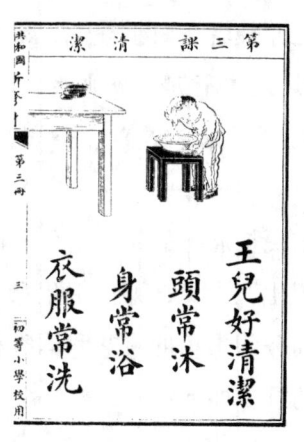

（a）《最新修身教科书》第二册第一课"清洁"插图　　（b）《共和国教科书新修身》第三册第三课"清洁"插图　　（c）《新编中华修身教科书》初等小学校用书第一册第十八课"清洁"插图

图 4-1　教科书有关清洁的插图

齐严肃"的礼仪感。这类叙述在修身教科书中通常与"卫生"交织在一起。《最新修身教科书》（1907 年版）第二册中"清洁"的课文内容是"几案必整齐，堂室必洁净"，这两句话选自宋代《程董二先生学则》，原文对于"几案必整齐""堂室必洁净"的要求是与"读书必专一""写字必楷正""修业有余功""游艺有适性"并列的。这些要求源自朱熹的理学教育观，本是为了让学生严以律己、专心学业，带有修身意味。但这一课配的插图［见图 4-1（a）］却将清洁的空间聚焦于家庭。按这一课的教授法，讲课的时候教员要先让学生看图，询问学生图中的意思，然后再解释。

　　图中一童子，年与诸生相若，手执喷壶喷水于地，此因其父扫地而童子洒水以助之也。堂上为童子之母，方揩拭几案而整齐之。揩拭几案，洒扫堂院皆清洁之要也。

　　古时学生，本以洒扫为一种课程，如后汉郭有道（名泰）者，虽止宿逆旅，犹必躬自洒扫，其在家可知矣。盖堂室庭院，不日日洒扫，则尘埃飞散，入人口鼻，有害于卫生，而夏日瘟疫流行之时，尤易传染，故不可以不勤。既知洒扫之事，非徒为美观，而为卫生，则夫身体之垢而当浴，衣服之污则当澣，更不待言矣。

诸生在家，宜助父母兄长务行洒扫。又宜以清洁之理，告之父母，身体时时沐浴，衣服时时澣濯，夜间必尽脱衣裤，更易寝衣，晨间必扫清床褥，晒之日光，如是，则家中常洁净，而无害于卫生矣！（商务印书馆编译所，1906b）

教授法特意说明"洒扫之事，非徒为美观，而为卫生"，具体来说，是为了防止疾病，特别是传染病。不过，这里对于洒扫与防病之间的关系只含糊地解释为灰尘入口鼻有害卫生，并没有运用细菌学说。可以说，这与古代养生、修身并没有绝然分判。按照这里的标准，可以想象，一位谨守礼仪、"修身养性"的儒士也可能会是一位很讲卫生的人。这一课的教授法让学生以"清洁之理"告之父母，有意通过学生向家庭传播卫生理念，大概也是因为当时中国一般家庭的清洁问题堪忧。民国以后，个人的清洁卫生（如沐浴、洗衣等）已经被当作行为习惯来培养，之后也成为好公民的行为规范之一［见图4-1（b）、图4-1（c）］。

真正令"卫生"与"养生"判为两事的是清洁所具有的"社会性"。这种"社会性"首先是由细菌学说对传染病预防的解释所带来的。《中华女子国文教科书》高等小学校第四册第十六课为"传染病之预防"：

饮食居处，一一求合于卫生，宜可以常保健康矣。然疾病之来，每出于意外，有己本无病，而出于他人之传染者。其初也，一二人患之；其既也，辗转蔓延，由少数以及多数，则所谓传染病者。洵至可畏者也。

病之传染者至多，如痢、如痘、如癣、如疥、如伤寒、如肺痨、如时疫皆是。考其传染之由，大率病原菌侵入人体为之。夫各种疾病，固无不基于菌，特是菌则散于空气中，或留于患者之废料食器衣服等处，人偶触之，则潜滋暗长。曾不几时，遂与患者见同一之证象，故一家中人，不幸患此，其事易忽，其势又至危也。

预防之法：平时宜注意卫生，强固其体质，使病原菌无从侵入。其或家有患者，宜取其服物器用，厉行消毒之法，以扑灭病菌，毋使滋蔓，至于接近病人，势不容已，又当以药品自卫，若此者，庶几有恃无恐乎。（沈颐 等，1915a）[12-13]

细菌理论在清末修身教科书中已经出现了。中国图书公司1910年出版了《初等小学修身教授本》第四编，其教授法以细菌学说说明清洁原理："至污秽之所以能致疾病者，良由疾病多源于细菌，而污秽之方，实细菌所荟萃。"（顾倬 等，1910）[17]而此处不唯解释细菌理论，更重要的是突出传染病的传播原理，并提出预防、消毒等问题。疾病的预防和治疗是两个不同的方向。由于当时抗生素尚未被发现，细菌理论只是解释了传染病的成因，却无法提供有效的抗菌方法，只能多多消毒和清洁，预防就显得至关重要。由于近代社会人口规模的扩大，人口流动频繁，这种"预防"必须基于公众群体进行。《新编中华修身教科书》高等小学校用书第六册第七课为"公众卫生"，内容如下：

吾人处于社会间，若惟图一己之便利，不顾他人之损害，则人既弊而己亦随之，故不惟为己当注意卫生，为社会尤当注意卫生也。

各种瘟疫传染甚烈，为害甚巨，而其发生殆因平时怠于卫生之故也。

公众卫生之道有八，供饮料之水中勿使有不洁之物，一也。勿弃不洁或腐败之物于道路、河池及沟渠中，二也。唾必于盂，涕必承以巾，三也。便溺须在便所，且宜注意清洁，四也。葬厝务求坚固，勿致秽气外溢，五也。病死动物或将腐之物不可食用，六也。以时种痘，注意避疫，七也。慎重个人卫生，如饮食有节，房屋常扫，衣服常换等事，八也。（戴克敦 等，1915a）[4]

公众卫生不仅要求改变个人的生活习惯，还涉及人际交往（赠送物品)、公共礼仪等方面。如果说个人清洁和居住环境的卫生取决于个体自觉性,那么对于可能危害公众的卫生问题的要求就具有一定的强制性,特别是与烈性传染病有关的卫生问题。民国时期主张废除旧医的余云岫将传统养生之道归为"养内"与"避外"两方面。所谓养内"惟于饮食男女起居情志之间,谨其在我而已",而避外则是防止"寒热燥湿风雾"对身体的入侵。(陈方之,1934)余序由此可见,传统养生的确可以只是个人的问题。新的病原学说不仅取代了传统"避外之学"的解释体系,还使得"避外之法"已经不能再像之前那样仅防止自己受风寒暑湿的侵扰,而须时时注意群体。这样一种基于公共性的身体,在想要吐痰的时候,会因联想到此举可能使无数素昧平生的他人染上疾病而停止自己的行为。这种"公共身体"拉近了自我与他人的距离,让人们意识到一个由无差别的个体组成的"社会"的存在。

二、养内:从"气化身体"到"物化身体"

尽管传统养生的避外之方被取代,而一旦将"卫生"的目光转回自身,反求诸己,养生与卫生便交织在一起。1925年民国医学家杨燧熙出版《卫生必读》一书,其序言中如是写道:"儒家言修身不言养生,道家言养生不言卫生,医家言卫生不言修身,三家之学虽异,其源皆出于史官,……以儒家之言示人,则人狃于道德之常谈多格而不入,以医家之言示人,则人怵于死生之大,故多悦而易从,故忧时君子……往往假医药以济斯民。"(杨燧熙,1925)序杨燧熙是当时中医界名流,他在这段话中揭示了修身、养生和卫生的源流。不过,三者的关系在近代修身教育中有所变化,由于养生、卫生被统摄于修身的名义下,往往是借养生和修身而言"新卫生"观念。修身教科书常常把三者混用。以民国时期中华书局出版的《新编中华修身教科书》为例,其"养生"内容如下:

> 葛洪善养生,食不过饱,饮不过多,冬不极温,夏不极凉,卧起有时,兴居有节,调和筋骨,均齐劳逸,年至八十犹如少年。(初等小学校用书第六册第三课)(沈颐 等,1914a)[1-2]

凡人所生者，神也；所托者，形也。神太用则竭，形太劳则散。形神相离则死，死者不可复生，离者不可复反，故圣人重之。（高等小学校用书第一册第九课）（戴克敦 等，1915b）[4-5]

其"卫生"内容如下：

程伊川先生尝自言，吾受气甚薄，早年多病，及晚年，乃渐康强。年七十二，不减壮盛之时。其门人问曰："先生岂以受气之薄而过为摄持欤？"先生曰："非也，忘生殉欲，吾深耻之耳。"（初等小学校用书第七册第一课）（沈颐 等，1914b）[1]

身体健康则无事不可为，身体虚弱亦即无一事可为，故保身体之健康吾自治之第一事。

健康与否，视乎卫生。善卫生者，食不必珍馐，求其养生；衣不必绫锦，求其适体；居不必华屋，求其便适。数者备而又归本于清洁，故其体恒健，无疾病之忧。

文人学士每喜自居于虚弱，以为所操之业，不必用劳力也。殊不知身体虚弱，精神亦从而萎靡，欲尽其心力之用，得乎？（高等小学校用书第三册第一课）（戴克敦 等，1915c）[1]

上面的这些内容并没有显示出"养生"和"卫生"的实质性区别，无非强调重视身体、生活规律、慎防疾病等。大体上，求其身体强健属于"养生"，而疾病预防、保持健康只能算作"卫生"。值得注意的是初等小学校课本引用的程伊川的例子，其实这是一个典型的修身故事。但教授法的解释将传统"养气"与体育观念杂糅在一起：

先生早年之多病，为受气薄耳。受气薄者，苟时时注意卫生以养气之厚，则身体自强矣。……其门人或问……岂以此故而惟恐纵恣，过为检束乎？……先生曰："非也，天之生人必有其用，父母生子，无不望子为有用之人,故人必时时摄生,养成坚强之体魄,若不知自养任情斫丧,以私欲而忘生命,则此身何能当艰难之任哉,虚负天之生我,父母之生我,深可耻也。……诸生少年正当发育时期,愈宜注意卫生,凡一切有害体育者,皆宜自戒,毋以他日有用之身,沉溺于私欲中也。"(董文,1915)[1-2]

程颐这段话谈的是"养气"和"制欲"方面,其论述反映了一种"气化"身体观,即认为人禀受天地之气而生,因而有厚薄之分。"气"可以修养以增厚,与孟子的"寡欲""养气"之说义理相近。这种观点从宋代以来被广泛接受。由于"气"连通了自然界和人体,传统医学与理学得以共享一套话语,修身与养生合二为一。宋代以后,医学的发展更受理学影响。金元医学正统的强化与理学兴盛和士人阶层对医学的"文明化"有着密切关系。这种强调理论、支持脉诊和开处方的医疗方式确立了"儒医"的传统。金元四大家之一的朱震亨不仅是位名医,并且是理学学者。(梁其姿,2011)[30] 在古代医疗资源不足的情况下,具有儒家经典功底的读书人往往自己参学医道,明代吕坤甚至提倡能通达文字者皆应对医理与药理有一定的涉猎。

传统的"养内"方法包含"不任情斫丧""克己修身"的意思。尽管传统的"气"也有物质性的一面,但近代修身教授法却将传统的"气"彻底物质化为形而下的"身体素质",进而以体育卫生观解释"养气"。

"气化"身体观的衰落在医学界内部也早有端绪。丁福保本人兼学中西医,是中医改良派。他认为传统中医脏腑学说多有谬误,反对"五运六气"说,他自己编著的卫生书从解剖学和生理学的角度来阐发原理。《蒙学卫生教科书》便是基于肺的呼吸作用解释空气的重要性:

卧房于晨起之后,宜大开门窗,以换新气,多人聚会之所亦然。否则个人肺内呼出之炭气,与汗管内放出之败气,及灯火或他物所发出者,皆散布于室内,而血不能提净,遂有变坏之虞矣。(丁福保,

1906）[7]

1905 年出版的《最新女子修身教科书（官话）》中有关卫生的说法便如同丁福保原话的翻版：

> 早晨起来，就要把房里窗子推开，好等积了一夜的炭气出去，换新空气进来。桌椅窗户也要揩扫干净，这么身子可望强健，不然就要生病了。（谢允燮，1905）[23]

> 天上充满的多是气，这就叫做空气。世人就靠呼吸这个空气生活的，不过这中间微生虫很不少，倘使吸着了微生虫，就容易生病，干净的地方，这虫就少些，所以干净是免病的好法子。（谢允燮，1905）[24]

《最新女子修身教科书（官话）》是当时提倡女学、走在时代前列的一本教科书。1905 年由文明书局出版的《小学修身唱歌书》也是从呼吸、炭气（碳酸毒）的角度谈论换新空气的重要性①（田北湖，1905）[6]。

空气概念的引入以及对空气成分的分析将人们对"气"的理解导向了完全不同的领域和方向。传统中的"气"兼具主体和客体两面。唯当"气"既能作为周留天地的元气，又能遍布一身之四体，"养气"才同时具有修身和养生的意义。"空气"取代了"气"，通过呼吸与身体相联系，两者形成了主体与客体的关系。呼吸作用取代了有心性参与的"反身而诚"的"养气"修身过程，"气化"的宇宙观与身体之间的隐喻关系随之瓦解，"万物皆备于我"式的修身体验不复存在。"气"不能"直养"，还变成了需要防范的物质，可能蕴藏了疾病的种子。

---

① 如，"卫生"条目第三首歌的歌词如下：何以卫生？换换新空气。换换新空气。一时呼吸，一丈立方积，满屋碳酸毒杀人，杀人无痕迹。开开窗，散散步，吐旧纳新却诸疾。风中杂尘埃，鼻张口闭闭宜密。

臭恶之气，内有极微之生物质，最能伤人，又肺痨瘟疫疹痘喉痧等之微虫，皆能传布于空气之中，一或不慎，即吸入肺，不久发为重病，甚可惧也。故病室内之败气，吾人宜谨避焉。（丁福保，1906）[7-8]

不过，并非所有修身教科书都采取上述现代卫生观念。有的教科书仍然是以传统养生内容为主，诸如"摄生""慎疾""摄养"等。就"疾病的预防"而言，传统医家也有"治未病"之道。除饮食起居等方面，尤为重视情绪、精神方面的调节。杨燧熙曾在《三三医报》上发表文章《论养神为卫生之要诀》，谈论这类问题（杨燧熙，1923）。

在传统医学与养生学领域，"身体"不仅包括躯体，还包括躯体所关联的精神及心理，譬如心主神志、肝主情志等观点。其所谓脏腑自然不等同于解剖学意义上的心与肝。传统医学的治疗方案包括了神志、情志问题。正是因为传统养生将思虑、欲望、情绪等都纳入身体健康的范畴内，"养心""寡欲"便成为养生法则。在面对西式的卫生所具有的"疾病预防"之义时，中国医家发现卫生竟然只有保卫躯体之意，丝毫不涉及心理状态，于是，他们在各自的卫生论著中突出了"心理卫生"保健知识。[①]

在教科书中，对于传染病、肺病等传统中医疗效不佳的疾病虽然采纳了现代理论的解释体系，但是传统医学对于身体疾病的理解仍存在于人们的思想体系中。《中华女子国文教科书》第六册第二十六课"病说"就带有典型的传统医学观念，课文选段的作者是清代桐城派文学家龙启瑞。

客有患郁湮之疾者，龙子过而问焉。见其兀然而坐，偃然而息，日饭三䭔，食之尽器。龙子曰："子病乎？"曰："病矣。""然则子何

---

① 关于这个问题，雷祥麟的研究中有翔实说明。参见雷祥麟.卫生为何不是保卫生命？：民国时期另类的卫生、自我和疾病 [J].台湾社会研究季刊，2004（54）：17-59.

病？"曰："吾苦腹疾而事圃焉。医者治之，三月不见效，吾忧之，不知所出，辍吾业以治之，则疾益以剧。"

龙子喟然叹曰："吁！吾乃今知子之诚病也，夫子之所谓腹疾者，是特饮食寒热之为患也，而丰而食焉，而华而色焉，乃其根柢固莫之能蠹也，俟之而已。而遂废而事，而日槁而形，荧而心，终日博博，若大难之将至，是子之神先敝也。疾何与焉？夫万物生于神，养于神，故神聚则强，神王则昌，神衰则病，神散则亡。是以啜糟之夫，卧之颠崖之侧而不堕者，其神全也；婴婗之子，遇猛虎则折三尺之莛以殴之，虎犹不害。何则？心忘乎物，则物莫之能贼也。今子未甚病也，而日以病为忧。夫忧者，实病之所从集也。子盍朝作而于于，夜瞑而蘧蘧，无怀无惟，以宁子居，疾其庶有瘳乎！"

客曰："善！将从子之言。"三日试之，其病良已。（沈颐 等，1915b）[21-22]

这篇文章后来也被选入《开明活页文选》当中，并且说明"可以悟养生治病之道"。（李景文 等，2015b）[288]"郁湮之疾"即郁积病，从文中描述看有肠胃失调和忧郁的症状。龙启瑞认为肠胃失调是饮食不当引起的（"饮食寒热之为患"），本不足为虑，但因此担忧过度而引起精神焦虑，反而导致无法调养，小病成了大病，其心病更胜于身病（"子之神先敝也"）。随后文章指出疾病之由来："夫万物生于神，养于神，故神聚则强，神王则昌，神衰则病，神散则亡。"很显然，这里是从精神层面来认识疾病，龙启瑞不仅认为精神与身体相互作用，而且"心为身主"。其实，在现代临床心理学中，人们也常常发现一些心理问题不是或较少以焦虑、恐惧及情绪变化等心理化的方式呈现，而是以头痛、耳鸣、腰痛和胸痛等躯体症状的方式呈现，这种情况被称为"躯体化"。（汪新建 等，2010）"躯体化"这个术语本身也反映了身心二元观念。传统医学中"疾病"一词的内涵本就兼有"身疾"与"心病"。理学话语中"病痛""药方"之类的隐喻并非完全是象征意义上的，修身的确有身心保健的效果。但是，当身体的保健越来越得以强调，处于近代卫生话语下的修身就有沦为工具的可能。关于这一点，最好的例子就是静坐。静坐原为读书人日常修身的专门功课。但是，在近代"气化"身体观被拆解之后，静坐成了一种身体保健的技术，用于"卫生"，后文将详细叙述。

第二节　身体的操练：体操与拳术

中国古代尽管没有单独的身体教育，但不乏各种身体操练技术。修身学和养生学都强调"寡欲"，从消极方面防止过多欲望对身体的损害。积极方面的养护需"动静交养"，士大夫的讽诵、歌舞、登高远足、蹴鞠、捶丸等游戏，医家的五禽戏、导引术，以及各类武术都是强身健体的操练技术。不过，相较于四书五经、"科举应试"等对头脑或心灵的操练来说，古代身体操练技术并没有形成一种普遍性追求。这种情形在清末民初才发生了变化，首先是体操的兴盛。

一、"卫生"与"尚武"：学堂体操

清末的体操课最早在洋务学堂和教会学校开设。甲午战争之前，体操并没有进入普通教育体系，也没有被社会所熟知。外国兵操和体育活动虽然让洋务学堂的学员感到新鲜有趣，但这种教育经验也仅限于洋务学堂；而教会学校里的"抢球""夺旗"类体育游戏甚至还会被认作是"误人子弟"。（苏竞存，1994）[34-35] 甲午战争之后，民族危机陡然加重，令国人意识到"强国保种"的迫切性，社会各界开始提倡"尚武精神"。新式学堂增加，体操运动也开始兴盛。需要指出的是，清末民初的"体操"一词，除了指代体操项目外，更多时候代指广义的体育，即"为达到健身目的而进行的人体有规律的操练"（方奇，2018）[78][①]。

---

① 直到1922年壬戌学制才用"体育"替代"体操"作为科目名称。

1904年清政府正式颁行癸卯学制，明确规定各级学堂都要开设体操科。学制规定体操分为运动游戏、普通体操和兵式体操，初等小学阶段为有益之运动游戏，兼普通体操，至高等小学阶段开始有兵式体操。普通体操应先教以准备法、矫正法、徒手哑铃等体操，再进则教以球竿、棍棒等体操。兵式体操先教单人教练、柔软体操、小队教练及器械体操，再进则更教中队教练、枪剑术、野外演习及兵学大意。（朱有瓛，1987）[387] 按照这个设定，运动游戏（夺旗、竞走、小皮球等，见图4-2）和普通体操是兵式体操的基础，教授的时候应该按年龄和阶段循序进行。然而实际上，清末学堂里除了一些简单的徒手体操和轻机械体操之外，基本上是以兵式体操为主要内容。（高俊，2013）[142]（吴维铭，2007）[55]

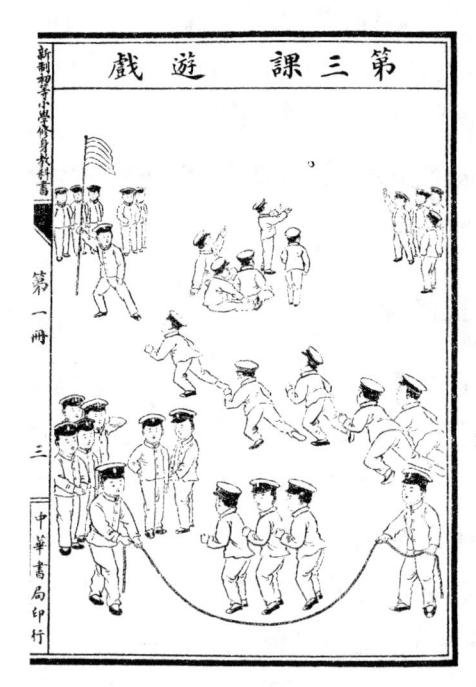

（a）《新制中华修身教科书》第一册第三课"游戏"插图

（b）《新编中华修身教科书》第一册第三课"游戏"插图

图4-2 修身教科书中呈现的运动游戏

兵操的流行，一方面是由于当时社会普遍提倡"尚武精神"与军国民教育思潮。《奏定学堂章程·学务纲要》明确要求各级学堂"兼习兵学",规定了兵操的目的:"中国素习,士不知兵,积弱之由,良非无故。……兹于各学堂一体练习兵式体操以肄武事。"(朱有瓛,1987)[92]另一方面是由于当时体操师资短缺。尽管当时已有留日学生创办体育训练班,但数量远远不够。许多学堂聘请已退伍的中下级军官作为体操教员,这些人非但不懂得体育教学的知识,不会教授普通体操,就连兵操也只会喊几句"立正""稍息"的口令,做些队列练习。(高俊,2013)[145](吴维铭,2007)[55] 1903年左右,家在四川乐山的郭沫若还在上家塾,正值当地蒙学堂开办,他于是得以见识学堂里操着日本口令的"洋操"。当时列队的口令都没有能够从日语翻译成中文就急急忙忙被用在课堂上了,把"立正"喊成"齐奥次克",走起路来"西,呼,米,西,呼,米"奇怪地叫着……。在当时的郭沫若和其他当地人看来,这种奇怪的口令十分有趣。(王华倬,2004)[55]

在修身课程中,基础体操被纳入"卫生"德目范畴(见图4-3),而兵式体操则被置于"尚武"德目下(见图4-4)。细究起来,"卫生"和"尚武"所强调的体操,无论在内容上还是在指向上,都是有差异的。

"卫生"指向的是个人身体强健,对应着古代的"养生"。正如图4-3(a)所呈现的"卫生"情景——操场和膳堂,体现的是"体欲常劳,食欲常少"的养生观念——体操是动态的积极性养生,膳食(食不过饱)则是静态的消极性养生。图4-3(b)中兄弟二人勤习体操的画面则表明,对于年幼的儿童而言,体操锻炼与身体发育有关。

1903年《启蒙画报》[①]第10期介绍了一种"简便体操"[见图4-5(a)]。图中呈现的是一名身穿常褂的学生,头顶书本,身体笔直地练习行走姿势。所谓"简便体操"其实是用来矫正中国学生身体姿态的简易方法。之所以要练习行走,是因为中国学生的身体姿态很成问题,学堂里的迂腐先生却对体操不甚关心。

---

① 《启蒙画报》是由维新人士彭翼仲创办的白话报刊,专给十岁上下的儿童阅读。这样一本以"开发民智"为宗旨的启蒙报刊,努力推广体操运动,足见体操是当时重要的维新文化内容。

（a）《最新修身教科书》第二册第二课"卫生" 　　（b）《共和国教科书新修身》第三册第二课"卫生"

图 4-3 "卫生"相关内容的教科书插图

（a）《共和国教科书新修身》第二册第十五课"尚武" 　　（b）《新编中华修身教科书》第二册第十六课"尚武"

图 4-4 "尚武"相关内容的教科书插图

中国学生，年纪很小的，身体还许结实，年纪稍大点儿，不是颜色暗淡，就是形容瘦小，甚至弯腰曲背，走起路来，横横斜斜，最不体面。这个毛病自然是不用体操功夫之故。体操功夫看似不要紧，所关系的很大。各国学规，自蒙学堂以至大学堂，没有一日不习体操的，习惯成自然，走起路来必定是挺挺拔拔，不但好看，且免生病。迂腐先生都不以为然，或说是此事太麻烦，哪里知道有极简的法子可以使身体结实，并能将身段伸长。头上顶着一本书或是别样东西，挺着胸，调匀了气，缓步走走，约十分钟功夫，不准东西掉下。每日两次，日子久了，身子必结实长大，睡醒起来，多伸懒腰，也有益处。（佚名，1903）

1913年的《儿童教育画》第26期［见图4-5（b）］则以图示更加清晰地说明儿童练习体操可使身体强壮，不练习体操则会身体瘦弱（图中

（a）《启蒙画报》的"简便体操"书影　　（b）《儿童教育画》的"卫生"书影

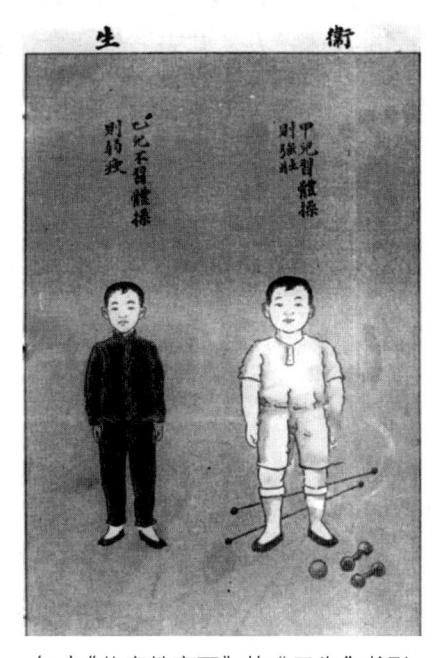

图4-5　儿童读物上的体操教育

文字为"甲儿习体操则强壮，乙儿不习体操则弱瘦"）。中国学生"弱瘦""弯腰曲背""走路横斜"的身体印象正是在体操流行之后被发现的。有学者指出，卫生涉及的不仅是身体，更是一种自我认同和社会关系。（雷祥麟，2004）不同的卫生观念对应着不同的生活方式。只有在近代卫生和身体姿态的对照下，中国学生的姿态和健康才成为被关注的问题。毋宁说，宣传体操和健身以求"卫生"是中国人在"东亚病夫"的标签下逐渐形成的一种自我凝视。

对身体的关切，指向的不仅是躯体力量，更重要的是躯体所承载和显现的精神气质。兵式体操意在培养"尚武精神"，为达成精神陶炼的目的，兵操还带动了学堂乐歌的发展。1905年的《湖南蒙养院教课说略》中关于"乐歌"一项写道"乐歌为体育之一端，与体操并重；体操以体力发见精神，充贯血气强身之本，而神定气果，心因以壮，志因以立焉。乐歌以音响节奏发育精神，以歌词令其舞蹈，肖像运动筋脉，以歌意发其一唱三叹之感情，盖关系于国民忠爱思想者，如影随形"。关于"体育功夫"则写道："体操发达其表，乐歌发达其里；强健四肢莫善体操，乃全乐歌之妙在于舞蹈，以状所歌之事与词，而用音响节奏以发扬之。"（李桂林 等，2007）[15-16] 足见，当时是将乐歌、舞蹈和体操都看作一种"体育"，显然这种"体育"包括身体和精神两方面。最早进行学堂乐歌创作的是南洋公学师范生沈心工。他创作的第一首乐歌，也是流传最广的一首乐歌是《男儿第一志气高》。这首歌是他在1902年留学日本期间根据日本歌曲创作的，最初的名称便叫《体操—兵操》。（钱仁康，2001）[2] 从这首乐歌的歌词，可以窥见当时学堂乐歌所体现的"尚武精神"：

> 男儿第一志气高，年纪不妨小。哥哥弟弟手相招，来做兵队操。兵官拿着指挥刀，小兵放枪炮。龙旗一面飘飘，铜鼓咚咚咚咚敲。一操再操日日操，操到身体好。将来打仗立功劳，男儿志气高。（钱仁康，2001）[1-2]

沈心工还创作了《女子体操》《缠脚歌》等女性解放的歌。这位被誉为"近代学堂乐歌之父"的沈心工，就是沈叔逵。他的另一个重要身份是南洋公学附小校长。他担任校长二十余年，特别注重发展足球和童子军运动，经常身着童子军制服参与学生活动。（朱有瓛，1987）[241] 从他的身上也可见近代体育和音乐教育之间的密切关联。

尽管教科书和报刊宣传了体操对健身的种种作用，但在实际教学过程中体操课却不受欢迎。由于幼年在家中学过拳术，因此舒新城初入学堂的时候特别看不起学堂里教授的体操。舒新城的态度是个人性的，但学堂体操不受学生待见却也比较普遍。李劼人在《暴风雨前》中描述了清末四川高等学堂里的兵操课情形。

> 普通操已乏味了，而兵操尤可恨。废枪领来了，是奇重无比的九子枪，并且在枪管里全填紧了泥土。大概营务处的人过于小心，生怕学生们过于灵巧，会将废枪修理出来造反，所以才费了大力，把枪管给塞了。他们却未想到，纵然有枪而无子弹，依然是造不起反的。
>
> 枪是那么重，教兵操的教习，平常很为学生们看不起而直呼之为"兵"的，现在因为运动会之故，忽然重要起来，一开始就教学生托枪开步跑。不到三天，郝又三同好些学生的肩头都着枪身打肿打烂，而两臂更其酸软得绞不起洗脸巾，提不起笔。
>
> 学生们说："我们并不想当兵，又不想在运动会中抓第一，为啥子要这样苦我们？"教习则说："既是兵操，就该有军国民的资格。鄙人留学东京，对于兵操，向有研究，托枪开步跑，是兵操中最要紧的科目，要是学精了，啥子军国民都抵不住的。"
>
> 一星期之后，兵操竟自大大进步，托枪开步跑时，大家一口气居然可以跑上半里，而枪身居然不在肩头上跳动。（李劼人，2011）[206]

当时的学堂学生多出身于上层人家，平时养尊处优，一方面吃不了苦，另一方面也看不起教兵操的教习。除了这些个人的态度，学堂兵操曾引发了群体性抵制。1907年，宝山县第四联区劝学员在大场学区公立初等小学堂调查时发现，该校学生人数相比去年大为减少，劝学员对此现象颇为诧异，经向校董了解后才知，竟然是因为体操课的关系。前一年官方刚刚发布过征兵令，许多家长想当然地认为该校开设体操课，教授学生兵式体操，是为了配合政府征兵——"颇疑学生今习体操皆为日后当兵之用，故益不敢令其子弟来"。（高俊，2013）[144] 1906年广州府中学堂的兵操科还引发了一次罢课风潮。原因是兵操教员性情粗暴，对待学生如同士兵，动辄拳打脚踢，因此导致学生罢课抗议。（李桂林 等，2007）[351]

学堂兵操还很容易充当触发"革命风潮"的介质。1911年舒新城在湖南溆浦县立高等小学堂上学。此时舒新城受革命思潮影响，对清政府不满。当年4月，学部令学堂增加兵式操。舒新城认为这正是勤习武备、御外靖内的绝好机会，不料学堂仿制若干木枪，由一位在长沙当过新兵的体操教员领导学生在操场上效兵的动作。舒新城上了第一课之后，便"觉得太滑稽，更感得异族欺人过甚，非设法推翻清室不可。……不加兵式操则已，既教兵式操，一切便当和真的兵一样，人当效兵的行为，枪也当用兵所用的真枪。而当时的枪却是假的，名目又要作兵式操，是执政者明明存着满汉种族的界限而不信任我们汉族，姑假此以为玩弄之具"（舒新城，2018）[54]。下课之后，舒新城便与同学黄复商量革命之法，以得真枪为第一步的手续。舒新城带头罢课，表示不发真枪就不上课。最后的结果是，当地绅士出借了私藏的枪支给学校。然而复课后不久舒新城就被开除出校。事后舒新城回忆，自觉当时不过是凭一时意气，其实对于革命排满的含义不甚了了。（舒新城，2018）[55] 其实，舒新城对清政府的种种怀疑并非毫无根据。清政府一方面提倡学堂兵操培养"尚武精神"，另一方面也担心学生学了兵操起来干革命。《学务纲要》曾规定私立学堂的兵操只能使用木枪，学堂不能发真枪，实际上官办学堂也不敢给学生发真枪。前引李劼人在《暴风雨前》中所描述的四川高等学堂里的兵操课情形，是因为要举办运动会，有兵操一项，学堂为了能出好成绩，便向制台衙门营务处申请领了一些废枪便于兵操，待领到手却发现是奇重无比的九子枪，而且枪管里全填紧了泥土。然而，当局怎么防范最终也是徒劳。据当时在重庆中学堂上学的陆殿舆回忆，武昌起义时，重庆府中学给学生用来上军事操的九子枪就派上了用场。（李桂林 等，2007）[365]

1917年毛泽东在《新青年》上刊发文章《体育之研究》，指出兵式体操"教者发令，学者强应，身顺而心违，精神受无量之痛苦，精神苦而身亦苦矣。盖一体操之终，未有不貌憔瘁神伤者也"（张宝明，2019）。1918年德国在"一战"中战败，军国民思想退潮。[①]1922年壬戌学制将"尚武"删去，改"体操"为"体育"，兵式体操被取消。不过，基础体操作为一种强身健体的卫生运动仍然被保留。至20世纪30年代，在农村小学生的日常安排中，还可以看到每日习练体操的定课。

二、"内壮"与"外壮"：体操观照下力学之道的探求

西方体操的流行促使中国人重新思考和研究本国既有的身体操练技术。较早关注这个问题并付诸实践的是中医学界。

1897年，温州瑞安的利济医学堂编创了一套体操，定名为"利济卫生经"。这套操法是在医学院创办人陈虬的主持下，以医学堂学生张煜卿平时所操练的内家拳为基础，同院诸生"相与究经脉起止之原、针穴流注之故，参以花法解数"（刘时觉，2005）[79]而编创出来的。在研讨创作这套操法的过程中，陈虬及利济医学堂的学生对中西体操的差异进行了探究。当时利济医学堂曾以"近日学堂皆增体操，与拳法有无异同？"为题旨，让学生分析中国的各种身体操练技术的源流。医学堂学生何炯就此题所作的议论《试述体操拳勇之源流》被陈虬吸收进《利济卫生经天函》的前言中。（刘时觉，2005）[82]

当时社会"尚武崇力"，何炯此文有针对性地从中医身体观出发，探

[①] "一战"德国战败，当时人们认为是"公理战胜强权"的一个范例，使得中国人相信中国也能通过公理走向民族自强，军国民主义不符合当时的民主主义潮流。

讨身体的"力学之道"。文章除了分析中国各类拳术源流，还特别分析了当时上海广学会出版的体操教科书《幼学操身》，将其与《易筋经》进行比较。

《幼学操身》于1890年由英国的庆丕和中国的翟汝舟共同编纂，由广学会出版的同时还刊载于《万国公报》，随后几年又由其他书局刊刻广泛传播。全书共32节，配有32幅体操图，除了徒手体操还有一些哑铃、器械操，适用于儿童日常操练（见图4-6）。

其序言中谈到身体操练与身心健康的关系：

> 夫人之聪明睿知，惟恃心脑为根源。心本主身，脑为顶髓。欲使心脑灵通，又必赖气血为之涵养。气血上下周流，心脑并生神志，是藉之功能使全体筋络无一不活，气血无一处不周，心脑并蓄，神志丛生，此才之所由来也。（庆丕 等，1898）^序

这段话中对心脑与气血关系的认识，虽用了古代术语，却很接近现代解剖医学的身体观。

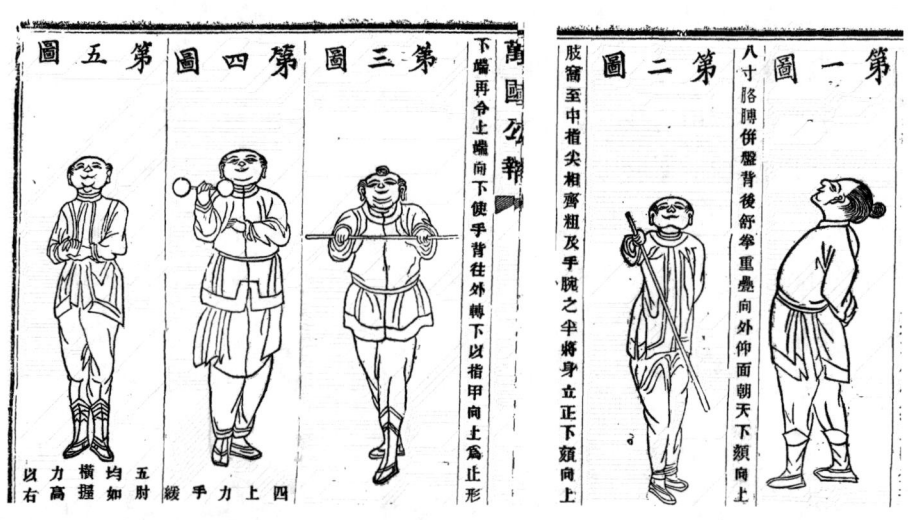

图4-6 《幼学操身》书影

《幼学操身》出版之后常被拿来与《易筋经》作类比。何炯对二者评论道：

> （易筋经）其书虽言内壮而意主筋膜，专事揉功，较之三峰，实有内外，此其别也。《幼学操身》为图三十有二，按法操练，亦能使力气骤长，然不明医经"力出于心"之旨，徒求之肘、腿、膀、肩，脊背腰眼、胸腹躯壳之外，尚（虽）不若《易筋经》般剌密谛所译之《总论》、《膜论》、《内壮论》三篇，尚多入道中窍之谈也。（刘时觉，2005）[83-84]

显然，何炯认为，《幼学操身》只是锻炼躯体的力量，在深度方面比不上《易筋经》。即便是重视强健筋膜揉功的《易筋经》，他认为也不及专事内功的内家拳法（张三峰）。那么正确的操练法是什么样呢？

> 按摩本自为一科，然必洞明经脉气血之原，阴阳消长之理，针穴流注花法解数配天象地，方可制而为经，约而为体操，舒而为拳勇，以意注，以气运，以精通，以神行，则内外调和，耳目聪明，气立如故，非徒以却疾祛邪已也。盖广步缓形，著于经论，引颈咽气，述自遗篇。……夫达德有三，勇居其一。……盖力学之道会其通则可语性命之精，得其偏则或流血气之暴，……①（刘时觉，2005）[84]

按何炯的说法，身体的操练讲求经脉气血、阴阳消长等医理，意气精神要能够会通。然而最重要的还是通达"性命之学"，因为"勇"为三达德之一，不能流于血气之暴。这段关于勇的解释与孟子的养勇之说何其相似。

"力学之道"在陈虬为《利济卫生经天函》（见图 4-7）所写的前言中说得更加明白：

---

① 这一句在刘时觉主编的《温州近代医书集成》中写作：盖力学之道会其通则可，性命之精得其偏则或流血气之暴。而何炯发表在《利济医学报》上的原文中，"可"与"性命"之间还有一个"语"字，文意更通畅。此处依《利济学堂报》上的原文校正。参见何炯. 文课[J].利济学堂报，1897（3）：6-7.

且言操法，皆属外壮，与生力之原，终未有得。……言力出丹田，则其弊亦与少林外家同，不知力出于心，经有微旨。盖五行之用，唯火涨力最大，泰西格致家言，力者热之所蓄积也，故一切汽机皆藉火力始动，癫狂邪火冲心，亦能有非常之力，诚以"心者君主之官，神明出焉"。体虚而用柔，苟得其驭之之术，则垓里亿载，曾不瞬息，重泉九天，速于光电，将意之所注，气即至焉，气之所到，精即通焉。贯乎意气精三者之中，而生生之机游行其间者，则神是也。（刘时觉，2005）[80]

陈虬以蒸汽机作比喻，来说明人的身体也同样有一个力的发动点，这个发动点即神明之主——"心"。可见，这一身体观非但不同于西方体操的躯体观念，也不同于中国武术家"力出于丹田"的血气身体观，而是强调以"心"主神志，贯通"意气精"，即强调精神修养对躯体的重要作用。何炯在文末引用《管子·内业》之言："人能正静，皮肤裕宽，耳目聪明，筋韧而骨强。乃能戴大圜而履大方，鉴于大清，视于大明，敬慎无忒，日新其德，遍知天下，穷于四极。"（刘时觉，2005）[84] 毋宁说，这是医学版的心性修身论。

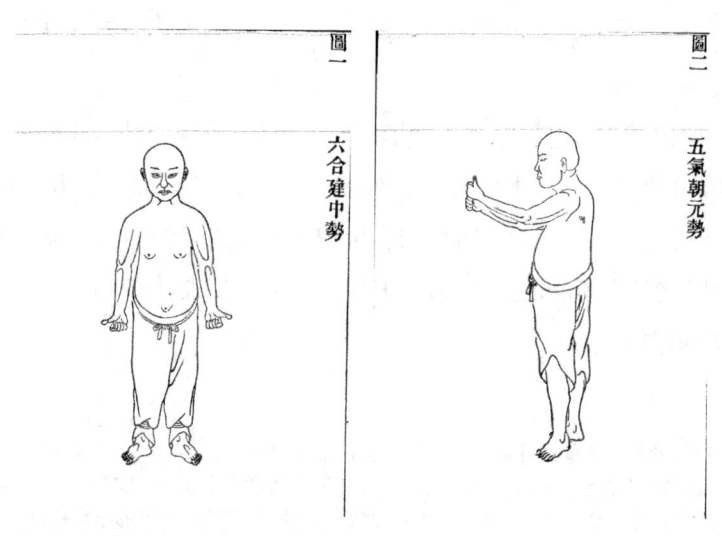

图4-7 《利济卫生经天函》书影

那么，利济医学堂的这套操法实际上如何操练呢？"利济卫生经"是结合导引术和拳法的一种气功体操。除了躯体动作，还要配合相应的呼吸——"气纳丹田，形神相得"，"气纳关元，督脉上耸"，"咽津"，"数息"。最值得注意的是用力方式，须"用力在有意无意之间"，"忌用力牵强，臂指枯鞭"，"忌着力掉运，蛰气不实"。因为"力"从属于意－气－精－神的内部系统，所以应避免用拙力造成肌肉僵硬紧张，这种对向外用力的避忌正对应于何炳、陈虬对西式体操只求"外壮"的批评。

利济医学堂成立于1885年，是浙南地区最早的医学堂。其创办人陈虬是晚清维新派，与宋恕、陈黻宸并称"东瓯三先生"。陈虬于甲午战后，曾参加康有为等组织的保国会。陈虬还是主张汉字改革的先驱，创制过拼音字母。利济医学堂虽是中医学堂，也讲授解剖学、卫生学等西医知识。

陈虬、何炳探讨"力学之道"有一个基本的分判，就是"内壮"和"外壮"之别。自严复提倡"鼓民力"以来，有关身体和卫生的问题逐渐受到重视。然而，由"国力"转化而来的"民力"却并不一定直接回应国家层面的需求，其关隘正在于追求"内壮"与"外壮"的划分。诸多学者已注意到，受反求诸己的修身传统影响，中国近代知识分子在寻求政治和社会变革时往往以改造个人为出发点。（王东杰，2007）[234-235]（杨贞德，2012）[1-2] 反求诸己不仅将视线从国家、社会层面转向个人，而且意味着对个人内在世界的深度关注。从陈虬这样的早期维新派身上，我们可以看到身体操练指向的不是向外对抗式的力量训练，而是一种对"内壮"的追求。由"意气精"贯通到通达"性命之学"，毋宁说是"修身体道"的另一种展现方式。

陈虬并非个例，上海育材书塾（南洋中学前身）的创办人王维泰1897年在《知新报》上发表《体操说》。他反对将体操与武术技击联系起来，认为体操"实非西法，乃我中古习舞之遗意，而教子弟以礼让之大本也"。王维泰认为体操有诸多益处：

子弟终日伏案，心瘁力疲，稍一放纵，辄思偃息，殊非行健不息之意，此时体操，则筋脉流动，气血条达，可以振作其精神，而免疾病，其利一也；子弟为馆束缚，劳苦厌倦，甫经闲散，踊跃超距，情不自己，为师者亦未便再加拘禁，此时体操，藉得将顺其意，匡救其恶，师若弟有亲爱之情，无扞格之苦，其利二也；子弟群居杂处。良楛不齐，范以规矩，约束难周，示以威仪，从违不一，此时体操，则易于指挥，寓武备于文教之中，化气质于形骸之表，其利三也；且必执戎器，衣戎服，使心思有所拘，手足有所寄，而后不以儿戏为事，即平时行动举止，亦有所遵循，不敢纵肆自放于礼法之外，其利四也；且必严号令，定赏罚，使耳目有所注，功过有所分，而后渐知长幼有序，不以角力争竟为雄，心平则气和，法行则礼立，其利五也。（朱有瓛，1986）[620-621]

王维泰虽然列举了五大类益处，然而除了第一项，其余各项均是围绕"礼法""威仪"方面来谈的，并且最后王维泰总结说"今所谓体操者，乃尚文非尚武，乃教让非教争，乃我中学六艺之纲领，经曲之权舆也"（朱有瓛，1986）[621]。王维泰的这种体操观以身体操练为礼仪教育，甚至是修身之教，倒是非常接近王阳明《训蒙大意示教读刘伯颂等》中的看法。1919年郭希汾编写的第一部《中国体育史》出版。该书将道家导引术、五禽戏、《易筋经》、坐功、八段锦等皆归入体操术，并且指出中国体操与西方体操的不同在于"礼教"之殊途。中国古代"六艺"中虽有射御之术，但讲究"礼射与投壶，揖让进退，其尚礼为何如"，而欧西各国的体操不讲究这些礼仪气度。（郭希汾，1919）[137]身体操练则有两方面的差异：一是呼吸之法上，西方人只讲究深呼吸，中国身体操练技术"别有运气之方，逆呼吸以迫入丹田，且有必须规定时令"；二是下肢运动，"西人之于运动以活泼轻捷为指归，吾国之于国技以巩固下部为基础，故北派于习拳之始，必先学习潭腿，……技击者每先学习站桩"。（郭希汾，1919）[138-139]这种讲究"内功""下盘"的修习方式，对应的正是"君子务本，本立而道生""物有本末，事有终始，知所先后，则近道矣"的修身之方。

"内壮"追求的既然是个人内部系统的贯通平衡，就势必难以将此操练之身作为国家民力强健的基础，后者要求的其实是"战斗力"。如果说"力的发现"（"鼓民力"）是中国近代史上一大文化转向（郭国灿，2016）[222]，那么与这一转向对应的是从专注内在系统的"内壮"视角转向一种向外的"争竞"意识。正因为如此，1902年蔡锷在《新民丛报》上发表《军国民篇》，提出"国民之体力，为国力之基础；强国民之体力，为强国民之基础"，主张向德日等国学习，开展军国民教育。1903年梁启超发表《新民说·论尚武》，将矛头指向了中国历史和文化，认为中国恶争乱而乐和平、尚文质而厌武力的传统造成了国家武力脆弱、民气怯懦。正是在这种军国民思想的鼓动下，兵操得以流行，被视为"外壮"的各类拳法也受到大力提倡。

1907年黄炎培就任浦东中学校长，在他的支持下，学生成立体育自治会，设有拳术部。黄炎培在《体育大会趣旨》一文中谈到拳术：

> 三十年前，浦东拳术方盛，滨海农隙，辟场授徒，无壮幼咸集，短衣揎袖，意气不可一世。洪杨变作，海隅村落，乱徒无敢近者。顾以无教育故，辄酿为械斗恶习。洎鸦片风行，此道遽衰。今徒闻之父老，若负盛名，若擅绝技而已。虽然斯亦国粹之一种，与日本所谓剑术、柔道，法殊而用则一。宜若可以保而存之者也。难者曰，枪炮行，拳何赖？则诘之曰，曷为日本士夫方盛倡柔术乎？论者且归美焉，谓致强之本在是。盖狭巷短兵厥用斯著，要亦明哲卫身之一助云尔。故令诸生学焉。（朱有瓛，1987）[484-485]

黄炎培提倡学堂拳术的态度代表了当时大部分人的想法。实际上，在学堂体操兴起之前，作为技击术的拳术（武术）一度遭到冷遇，特别是义和团运动以后，清政府禁止民间习武，武术在政治上完全失势。（胡玉姣，

2018）[52]直到西方体操在学堂开展，国人受到"东亚病夫"蔑称的刺激，重新燃起了对于拳术的热情，并将其称为"国术"。1910年，天津武术家霍元甲在上海创办"精武体操会"（后更名为"精武体育会"）教授拳术。这是第一个对技击术进行课程教学的民间团体，在之后的一百多年里，这个社团发展壮大，成为近代以来影响最大的民间体育团体。精武体育会对传统拳术的教学方式进行了改革，倡导拳术普及化，特别是体操化，从"国术"层面改造中国人的身体。

拳术与中医学一样，在传统民间社会扮演着重要角色。古代读书人虽不以此为业，但也会有所研习。这两门养护身体的方法有共同点——关注身体的特殊性先于普遍性。拳术本为技击术，用于攻防格斗，带有鲜明的个人风格和特性。传统拳术分门别派，守派意识突出。民间习武以拳师为核心，模拟血缘关系形成了类似家庭中父子关系的师徒传承机制。同时，中国传统武术思想讲究含蓄务实，遇事中庸，不予争先，反对张扬炫耀，这导致传承过程慎之又慎，对徒弟的筛选和传授十分严格和谨慎。因而拳术传播具有浓厚的地域性和封闭性，带有民间武术社团的性质。精武体育会打破了"因袭宗法，师徒秘传"的武术传承模式，采取自由择师、公开传授的方式；在教学组织方法上，采取新式课堂教学模式，打破了传统民间练武组织所具有的宗法或宗教色彩。（胡玉姣，2018）[52,54-56]

为抵制西式体操，精武体育会以技击术为基础创编了中国式体操——将其所编创的"精武十套"等武术动作和套路，仿照西方兵操的模式，按动作特征配上口令，进行集体操练。教授中减去对于各种拳法、拳理的烦琐解释，通过教官对武术动作的亲身示范，配合适当口令，一教数十人、数百人。简化后的武术体操易于普及，当时上海几十所学校都把精武体育会所倡导的体操作为必修课程，并聘请精武体育会的教员来校教授技法。普及性的传授方式放弃了对个人身体的特殊性的关注，造就了一种普遍性的身体，也唯有这种普遍性的身体才能作为"国民"无差别地与"国家"联系在一起。

20世纪民力的鼓动和竞争意识的培养借助公共空间里的身体展演来

实现。近代中国身体的空间展演，除了示威、游行、街头讲演、国民大会等活动，其实还有一种重要的形式，就是运动会。20世纪初期，中国各级学校举办的运动会非常兴盛，人们普遍相信"此风已开大开矣，将来各地学校踵而行之，即尚武之进乎"（佚名，1904b）。鲁迅也曾说在运动会上看到了"中国将来的脊梁"[①]。

虽然传统社会武术操练以张扬炫耀为忌讳，但在20世纪的运动会上，拳术也进入展演的序列。图4-8和图4-9分别展示的是小学和女学堂学生在运动会上进行的拳术表演。精武体育会所编创的体操非常适合团体表演，试图通过团体操培养"共同生活之精神"。没有什么比统一的口令、整齐的动作，更能让人感受到自己身处团体之中了！拳术的体操化实现了向体育的转向，这种身体操练又进一步变成了一种身体景观，从而彻底消解了原先具有特殊性的深度内在的身体。

图4-8 《中华学生界》1916年第6期刊发的小学拳术表演照片

[①] 原文为："我每看运动会时，常常这样想：优胜者固然可敬，但那虽然落后而仍非跑至终点不止的竞技者，和见了这种竞技者而肃然不笑的看客，乃正是中国将来的脊梁。"参见鲁迅.鲁迅文集：4[M].兰州：甘肃文化出版社，2018：113.

图 4-9 《无锡竞志女学杂志》1910 年第 1 期刊发的女学堂国术表演照片

第三节 从身心涵养到身体塑形

  论及中国修身传统的特色，多数人会自然地想到修身工夫。自宋明理学以来，儒家修身工夫结合释道两家的修行方式，有了纵深的发展。清末学制修身科要义中明确规定"修身之道备在《四书》"，要求以朱子的《小学》、刘宗周的《人谱》等为教学材料。对于修身，朱子曾总结"涵养须用敬，进学在致知"，即格物致知与涵养工夫是修身的两个方面，"涵养"是基础。癸卯学制强调修身科要注重"启发儿童之良心"，"变化气质"，"涵养其性情，舒畅其肺气"。(璩鑫圭 等，1991)[294] 可见，传统理学重视涵养的修身观念依然贯穿了清末学制。民国建立以后，《教育部订定小学校教则及课程表》规定小学校修身要旨为"涵养儿童之德性，导以实践"，同时指出"宜授以民国法制大意，俾具有国家观念"。民国《教育部公布中学校令施行规则》规定中学校修身在于"养成道德上之思想情操,并勉以躬行实践,完具国民之品格。修身宜授以道德要领,渐及对国家社会家族之责务,兼授伦理学大要,尤宜注意本国道德之特色"。(璩鑫圭 等,1991)[690-691, 669]

一、涵养工夫与修身技术

"涵养"在修身教科书中并不少见。成都大成中学的校长徐炯所编的《中学修身教科书》单列了一篇专论"涵养":

> 养身、养心、养性、养气,皆发自孟子。而所以养之者,孟子特释之曰:勿忘勿助。呜呼!其旨精矣。试即孟子诸说详释之。
>
> 自对于万物而言,有身之名,苟失其养,则大体蘙然,小体随之,所谓贼其身是也。
>
> 自充乎一身而言,有气之名,苟失其养,则轶于奔驷,甚于溃川,所谓暴其气是也。
>
> 自宰乎一身而言,有心之名,苟失其养,则出入无时,莫知其乡,所谓放其心是也。
>
> 自统乎一心而言,有性之名,苟失其养,则矜其小智,务为穿凿,所谓害其性是也。
>
> 曾文正曰:涵如春雨之润花,过小则难透,过大则离披,足与勿忘勿助之旨相发明。然则涵也,养也,皆有适中之义乎。
>
> 就其粗者言之,有声音以养其耳,有采色以养其目,有歌咏以养其性情,有舞蹈以养其血脉。进一境焉,则为高忠宪之厚积深培;再进一境焉,则为薛文清之静坐观心;又进一境焉,则为程明道之吟风弄月以归,皆寄身于从容无竞之境,游心于平淡不扰之乡,故能喜怒哀乐自然中节,动容周旋自然中礼。有敬畏,无拘苦,有洒落,无放逸,其神志则超然也,其气色则穆然也,其动定语然,则温然肃然也。夫亦曰涵养之道得焉尔。
>
> 涵养之道得,则变急为缓,变激烈为和平而浑然之中,无复圭角,

涵养之道得，则泰山崩于前而色不变，麋鹿兴于左而目不瞬，何者，其心定也。

涵养之道得，正如培壅浇灌之既久而一粒菜籽，自然发出许多生意。

涵养之道得，则仰观俯察，无往非鸢飞鱼跃之精神。

涵养之道得，则此心虚若太空，明若秋月，寂若夜半，定若山岳。

涵养之道得，则平旦时清明景象如在伏羲时一般。

涵养之道得，则旋乾转坤之事，悉出于从容谈笑之中。

陆象山曰："涵养是主人翁，省察是奴婢。"吕新吾曰："涵养要九分，省察只要一分，盖省察是从消极一方面著力，涵养是从积极一方面下手，学者果有意于身心乎，其积极进行焉可也。"（徐炯，1916）[12-14]

此文自"身""心""性""气"而论，以孟子"勿忘勿助"为宗旨，再言涵养之境界与气象，可谓集宋明理学涵养之精义。从中可以看出，理学家所谓的涵养其实是一种心理工夫。诸如立志存主、反观内求、切己体察、居敬存诚等，都是心理活动。不过，随着西方心理学传入中国，人们对心理活动的认识发生了变化。

（一）从心学到心理学

1896年上海格致书室出版了《治心免病法》。该书由美国人乌特亨利所著，傅兰雅将其翻译成中文，是一本介绍心理治疗（催眠术）的书。治心免病意为通过心念的改变治疗身体的疾病，而其所指的疾病是西方流行的酗酒和中国人的鸦片成瘾。其书序中说："此书特设一法，将此善念之字样编成诀要，令人目见之，耳闻之，心念之，为治心之药石，心治则身无不治矣。……夫有瘾之身无异牲类，人牲之别全在一心，而此心同于天心者也。"（乌特亨利，1896）[序]

这里传达的观念是"身"与"心"相通，心念能够改变身体的病痛，"心"能够通于"天心"。这些观念与陆王心学有某种相通之处。这本书翻译出来后，吸引了当时知识分子的注意，其中包括梁启超和谭嗣同。（Liu，2009）他们对于此书所倡导的"心力"十分感兴趣。传统道德哲学中，从孟子一系到陆王心学，"心"确实是修身成德的关键点。因此，近代知识分子对于西方心理学的本能理解方式就是将其与传统的心学接通①。此时所讲的催眠术显然位于科学心理学门外。

清末，近代科学心理学最先出现在师范学校课程中，从日本引入，当时由日本人担任心理学课程的教习。②就笔者所见，光绪三十二年（1906年）由文明书局出版的第一版《最新心理学教科书》，以智的现象（直观、感觉、知觉等）、感情的现象（感应、情绪、情操）和意的现象（意志、本能、冲动等）为主要框架，不讨论身心问题，更不涉及"心"与"天心"的关系等形而上的观念。（龚诚，1906）1907年王国维翻译出版了丹麦人海甫定的《心理学概论》，后来再版约有十版，这是中国人学习科学心理学的源头。这本书原著出版于1882年，其写作时间正好是心理学脱离哲学成为独立的实验性科学的时段。全书共有七篇，前四篇为心理学之对象及方法、精神及身体关系、意识与无意识之关系、心理的原质之分类，后三篇为海甫定根据康德的知、情、意三分法撰写的知识之心理学、感情之心理学、意志之心理学。（赵莉如，1992）[21]从前述《最新心理学教科书》的基本结构中，我们也可以看出三分法的痕迹。1910年王国维翻译了美国人禄尔克所著的《教育心理学》，全书分二十一篇，除绪论一篇外，有四篇分别论述精神现象之分类，精神之物质基础，精神、意识，精神活动之条件，有七篇论述知力（包括感觉、记忆、判断、想象）、感情（包括情绪、感应、欲望）和意志，各篇均先阐述心理学原理，然后联系教授上的应用以便于教师实践，有六篇论述领受力、推理力、表出力、创造想象

---

① 实际上，傅兰雅在翻译的时候有意识借用心学观念以使中国知识分子能够接受。
② 服部宇之吉1902年至1909年任教于京师大学堂，是京师大学堂聘请的第一位日本教习，也是师范馆教授心理学课程的第一位心理学老师。在科学心理学诞生之后，第一部汉译的心理学著作是王国维所翻译的《心理学概论》。参见钟年.近代学人视野中的心理学[D].武汉：武汉大学，2010：27，37.

和意志之修养等，最后三篇为心理学之于形式教育上之应用、方法论和精神研究之方法及记述。（赵莉如，1992）[21-22]自从心理学独立为实验性科学以来，心理学著作都力图避免"形而上学思辨"，重视科学研究方法，强调以神经系统为心理学的物质基础，注重解剖生理学的知识。解剖生理学明确将原先不在五脏六腑之列的"脑"提升为一身主宰，而在传统医学和修身学中极为重要的"心"地位下降。在有关学习的论述中，"心"被"脑力""脑筋"所代替。[①] 王国维的心理学译著中所使用的词汇是从日本沿用过来的，已经非常接近现代心理学术语。谈到西方学术的输入，王国维认为中国语言不足，不得不造新词，而这又比不上日本的译词。（赵莉如，1992）[22]语言变化的背后是观念系统的转变。从生理学、解剖学、卫生学的引入到心理学的科学化，传统的身心合一的"气化"身体观基本上被拆解掉，传统心理观也发生了转变。此后，"身"便指现代医学意义上的身体，身体与心理自然形成了二元结构。"心"从传统心学中"以心摄身"的道德本心转化为现代心理学所研究的精神活动机能。20世纪20年代以后，美国教育学理论开始流行，桑代克、杜威、詹姆斯的心理学理论取代了清末从日本、德国引进的心理学理论，成为新一轮的教育学基本理论。[②]

（二）成为养生术的静坐

沪上掌故专家郑逸梅曾记录过一则丁福保与蒋维乔"比寿"的逸事：

某日，丁老（丁福保）和竹庄（蒋维乔）晤谈，谈到养生之道，

---

① 如《共和国教科书新修身》的教授法中有言"小时习惯未深，脑力充足"。参见庄庆祥.共和国教科书教授法：高小部分：新修身[M].北京：新星出版社，2011：157. 由于近代解剖学、生理学的发展，至19世纪中叶，脑通过神经控制全身的观念在欧美已颇为普及，药商也不落人后，纷纷推出相关"补脑"药品。参见张宁. 脑为一身之主：从"艾罗补脑汁"看近代中国身体观的变化[J]."中央"研究院近代史研究所集刊，2011（74）：1-40.

② 舒新城于1919年编写了《心理原理实用教育学》，该书主要以美国教育学、心理学为蓝本，采纳了杜威、桑代克、詹姆斯的学说；于1920年编写《教育心理学纲要》，主要采取桑代克的学说；于1922年又编写了《心理学初步》。参见舒新城. 三十五年教育生活史：舒新城自述：1983-1928[M]. 杭州：浙江大学出版社，2018：250，258-259.

一主张空气，一主张静坐，两不相下，最后作出结论，将来谁先死，便是失败，谁后死，便是胜利。据我所知，丁老作古在竹庄之前，竹庄也就自诩静坐操必胜之券。（郑逸梅，1989）[148]

此事并无具体时间和细节，只见于郑逸梅的回忆。不过，丁福保和蒋维乔关系密切，皆为知名的"养生家"则确凿无疑。二人原是南菁书院同学，丁福保兼擅中西医学，编写过《蒙学卫生教科书》，在近代医学史、卫生史上占一席之地。蒋维乔是教育界人士，曾加入商务印书馆编写《最新国文教科书》。蔡元培担任教育部总长时，他进入教育部任参事，后又任江苏省教育厅厅长等职。虽然此事中两人对养生的主张有分歧，但其实他们有不少一致的主张，二人对于静坐都有所研究。蒋维乔1914年写作《因是子静坐法》，由商务印书馆出版，发行了数万册，流传很广。1918年，蒋维乔又出版了《因是子静坐法续编》。到了1920年，丁福保也刊行了《静坐法精义》，形成竞争态势。蒋维乔的静坐法偏重实践，方法明了，易于操作，风靡一时。

自宋代理学家提倡"半日静坐，半日读书"后，静坐就成为读书人日常修身的专门技术，也是士大夫的一种生活格调。蒋维乔提倡静坐，是将其作为养生法进行推广。这与他自己的经历有关。蒋维乔幼年体弱多病，后阅读医术上的道家养生法而习练静坐，收到奇效。到了上海以后接触生理学、心理学、卫生学等书籍，便想"以科学方法，说明静坐的原理，扫除历来阴阳五行、铅汞坎离等说"（蒋维乔，2016）[125]。其实，在蒋维乔所处的时代，佛道两家和理学家对于静坐的原理与修习方法的解释已非常丰富，出入于佛道和理学的蒋维乔对此相当熟悉。《因是子静坐法》畅销的原因正是在于它用了一套现代化的知识体系去解释那些所谓的"神秘"经验，让人理解和操作起来更加容易，譬如用"重心"替代"丹田"，用"新陈代谢""血液循环"来解释静坐养生的原理。与蒋维乔相比，丁福保的养生观点更接近今天人们的健康观念。丁福保因患病久不愈而学医，挂牌行医之后又考察日本医学教育，回国后致力于传播新医学。他极其主张呼吸新鲜空气,即使在冬天睡眠时,也要打开窗户让新鲜空气进来。不过,丁福保笃信佛教,他写的《静坐法精义》阐述"儒、佛两家静坐理法,兼及道家的黄庭、守一、元神诸论",不免曲高和寡,销路不广。(徐慎庠,2011)[93]

蒋维乔在出版《因是子静坐法》后又翻译了日本铃木美山所作的《长寿哲学》,不想却招来了鲁迅的批评。在鲁迅看来,蒋维乔阐释静坐法所用的"科学方法",不过是"把科学东拉西扯,羼进鬼话,弄得是非不明,连科学也带了妖气",非但不利于传播科学,简直是在"捣乱"。① 例如,用植物比喻人的身体以解释静坐原理:"吾人初生之一点,实自脐始,故人之根本在脐。……故脐下腹部最为重要,道书所以称之曰丹田。"(鲁迅,2015)[123] 道理根本讲不通。最让鲁迅无法容忍的是《长寿哲学》引用的关于霍乱菌的医学实验有误,且用错误的医学信息来论证"精神能改造肉体"。② 霍乱菌的发现在当时法国和德国的微生物学界曾引发论战,反对方坚持认为霍乱菌并不能单独引起疾病,之后才有了蒋维乔译书中所引用的"食菌不病"的公案。③ 蒋维乔并非医学专家,在当时具有争议的

---

① 原文为:"其中最巧妙的是捣乱。先把科学东拉西扯,羼进鬼话,弄得是非不明,连科学也带了妖气。"参见鲁迅.鲁迅全集(第一卷)[M].北京:光明日报出版社,2015:123.
② 其实,鲁迅的批驳与蒋维乔的原话有些出入,虽然微小,却不可忽视。蒋的原文是"精神能影响于血液,昔日德国科布博士发明霍乱(虎列拉)病菌,有某某二博士反对之,取其所培养之病菌,一口吞入,而竟不病"。鲁迅在指出引述医学实验有误之后说:"如今颠倒转来,当作'精神能改造肉体'的例证,岂不危险已极么?""精神能影响于血液"和"精神能改造肉体"两个说法之间的指向和意涵差异不可谓不大。在近代语境中,后一种说法直令人联想到"拳匪之乱",确乎危险!然而这句话并不是蒋的原意。参见鲁迅.鲁迅全集(第一卷)[M].北京:光明日报出版社,2015:123.
③ 霍乱的致病菌(霍乱弧菌)由1884年德国微生物学家罗伯特·科赫(Robert Koch)发现,但他的成果发表后却遭到了著名卫生学家、慕尼黑大学教授马克斯·冯·佩滕科菲尔(Max von Pettenkofer)的反对,后者坚持"霍乱地源理论"。为证明科赫的错误,佩滕科菲尔在1892年当众吞下被霍乱弧菌感染的水,结果除了一些肠胃不适,并没有出现霍乱的症状,于是坚定成为科赫理论的反对者。事后对于佩滕科菲尔何以不致病的解释也是众说纷纭,有的说是因为他拿到的培养液经过了多次稀释,里面的致病菌已经衰弱无力;也有人认为是否致病与每个人对病原体的敏感度有关,佩滕科菲尔的实验并不能证明霍乱弧菌不是致病原。不过,佩滕科菲尔的一位助手也同样喝下霍乱菌培养物,之后染上了霍乱,最后死里逃生。此外,在当时,科赫的理论还遭到了另一位微生物学(转下页)

医学知识被大量引入的情况下，引述的知识错误并非不可谅解。[①] 被斥为"妖气"的真正原因恐怕在于这些养生法与儒佛道中的"玄学鬼"脱不开联系。

实际上，蒋维乔的《因是子静坐法》已经剥离了修身的心性工夫，成为一种纯粹的身体技术——养身。然而，近代生理学与心理学各自发展成独立学科之后，纵深性的身心互动难以被看见和讨论。站在科学的立场来看，包括静坐在内的传统养生法所关联的"气化"身体观自然无法匹配现代医学和生理学的解释体系。这种身体观的变化直接影响身体经验在修身教育中的呈现方式。与"气化"身体观相联系的调身与养生的工夫体验逐渐在修身教育中被湮没，也无法被吸纳进基于生理解剖学的现代体育卫生训练中。

二、教科书图像叙事与修身美学的断裂

"涵养"其实是身体–境域化的活动。在古代修身教育中，"经典"与"主体"的互动形成一种涵养–玩味的关联。在清末的修身教育中，教科书大量采取插图叙事，在某种程度上保持了这种关联，延续了古代修身美学的意蕴。不过，在近代文化转型中，这一维度发生了断裂。直至20世纪30年代，对美育的提倡才重新接续起来。

清末民初的教科书都非常重视插图，除了受日本教科书的启发，也与儒家"图像教化"传统有关系。美国学者孟久丽在其书《道德镜鉴：中国叙述性图画与儒家意识形态》中对此做过深入细致的论述。叙事性绘画可

（接上页）专家路易·巴斯德（Louis Pasteur）的质疑。最终，科赫用后来的研究找到了更确凿的实验证据。参见佩罗，施瓦兹. 巨人的对决 [M]. 时利和，译. 深圳：海天出版社，2018：118-126；余凤高. 鲁迅杂文中的医学文化 [M]. 桂林：漓江出版社，2014：1-11.

① 鲁迅在1925年补充说，医学实验的具体情况他也记不清细节："关于吞食病菌的事，我上文所说的大概也是错的，但现在手头无书可查。也许是Koch博士发见了虎列拉菌时，Pfeffer博士以为不是真病菌，当面吞下去了，后来病得几乎要死。总之，无论如何，这一案决不能作'精神能改造肉体'的例证。"可见，时人对于医学实验资料的掌握并不容易，医学知识传播过程中常出现错误。参见鲁迅. 鲁迅全集（第一卷）[M]. 北京：光明日报出版社，2015：126.

以通过典范人物形象和叙事性情节让观者感受人格典范与道德价值，一直在平民教化、女子教育和蒙学教育中占有很大比重。孟久丽注意到清政府在1905年为省会学校教学刊行了《钦定书经图说》。（孟久丽，2014）[213]同一时期民间书局出版的很多教材都带有绘图，比如《绘图女学修身教科书》《绘图蒙学修身教科书》。这些教科书中的插图多是传统的叙事性绘画，《绘图蒙学修身教科书》的内容基本上是"二十四孝"的图文。商务印书馆出版的《最新修身教科书》聘请了当时一流的画师作插图，文字皆用小楷，也是请善书法者所写。[①]整套书图文并茂、制作精良，以至于当时清学部也将商务印书馆出版的教科书视作审定教科书的重要参照。这套教科书使用线描古法用笔，对人物和建筑空间的描绘以传统绘画技法为主，对园林花木和居室建筑等场景的描绘透出人文审美意趣。传统风格的插图搭配典雅端正的楷体字，使教科书具有一种古朴庄重的气韵。

（一）清末教科书插图的教化与涵养空间

《最新修身教科书》共10册，每册20篇课文，共200篇课文，其中141篇课文带有插图。第一册没有文字，每课两页全是图像。插图一般单独成页，总计161页插图，可见插图在这套教科书中占有重要地位。插图的内涵与解图之法被编入与之配套的教授法当中，教员可以按法解图，引导儿童。这些插图通过故事情景、居室建筑、比德物象的描绘将修身的人文内蕴视觉化、审美化，从而使插图本身也带有化育功能。

1. 场景描绘

图4-10和图4-11呈现的是学堂上课的情景。《最新修身教科书》出版之时，真正的新式学堂数量不多，很多名义上的"小学堂"其实还是学塾，授课的也还是学旧学出身的私塾先生。教科书当中的一些话语和情景

[①] 最初编写教科书采用包办的方式，因张元济小楷好，写字即由他包办。蒋维乔在自述中还提到一位"卖字先生"，即江苏武进人唐驼，因其书法好，曾为澄衷学堂写《字课图说》，名噪一时，文明书局、商务印书馆先后聘他写教科书。参见蒋维乔.卖字先生唐驼墓表[M]// 蒋维乔.二十世纪名人自述系列：蒋维乔自述[M].合肥：安徽文艺出版社，2013：77-78.

图 4-10 《最新修身教科书》第一册第一课"仪容"插图

图 4-11 《最新修身教科书》第一册第二课"学规"插图

依然是按旧时学塾教育来呈现。第一册第一课讲"仪容",图4-10所描绘的是新式学堂的教室,但其教授法当中却写道:"是日为开学第一日,故教员上讲台,流观斋中,如学生有未就坐位者,或顾眄不正视者,使之就坐正容,……于是教员任意唤斋中二三学生。"(商务印书馆编译所,1906c)[1] "斋"是古代学堂的别称,学规也可称为"斋规"(如《训蒙斋规》)。此处用"斋"指代学堂,也侧面反映了当时的教育状况。图4-11是第一册第二课"学规"的插图,它显然描绘了传统学塾授课的场景。图中可见塾师坐于中央,正教授一名学童,其余学生则各自在温习功课,课堂井然有序,整齐规范。该图中学塾外有假山、竹木等,整体环境具有园林风格。图中屋内气氛庄重,但屋外之景却让人怡情悦性,这暗示着学塾既有整饬身心之规,也有愉悦身心之乐。屋内是共学的空间,而屋外是赏玩游憩的场所。清末学制强调修身科对儿童的约束要用"和平之规矩,不令过苦",学塾环境中怡人的景物融合了自然之乐,为学习增加趣味。近代教育家舒新城回忆其幼年在学塾受的教育,描绘其学塾"回龙阁"深居山中,有茂密的丛林和清澈的流泉,那丛林"有参天的松柏,有长绿的修竹;更有不知名的乔木与野草"。(舒新城,2018)[23] 在学塾优美的自然风光中,舒新城度过了学习生活中最美好的时光,"我在那里,不独感到家庭式的学塾生活为我所必需,且感到自然环境的不可离"(舒新城,2018)[23-24]。

教科书插图是一种目的性描绘,它与人物叙事紧密配合。教员在讲解的时候一般先引导学生观看插图,再引入故事,因此插图会用大量笔墨来描绘故事的场景空间。图4-12是第一册第十一课"孔融"的插图,插图表现了"孔融让梨"的场景及孔融本人的言行。其教授法就让教员先引导学生看图:"教员揭第十一图,示学生曰:'图中有六童子,长幼不等,各执一梨,(融)年最幼,梨亦最小。有一人在侧,与幼者作对语状,诸生知其事乎?"(商务印书馆编译所,1906c)[10] 继而教员再讲授孔融十五六岁时欲替其兄顶死罪的故事,让学生体会到孔融"爱兄"之情出于天性。最后说明学生在日常生活中如何讲求"悌道"。有的课文并不讲述有情节的故事,而是表现古人的日常修身情景。图4-13为第一册第二十课"胡

图 4-12 《最新修身教科书》第一册第十一课"孔融"插图

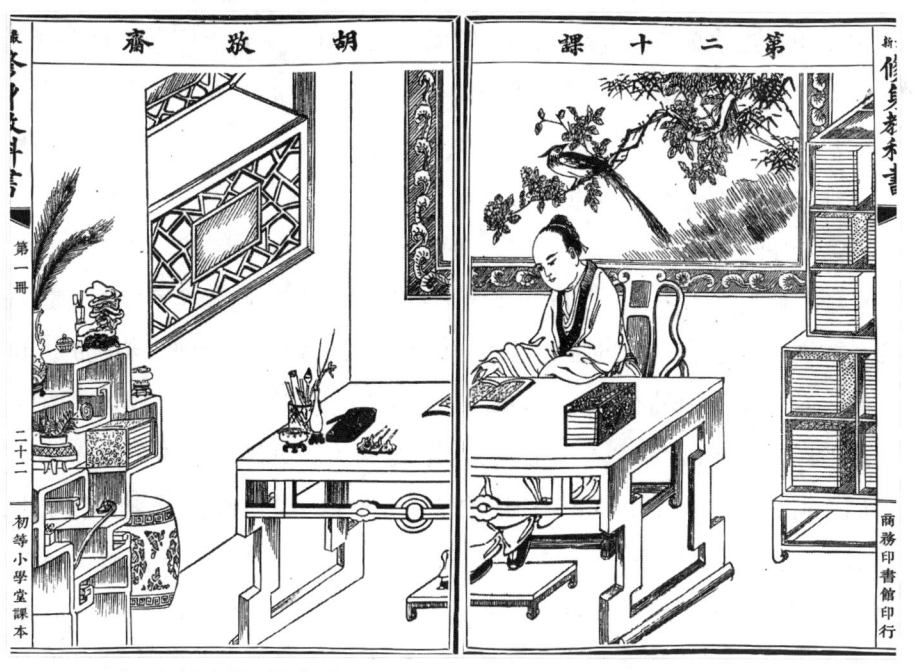

图 4-13 《最新修身教科书》第一册第二十课"胡敬斋"插图

敬斋"的插图，这一课的要旨是让儿童养成"敬谨修整之德"。图中呈现了明代大儒胡敬斋平居读书之状，让学生对古人为学之风有所观感。按其教授法，教员应引导学生观看图中人物的行状以及书斋的整体布置："图中有一人，对书案，容仪端庄敬谨，室中所有之物如书籍器具，整然秩然，毫无紊乱，为儿童所宜学习者也。胡敬斋为学，日立课程，详书得失，以自考镜；其处家，虽一器一物，区处精审，不相混淆，后为一代大儒。诸生闻胡敬斋之风，以为如何？人既已经就学受教，不独在学堂中，须守规则，即居家时，亦不可放肆疏慢，有过宜改，见善宜从，不然，日日上学，亦有何益。"（商务印书馆编译所，1906c）[16-17] 由此，进而提醒学生日常起居、学习用具应自己整理，不应劳烦家人。教授法中还特别提醒教员："此等事，为幼童所宜日常遵行者，故教员宜随时引胡敬斋事诲导之，不必泥定教修身之时也。"（商务印书馆编译所，1906c）[17] 这里主要用插图呈现胡敬斋平日修身之状。到第十册第十三课则是以文字内容再次呈现，其题目为"修省"，讲道："胡文敬公居仁，以敬名其斋，端庄凝重，履绳蹈矩，造次颠沛，未尝少违，隐微幽独之际，愈加严密，每日必立课程，详书得失以自考。"（商务印书馆编译所，1908b）[14] 这里不再只讲日常起居的生活态度，而是进一步涉及"居敬"的内心工夫，前后之间虽然有深浅之别，但却有一以贯之的地方。

2. 居室空间

《最新修身教科书》还展现了与修身观念相关的传统居室空间，这一点反映在对于家庭居室的描绘上。居住空间很大程度上反映了传统的人伦礼教。首先是"内外有别"。"内庭""内帷""内室"为女子居处或夫妇燕居之所。图4-14两幅图对应的课文题目分别为"贞操"和"守礼"，都与夫妇之道有关。图4-14（a）描述的是《列女传》中《蔡人之妻》的故事：她的丈夫生病，母亲劝其改嫁，她不肯听从。图4-14（b）则是《孟子出妻》的故事：孟子见其妻踞坐，告孟母妻不守礼，孟母却说是孟子无礼，因为他没有遵守"将上堂，声必扬"，"将入户，视必下"的礼节。可见，"户"为私人场所，属内，而"堂"则属外，两处礼节有所不同。这两幅

（a）《最新修身教科书》第六册第二课"贞操"插图

（b）《最新修身教科书》第七册第七课"守礼"插图

图 4-14　内与外：夫妇之礼

绘画在构图上十分相似，都是以围墙隔开内与外，墙内的小间表示夫妇幽居之所。据冯友兰回忆，1904 年，他父亲到武昌为官，住在武昌租的房子里，他的母亲很不习惯，因为"院子没有内外之分，很不成体统，不像个样子"。（冯友兰，2004）[7] 冯母的态度代表着传统仕宦家庭的居住观念，其背后是儒家礼教。

内与外的区分，其实也是公私领域的区隔。图 4-15 中两幅图对应的课文题目同为"家庭"。图 4-15（a）描绘的是汉末名士陈寔的"家风"，他与二子各携其妻立于大厅，显出"兄弟孝养，闺门雍睦"的情景。图 4-15（b）描绘的是唐代柳公绰的"家法"，图中呈现他在中门之东的"小斋"内教育家族子弟的情景。如图所示，"厅堂"具有公共性，空间广大可以容纳多人，它是家庭成员聚会的场所，也是处理家庭对外事务的地方，是象征着作为整体的家庭的所在，凝聚着家风。中门连通前院和主

(a)《最新修身教科书》第三册第一课"家庭"插图

(b)《最新修身教科书》第八册第一课"家庭"插图

图 4-15 厅与斋：家风与家法

院，"斋"带有文化性质，是家庭中的教育场所。课文中说柳公绰"决私事，接宾客，与弟公权及群徒弟再会食"都在"小斋"（商务印书馆编译所，1906d）[3]，可见其公开性和封闭性介于"厅堂"和"内室"之间。家庭中的公共空间凸显出人伦关系，正如图中陈寔二子长幼有序，柳家子弟端身列坐，表现出"礼"的秩序性。

3. 比德与比兴

中国古代哲学有着万物一体、物我同道的思想，"道理"不离"器物"，一事一物中都蕴含着人生道理。从孔子以"欹器"喻说谦德到宋儒提倡的"格物致知"，都体现了"物"与"德"的关系。古人常常以器明理，藉物喻德。松、竹、梅被称为"岁寒三友"，喻示坚守道德、刚强不屈，而梅、兰、竹、菊"四君子"则象征傲、幽、澹、逸的人品。这些具有比德意义的植物意象在教科书插图中反复出现，如居室建筑之旁多画有竹，寄寓淡泊清雅、吉祥安宁之意；描绘野外之景则常有松（见图4-16），寓意刚正、勇毅。图4-16（a）所绘的是晋代名士戴安道拒绝作"王门伶人"愤而摔琴，这篇课文题为"不辱己"，戴安道不畏强权的高洁品性透过图中苍劲的青松得以深化。图4-16（b）描绘的是王莽末年社会动乱、冯鲂救人于危急的故事，图中冯鲂为搭救被人追杀的申屠季，在野外与人相搏。课题为"义侠"，旨在向学生传递"尚武精神"，插图富有动感，充满张力，凸显了人物的刚强勇毅。图4-16（c）描绘的是《陶侃惜谷》的故事：陶侃出游见人摘取稻谷玩耍，便怒斥那人。课题为"惜物"，故事不但体现了陶侃爱惜粮食的态度，也表现了他正直、严肃的品性。这些图中高大挺拔的松树意象，相应于人物刚正的性格。当然并非每幅插图与故事主角的品行都如此契合，但是松、竹、芭蕉等在教科书插图中多次出现，说明这种意象表达方式已是"绘画陈式"。对绘画者而言，植物意象的描绘出于一种文化习惯，其寓意默存于心，不言而喻。实际上，修身教科书与国文教科书之间也相互映照。修身教科书所使用的文字要以国文科所教授的为限，而这些传统比德植物的文化内涵也在国文教科书中得以教授，例如《最新国文教科书》第二册第三十一课题为"菊花"，指出其

(a)《最新修身教科书》第五册第十二课"不辱己"插图　(b)《最新修身教科书》第七册第十三课"义侠"插图　(c)《最新修身教科书》第三册第二十课"惜物"插图

图4-16　松之意象：刚正、勇毅

"性能耐寒，故经霜之后，百花零落，惟菊独盛"。第二册第五十六课为"松竹梅"，其课文说："其性皆耐寒，与他树不同，古人称'岁寒三友'，即松竹梅也。"（蒋维乔 等，1908）[24, 46]

　　以上所举《最新修身教科书》中的插图皆与古代人物的故事相互配合，插图的深层寓意需经过教员的讲解点明，故而在言传与意会之间，这对于熟读经典的旧学先生来说固非难事，但对于新式学堂来说则过于深涩。因此在《最新修身教科书》出版之后，商务印书馆又编撰了更为浅显易懂的《简明修身教科书》。在1908年《最新国文教科书》第二册后面刊有修身教科书的广告。从广告可以看出，《最新修身教科书》主要为张元济和高凤谦所编，采取古人嘉言善行，由浅及深，循序渐进。《简明修身教科书》主要编者为高凤谦和戴克敦，"本书比前书程度尤浅。前二册不着一字，所绘图画一气贯穿，儿童观之如看影戏，足为模范"。（蒋维乔 等，1908）[版权页]相较于《最新修身教科书》，其插图更加写实，第一册插图（见图4-17）所绘皆为当时学生的日常生活情景，如早起、睡眠、清洁、卫生等活动，以及在家庭和学校中应遵守的礼节。第二册"比前册范围略广，自家庭学校而推之，社会又由社会而极之生物。全册意义仍属一贯，惟取材务求浅近，期合于七八岁儿童程度。……图画均与时令相配"。（戴克敦，1908）[例言]从内容上说，《简明修身教科书》更加浅近，后六册的德目大多为"洒扫应对""爱亲敬长"等类似朱熹《小学》的内容，再加上"公德公益""纳税合群"等新观念。课文中的德育故事，字数大幅度减少，有的同类故事主角改换成同龄儿童。

　　（二）民国以后插图的变化

　　民国以后的修身教科书与《简明修身教科书》更为接近，内容浅近，插图简明，给人一目了然之感。民国以后，教育的现代转型加快，建立在西方心理学基础上的"训育"逐渐成为主要德育方法。（张纯 等，2016）训育本义在强调德育的实践性（行为养成），但教科书却无法摆脱其视觉呈现的限制，训育观念落实到教科书中只能是突出呈现人物动作。故事场景不再像《最新修身教科书》那样用大量笔墨来描绘，人物在画面中得以

（a）第一课

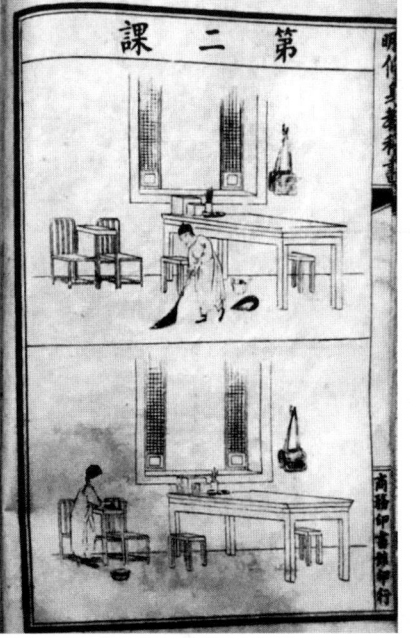

（b）第二课

图 4-17 《简明修身教科书》（第一册）插图

凸显。图 4-18 呈现的是《最新修身教科书》(1906 年)、《简明修身教科书》(1909 年)与《新编中华修身教科书》(1923 年,初版 1913 年)中的同一则材料——"陶侃运甓"。《最新修身教科书》中的"陶侃"置身庭院之内,图中大量篇幅在描绘院落建筑,主角"陶侃"显得微小,但观者却可以在图中感受到传统院落的内与外、通与隔的布局,人物的微小与环境的深阔形成对比。《简明修身教科书》和《新编中华修身教科书》在构图上极为相似,只是后者更为简略,二者都描绘了院落一角,整体图像以人物为主,突出陶侃"搬运"的动作。从文化内涵上说,《最新修身教科书》更为深刻,令人反复玩味,而后两者凸显了人物,能够更直接地传达教育目的,但场景线索的隐没使得图像丰富的化育功能变得单一。

(a)《最新修身教科书》插图　　(b)《简明修身教科书》插图　　(c)《新编中华修身教科书》插图

图 4-18　"陶侃运甓"对比（均在第五册）

民国以后的教科书插图也很少再像《最新修身教科书》那样独立成页,很多插图只占半页或一角（见图 4-19）。教科书插图不仅篇幅减少,其品质也有所下降。图 4-19 呈现的是《最新修身教科书》(1906 年)、《共和国教科书新修身》(1913 年)和《新编中华修身教科书》(1923 年)共同选用的故事的插图。这个故事在三套教科书中都编排在第五册,题目分别为"不凌人""善待童仆""宽厚",文字叙述大体相同,讲述陶渊明遣一童仆于其子，并修书告诫儿子要善待童仆。从对比中明显可以看出，清末的《最新修身教科书》插图篇幅最大，笔法细密，松的意象十分显著，房屋的描绘十分精致，具有美感。而在民国以后的教科书中，插图篇幅逐渐减缩，越来越简略，文字则越来越凸显。图像审美性的降低削弱了比德、化育的人文意涵。插图数量和品质的下降意味着文字成为主要的教化渠道，插图只是文字的辅助材料，起到图示和装点的作用。

（a）《最新修身教科书》插图　　（b）《共和国教科书新修身》插图　　（c）《新编中华修身教科书》插图

图 4-19 "陶渊明遣仆于子"对比（均在第五册）

传统修身是一种生活方式，强调在日常生活中整饬身心和涵养性情。日常生活情境也带有道德内涵，而行为本身是为了调整内在状态。在《最新修身教科书》的插图中，庭院、书斋空间和器物常常体现出威仪感。民国以后，训育观念影响加深，传统修身所蕴含的涵养意味在修身教科书的插图中淡化，插图的视觉呈现少了审美意蕴，逐渐有知识化的倾向。图4-20 所示为《最新修身教科书》第二册、《订正简明修身教科书》第四册和《新编中华修身教科书》第三册中的同一主题，都是以"近朱者赤，近墨者黑"教导学生慎于择友。《最新修身教科书》到民国元年的《订正简明修身教科书》所呈现的书斋空间差不多，只是人物的服饰稍有变化。图中皆是由老师拿笔与同学讲解择友的道理，师生共处的情境恰好相契于谚语的内涵，可使学生从图文上返归自身而切己体察。《新编中华修身教科书》的图像只表现了文字的字面含义，更具知识性，而少了涵玩的意味。

图4-21呈现的是《最新修身教科书》第二册和《共和国教科书新修身》第五册中的"敬事"与"整理"两篇课文的插图。这两篇课文都教导儿童要养成用完东西收归原处的好习惯。两图中的人物都在整理刚刚翻看的书籍，不同在于图4-21（a）呈现了人物所处的书斋空间环境，而图4-21（b）只是简略绘出了学生的书桌。图4-21（b）中课文采用的是明代屠羲时所著《童子礼》中的内容，呈现的是一名学生"遵守"屠羲时的训言在整理书籍。①这幅图向学生提供了直接的行为示范，且课文标题明确指出行为内容，使学生很容易看懂该怎么做。《最新修身教科书》当中也有类似的课文，第七册第四课"整洁"引用了朱熹的《童蒙须知》："凡人先求身体端正，自冠巾衣服鞋袜，皆须洁净整齐。著衣既久，则不免垢腻，故洗浣必勤，破绽则补缀之，补缀无害，惟求完洁耳。日中所著衣服，夜卧必更，如厕必去上衣，下必洗手，凡为人子弟，当洒扫居处之地，拂拭几案，常令洁净。文字笔砚，凡百器用，皆当严肃整齐，顿放有常处，取用既毕，复置原所。"（商务印书馆编译所，1906e）[6]上述两种教科书在内容上差不多，但是在教科书的整体思路上，《最新修身教科书》明显将"持敬"的涵养工夫贯穿始终。"敬事"一课出现在第二册，也就是学生入学的第一年下学期，其目的就是要单独拎出"敬"之工夫，其教授法指明了要旨："幼童之性，临事易惰慢，习以为常，则将放肆无检。本课养成学生敬事之德性。"（商务印书馆编译所，1906b）[13]其插图一般结合场景，表现人物日常的修养状态[见图4-21（a）]。课文采自《颜氏家训》："江禄读书未竟，虽有急速，必待卷束整齐，然后起，故无损败。"（商务印书馆编译所，1907）[16]图中人物即是江禄，从图可见其书斋布置

---

① 这课书的教授法上提示道："图中一童子方整理书籍，诸生以为此童子守何人之训乎？盖明时有屠羲时者，……其所谓整理物件，不独此童子宜然？抑亦吾曹所当取法？今试为诸生述之。"参见秦同培. 共和国教科书新修身教授法：第五册[M]. 上海：商务印书馆，1913：6.

第四章　修身与近代身体的生成　219

（a）《最新修身教科书》插图 　　（b）《订正简明修身教科书》插图 　　（c）《新编中华修身教科书》插图

图 4-20　"慎交"与"择交"

（a）《最新修身教科书》插图 　　（b）《共和国教科书新修身》插图

图 4-21　"敬事"与"整理"

整齐有序。按教授法，教员应先引导学生观图："图中起立而整束书籍者，为江禄（北朝济阳人），其案上各物，何等整齐，此可以见无事不敬之教矣！"继而指出：

> 事无大小，皆不可以不敬，若因小事而轻忽之，则酿成习惯，必有轻忽大事之失，而无事不误矣。学者之书籍，犹农之耒耜、工之斧凿、商之簿记也，若于此而鲁莽放置，不加爱护，则其遇事轻忽，亦可知矣。江禄于读书时，虽遇有急事，必待卷束整齐，然后起，此不特其书籍因之而无损坏，而且可以决其办事之合于条理。盖无论何等重要之事，苟不以整暇之精神遇之，则必至张皇失措，……（商务印书馆编译所，1906b）[13]

从这段教授法可以看出，这一课虽然讲的是整理书籍的"小事"，实则是要提起"居敬涵养"的工夫。只有在日常小处上培养恭敬、不含糊的心态，才有力道处理大事。插图中书斋的空间体现了修身工夫的内蕴，若抽掉这些情境，修身工夫的整体场域便瓦解了，只剩下行为本身。此课中的文字在《共和国教科书新修身》高等小学校用书第二册"公德"篇中再次出现，而其教授法分析道："损坏书籍，往往不在舒缓之时，而在匆迫之时。故江禄读书未竟，虽有急速，必待卷束整齐，然后起。诸生于此，可知保护书籍之法矣。"（庄庆祥，1913）[17-18] 可见，"敬事"之工夫此时只被看作保护书籍之法。从"敬事"到"整理"，教科书不再强调行为与整饬身心的关联，尽管行为训育直接、有效，但是失掉了整体人格涵养的深度。

作为一种视觉呈现，插图丰富的审美内涵有利于学生陶养德行，不过插图多出现于初等小学校教科书，即使在清末的"最新教科书"系列中，高等小学校的修身教科书插图也很少，只有几张人物肖像图。教科书中插图的变化与课文内容及教学方式的革新密切相关。教科书的体裁与现代课堂教学相适应。传统修身书，包括朱熹耗费心力所编写的《小学》《近思录》等，更多是作为德育读本使用，而非用于课堂讲授的教科书。尽管学制中一再重申道德教育以涵养为主，教科书编写者也怀抱着这样的初衷选入了许多传统修身教育材料，但最终遭遇的是课堂教学的现实困境。

清末修身教科书中内蕴丰富的插图与涵养工夫皆在自我的意会与教授者的言传之间，这种方式更适合传统学塾的生活化教学。私塾与学堂之争在清末民初愈演愈烈[①]，传统的修身教育必然面临教学方式变革所带来的转型，这种境况实际上与关于近代经学教育的争论具有内在关联。课堂教学要求图文简化明了，但却不能从根本上解决德育课程的内在矛盾。道德教育以实践为根本，通过课堂教学实施德育实际上割裂了生活实践的全体性，造成了"知"与"行"的分离。课堂教学的形式更适合知识性、观念性的教学内容。德育教学的"知行分离"使得修身教育一直遭受教育界的批评。

民国以后，归国的留美学生引入了美国实用主义教育思想，在其影响下，修身科的实效性备受关注。对修身科的反思和对清末以来的学堂管理（训育）的不满意，促使人们改革训育，将其融入修身教育中。[②]训育强调行为训练，1915年出版的《实用修身教授书》当中就设计了作法，例如第一册的四个作法为：坐之姿势、立之姿势、走之姿势、睡之姿势。（北京教育图书社，1915）[目录]美国教育思想输入后，杜威的儿童主义开始在国内流行，清末以来的德目主义教育方式受到了越来越多的质疑。人们开始尝试以活动的形式展开道德教育，将唱歌、游戏等融入修身教科书，出现了形式新颖的联络教材。

1920年商务印书馆出版了白话文体的《新法修身教科书》，初等小学阶段用书总共八册，其编辑大意言："前四册全用图画，表示种种作法。

---

① 学堂取代私塾的过程甚为漫长，超出了清末民初的时间范围，直至南京国民政府成立，私塾与学堂之争依然存在。
② 民初小学校在训育上的基本做法主要有两种。一是将修身教授与训练、管理、养护分立，修身教授侧重于知而行，训育的任务由训练、管理和养护来完成；既强调道德知识教授本身，又强调课外道德训练，并将修身作法融入训练、管理和养护之中。二是将修身教授与修身作法融在一起，修身作法的教授即道德知识的教授，训育由修身作法教授和管理、训练、养护共同完成，其特点是不再强调道德知识教授本身，而是将行为的训练、习惯的养成和自动力、自制力的培养，置于教育目标的核心位置。参见郑航. 中国近代德育课程史[M]. 北京：人民教育出版社，2004：141.

后四册用故事、童话、寓言、格言,将游戏、手工、唱歌、图画,联合为一;全是谈话体、记述体。"(刘宪 等,1920)^{编辑大纲}无论是修身作法还是联络教材,都包含了对德育课程化所带来的割裂问题的调试。随着社会转型的加快与教育思想的转变,现代观念的传播受到更多重视,民初教科书中修身涵养与社会观念平衡交织的格局逐渐被打破。1917年中华书局出版了由王宠惠等人编辑的《公民读本》,其主旨即为"教授公民所必需之知识及道德",编纂注意"我国民特性""共和国民常识""世界大势""欧战教训"。(佚名,1917)该书经民国教育部审定,成为国民学校三四年级添设"公民须知"之素材。"须知""常识"的出现意味着修身教育中本有的知识化教学已成为清晰的发展方向。到1922年新学制以公民科取代修身科,"公民须知"与"公民训练"以新的"知行关系"终结了原来修身涵养与社会观念的平衡格局。

世界书局出版的《模范公民》也是当时重要的公民课本。图4-22呈现了《模范公民》第二册的封面和内页。封面上画着一个坐在课桌前的小学生,他勾着身体,脖子向前伸,看着书本。从神情上看,并不显得精神抖擞,反而看上去像勉力支撑着一副疲惫身躯。课本内页的内容是关于儿童正确的坐姿、站姿和走姿的。插图呈现了正确的姿态和各种不当的姿势。封面和内容其实很好地展现了"模范公民"的内涵,所谓模范,意味着具有一定的标准,而封面所呈现的儿童形象,却似乎暗示着这种"模范公民"教育带给人的压力。

一个有意思的现象是,世界书局出版的《国语新读本》展现给儿童的是各种活泼的文学作品,其中成人与儿童的关系也显得平等。而在《模范公民》中,成人与儿童明显属于一种"命令-服从"的关系(见图4-23)。课文中写着"我听从父母和师长的训导","大家要听从父母和师长的训导"。插图呈现的是一只小鸡不听从母鸡的话,单独行动,正好被老鹰抓走的故事,这幅画被解读为"一件不听从训导的故事"。通过国文教科书和公民教科书的对比,我们能发现儿童和成人的关系在整个课程体系中呈现一种吊诡的状态。一方面儿童文学要解放儿童的天性,还自由于

（a）第二册封面　　　　　　　　（b）第二册内页插图

图 4-22 《模范公民》中的儿童形象

图 4-23 《模范公民》中成人与儿童的关系[1]

---

[1] 出自《模范公民》初等小学校用书第三册第一课。

儿童；另一方面成人对儿童的训导和教化在一种新的形式下得以加强，这种加强来自新的生存情境与社会情境。

壬戌学制以后，在白话国语教科书中呈现的插图是娱乐性的，而在公民训练中，各种"模范"的插图则是说明性的。真正具有欣赏性的插图回归教科书，大约要到20世纪30年代儿童美育兴起之后。丰子恺在这一时期创作了诸多具有古典意蕴的漫画，其后又将精力投向了儿童漫画（见图4-24）。

（a）人散后，一钩新月天如水①    （b）儿童不知春，问草何故绿②

图4-24 丰子恺与儿童美育

儿童美育及美育思潮的出现不是偶然，而是修身美学发生断裂后的补位。"修身养性"本具有安顿心灵、寻求精神自由的向度，以"游于艺"的方式进行修养，于宋儒已经是日常生活方式。当修身教育被国民道德建

---

① 这幅《人散后，一钩新月天如水》绘于1924年，最初发表在朱自清主编的《我们的七月》杂志上。漫画题目取自宋人词作，寥寥数笔描绘了茶楼人散后的情景，非常好地呈现了原诗中的意境。参见丰子恺.子恺漫画精选集[M].杭州：浙江人民美术出版社，2019：23.
② 参见丰子恺.丰子恺全集：美术卷：20[M].北京：海豚出版社，2016：235.

构这一功能所捆绑,"修养"的维度在其中便隐而不彰。强势的公民训练对于个体的规训,必然导致人格修养的缺失,补位的工作则由美育来完成。

小结　修身、修养与双重身体观

"修身养性"既包含身心合一的工夫实践,也包括涵养性情的艺术实践。实际上,这两种实践都是身体化的。前者的基础是"气化"的身体,后者的身体处于"焦点－场域"式的空间中。随着现代卫生医疗学、生理学的进入,身心合一的"气化"身体观以及传统医学对疾病的认识受到冲击,现代卫生和医疗常识成为修身教育的主要内容之一。修身与传统医学、养生学之间的关联被切断,被牵引至不同的转化方向上。科学心理学对精神现象的划分也转化了传统心学中的"道德本心",现代科学心理学成为伦理学的基础。由此,修身的心性工夫无处安放。本用于修身的静坐演变为一种"养生术"。而传统医学和养生学所构筑的身体也面对来自外部"力学"的挑战。身体的操练——体操——所追求的"外壮"放弃了对个人身体之特殊性的关注,形塑了一种普遍化的身体,将此"身"无差别地与"国家"联系在了一起。但正如中医与西医长期并存一样,"内壮"与"外壮"的不同追求实际上造就了中国人的两重身体观。

教科书插图叙事展现了审美意识在修身教育中的隐退线索。基于现代心理学理论的训育取代了传统修身强调的德性涵养、情境教化。清末教科书的插图的涵养意蕴逐渐被削弱。相应的,教科书中修身工夫的内涵被大量的经济、政治常识所替代。在修身教育后期,"须知""常识"等占据了大部分内容,到公民科取代修身科以后,知识教育、行为训练就成为主要的教育方式。然而,当公民训练越来越规范,修养问题却越来越凸显。五四运动后期,"修养"已经成为困扰青年学生的一个问题。1940年《读者通讯》邀请梁漱溟谈一谈青年修养的问题。梁漱溟却提出了下列问题:"欧美教育界,近年有所谓心理卫生,似与现在谈的修养问题有关;那么,修养是否就是心理卫生呢？……心理学上有时亦说到人格；就是那个人格么？像那所说的人格，定须经过修养么？……心理卫生是从科学来的，我们应当接受；……若其（修养）内涵超过心理卫生，是否亦有科学根据？"（梁漱溟，2012）[105-106] 梁漱溟的问题显然反映了当时卫生、心理学知识带来的修身问题认识的混乱。

青年学生的修养问题对应在普通教育中，就是"人格培育"的问题。20 世纪 30 年代后出现的美育思潮，正因应了"人格涵养"缺位的问题。从修身到美育，其实是修身传统的现代转化的另一条线索。

第五章
伦理镜像：修身教育中的道德革命

道德革命是中国近代社会文化转型的核心问题之一。清末民初发生了两次道德革命。第一次道德革命由梁启超《新民说》所开启的"公德－私德"之分而带来。1902年梁启超发表《论公德》，认为中国人只重视个人品行修养的私德，缺乏对国家、社会责任的公德。"公德说"因应于清末国家危机，在中国近代社会产生了巨大影响，梁启超本人却很快发生了转向。1903年梁启超撰写《论私德》，至1905年他专门写作《德育鉴》这本修身书，算是回归到"公德－私德互补论"的儒家传统立场上。（陈来，2019）[101-102] 在同时代人中，梁启超对传统道德的态度还算温和，"公德说"指出的是中国人道德上的"欠缺"，但并没有否定中国道德，还承认中国道德之发达①。与梁启超同时代的谭嗣同在更早的时候就以"冲决网罗"的姿态对传统"三纲五伦"进行猛烈批判。不过，谭嗣同的批判并没有在当时产生大的影响，直到20世纪初，他的民主革命思想和礼教批判精神才为革命派和新文化运动健将们所继承和发扬。② 如果说清末"公德说"引发的道德危机尚未完全动摇中国传统道德的根基，那么

---

① 原文为："吾中国道德之发达，不可谓不早。虽然，偏于私德，而公德殆阙如。试观《论语》《孟子》诸书，吾国民之木铎，而道德所从出者也。其中所教，私德居十之九，而公德不及其一焉。"参见梁启超. 梁启超全集：第三册[M]. 北京：北京出版社，1999：661-662.
② 谭嗣同《仁学》写于1896年至1897年，出版却在谭嗣同死后，即1899年在日本出版。

民国成立后的复古复辟运动等政治乱象则引发了真正的"冲决网罗"式的第二次道德革命——新文化及五四运动开启了对传统道德伦理的全面批判。①

第一节 "公德-私德"与角色伦理的推扩

一、"修身为本"与近代群己关系的张力

黄进兴指出,清末民初的道德革命始于梁启超的《新民说》,它以公德揭露传统伦理观的缺口,就仿佛打开"潘朵拉的盒子",一发不可收拾。西方伦理观的进入让中国知识分子以西方公德与私德的范畴重新架构中国传统道德,打破了传统道德的整体观,将道德一分为二,于是便拱手送出"半壁江山"(公德)。(黄进兴,2014)[3]所谓道德的整体观,是指道德作为本体,没有公私之分。就"修身为本"传统而言,道德是凝结于个人身上的人格或品行的结晶。修身传统中的"身"与"己"意义相同,其关注点在"自身"的转化。修身涉及社会伦理,却不等同于伦理,伦理是修身之"用"。但正如梁启超所指出的,近代国家危机要求国人有对社会、对国家的"责务",它指向的是伦理革命,在原先的伦理结构中凸显国家、社会等公共场域的伦理。这种基于社群存亡的伦理要求实际上要将道德培养焦点从"自身"转移到"群体"。换句话说,就是要将原先那种"反求诸己"向内看的目光转移到自身之外——去关心社会。因此伦理代替道德成为修身教育的核心。

清末民初,西方伦理学输入,传统的修身之学被转化成"角色伦理"进行叙述。从儒家"修齐治平"的轴线和"五伦"的重要地位来看,这种方式有其适切之处。"修齐治平"对应身-家-国-天下的实践领域,"五伦"

---

① 参见黄进兴.从理学到伦理学:清末民初道德意识的转化 [M].北京:中华书局,2014:129.

明确规范了这些实践领域的群己关系,"自我"是通过具体实践领域的"角色"来界定的。中学、师范类修身教科书多以角色伦理的递推轴线为编排次序,论述个体对己、对家、对社会、对国家所应该具备的"责务"。

但是,传统儒家伦理要转化为近代伦理,必须加以推扩,其中的关隘在于"群"和"社会"观念。这是儒家"群体伦理"所缺乏的维度。

儒家原有的"群体伦理"多指一个时代的"礼俗"。礼俗是由个体间(己与他)的关系浇铸的,因此,其根本在于"人心"。成都"遗老"徐炯在其所编的《中学修身教科书》中提供了一个儒家关于"社会"的立场:"社会之性质,本为个人之性质所积而成。""社会之道德"的挽救与扶掖可归纳为三方面,即"德化""教泽""清议"。"有大力者起,尽变其所当变者,而必以一身先之。刚克柔克,致力于方寸者既深,成己成人,风动于间阎者,遂远将见。冷静之社会一变而为繁荣,污下之社会一变而为高洁,……"(徐炯,1916)[18]儒家所谓的"社会之性质"即一个时代的世风民情的好坏。社会风气的改良依靠的是"忠恕"这一人我相处的根本之道。正是人我关系的推扩积累,形塑了群体关系的风貌。

除了忠恕之道,儒家看重儒林士人在民风濡养中的引领作用。最典型的看法是曾国藩所言:"风俗之厚薄奚自乎?自乎一二人之心之所向而已。"(曾国藩,2011)[137]士人"清议"虽然是政治性的,但也具有道德导向的作用。《最新修身教科书》中频繁出现的郭泰,便是东汉名士"清议"的中心人物,其人格品行影响了东汉末年的士风和民气。[①]儒家伦理以道德典范为焦点形成的"系谱性自我"具有高度的道德自觉性和主动性,带有"人生向上"(希贤希圣)的精神追求。因此,在人际交往中,"亲师取友"被视为道德修养的重要一环。"尊师"虽然不在"五伦"之列,但"一日为师,终生为父"的训言将其类比于"父子之伦"。而"朋友"是"五伦"中唯一无血缘关系的人伦关系,可以推扩到普遍人际交往。对于

---

① 郭泰在《最新修身教科书》初等小学校用书中出现了三次,在以传记方式编写的高等小学校修身教科书中也有两课传述其事,可谓清末修身教科书"道德系谱"中的重要人物。

朋友，儒家既强调慎于择友，又强调朋友之间的情谊。

总之，儒家的群体伦理缺乏现代意义上以独立个体组成的团体的意识。忠恕之道是修身工夫，"尊师""取友"虽是非血缘的伦理关系，但强调的是个体之间的关系。这种"己他关系"是在"修己以安人""修身为本"的"焦点－场域"中被关联起来的。自我的修身与转化始终是其关注焦点。近代群己关系的演变则是从这种以"修己"为本的"己他关系"（"五伦"）转化为强调个体与群体社会之间的联结。

近代修身教科书在传统"五伦"的架构上增加了"社会"这一领域。由此带来两个需要讨论的问题：其一，社会关系中的待人之道与对社会之道是何种关系；其二，忠恕之道与社会伦理之间有何种关联。教科书在这些问题的处理上并不一致，大体可以分为两类。

第一类是"公德－私德"架构下的"角色伦理"式教科书。1907 年商务印书馆出版了署名为蔡振、实为蔡元培所编制的《中学修身教科书》，该书共有五册，前四册讲具体行为实践，第五册讲理论，后来在 1912 年合成一本书出版，前四册合为上篇，第五册编为下篇。该书例言中说："本书悉本我国古圣贤道德之原理，旁及东西伦理学大家之说，斟酌取舍，以求适合于今日之社会。"（蔡元培，1912）[例言]足见蔡元培的修身教科书是融合中西之作。上篇分为修己、家庭、社会、国家、职业五章，即所谓"实践伦理学"，下篇分为绪论、良心论、理想论、本务论、德论、结论诸章，即"理论伦理学"。上篇的己－家－社会－国家－职业，以社会角色为分疏，依稀可以看出儒家"修齐治平"的身－家－国－天下的次第结构，但内含着"公德－私德"的架构。"修己"章说："吾国圣人以孝为百行之本，小之一人之私德，大之国民之公义，无不由是而推演之者，故曰惟孝友于兄弟，施于有政，由是而行之于社会，则宜尽力于职分之所在。"（蔡元培，1912）[1]以孝为德本，其他人伦关系依此而层层推演，正是儒家伦理的内在理路。对于"修己"，首先讲体育和卫生，然后讨论心理及情绪等问题。"家族"一章讲的主要是传统家庭伦理关系。自"社会"一章，则开始谈公德。"社会"指的是"群体"："凡趋向相同，利害与共之人，集而为群，苟其于国家无直接之关系，于法律无一定制限者，皆谓之社会。"（蔡元培，1912）[60-61]"社会"与"国家"关系密切，"人类恒因土地相近种族相近者，建为特别之团体，有统一制裁之权，谓之国家，所以弥各种社会之缺憾，而使之互保其福利者也。故社会之范围，虽本无界限，而以受范于国家者为最多"（蔡元培，1912）[61]。"社会"一章包括生命、财产、名誉、博爱和公益、礼让与威仪等群体生活面向。而"国家"一章则有法律、租税、兵役、教育、爱国、国际及人类等内容，侧重现代国家政治制度。为界定现代国家与古代"家国"的区别，该教科书特标识出"主权"意识："国也者，非徒有土地有人民之谓，谓以独立全能之主权，而统治其居于同一土地之人民者也。又谓之国家者，则以视一国如一家之故。"（蔡元培，1912）[89]

中学和师范类修身教科书大多与蔡元培编写的修身教科书范式类同。例如，当时同在商务印书馆工作的陆费逵在1910年给师范生编撰了《修身讲义》，其结构为对己、对家、对社会、对国家。"对社会"包括"朋友邻里""他人之人格生命财产名誉""公众""团体"四个小节。（陆费逵，1910）[目录] 陆费逵《修身讲义》中的"对社会"除了体现出团体观念，也包含了除自己和家族之外的所有"对人之道"。而蔡元培是将"对人之道"归入私德（"修己"）的范围，很明显将"己他关系"与"社会伦理"（公德）做了区分。陆费逵则把"自我与他人"包括在"自我与社会"的关系内，他的"社会"是与"家族""国家"并列的概念。相对而言，蔡元培更强调"社会"的团体属性。民国以后中华书局出版的教科书都带有较强的现代观念，如周日济和缪文功所编的教科书，明确提出了与"社会"相关的道德为"公共心与团结力"（周日济，1922）[57]（缪文功，1912）[6]。忠恕作为一种品德被放置在"感社会之同情"的条目下（缪文功，1912）[24]，通常与"博爱"等作为同等德目。这就明确区分了个体间交往的情谊与个体对团体的"责务"。

第二类修身教科书秉持着"修身为本"的思路，虽然同样包括"社会""国家"等伦理"责务"，但是强调自我转化为修身之根本，重视己他关系。这类修身教科书以杨志洵的《中等修身教科书》(1906年)与王仁夔的《师范讲习科用修身教科书》(1913年)为典型。杨志洵为南洋公学留日生,他编写的《中等修身教科书》一方面带有较强的西方民约论色彩,另一方面重视修身工夫,将"诚""忠恕""仁智勇"列为总纲,分列"对人"与"对社会"。"对人"篇中有关与人相处的内容引用《礼记·曲礼》较多,主要涉及对待尊长、朋友之道。"对社会"篇强调团体,论及公益、礼仪、慈善、名誉、娱乐、博爱、经济、私产、公产等内容。可见,杨志洵将"群己关系"与"己他关系"进行了区分,两者是并列的,但所有伦理关系都以"修己"为总纲和归结。

王仁夔编辑的《师范讲习科用修身教科书》直接将修身内容分为"对己之责务"与"对人之责务"两方面,将对家族、对社会、对国家、对人类万有全部列入"对人之责务"下面。书中用一幅图形象地表达了其角色伦理的架构(见图5-1)。(王仁夔,1913)[68]

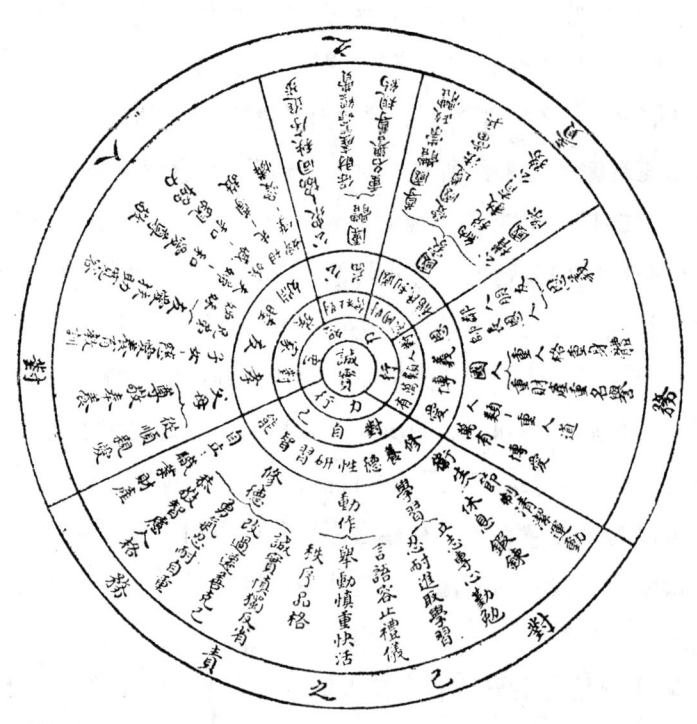

图5-1 修身"总论"之结构

这幅图用以解释该书中最后的修身"结论"：

> 道德者，吾人所当由之正路，而实践道德者，吾人之本务也。本务因其对象而大别为二，曰修己之道，曰对人之道。细分之，则对自己以及对家族、对社会、对国家、对他人及人类万有是也。
>
> 尽本务而岁时不易，方针不变，以至习与性成者，德之至也。德盖有方法以成之，以言修己，则以诚实为第一，而力行次之；以言对人，则亦以诚实为第一，而忠恕、力行次之。诚实、力行、忠恕三者，实成德之本也。自古以来道德上之德目虽有种种名称，然未有不归本于此三者。修己之道基于此，而种种对人之道亦罔不根源于此。（王仁夔，1913）[65-66]

这里明确将道德本务分为"修己"和"对人之道"两大实践领域，继而细分出五个方面，其实也是依照传统"修己以安人"的路径来阐发的。从图中可以看到"诚实"为一切道德之根本，居于正中心；力行、忠恕次之，居于第二圈；其后依次是几个领域的修养方法和具体德目。这种兼顾公德与私德的态度，甚至以私德为公德所出之根本，实际上也是梁启超后来的态度。梁启超在1902年发表《论公德》之后仅一年就发表了《论私德》，重新回到"修身为本"的立场，强调"私德者，人人之粮，而不可须臾离者也"，认为公德是私德之推，"知私德而不知公德，所缺者只在一推；……故养成私德，而德育之事思过半焉矣"（梁启超，2016）[25-38]。

从《论私德》开始，梁启超重拾宋明理学修身传统，特别重视阳明学和曾国藩的修身工夫。实际上，这是梁启超对于戊戌变法、庚子勤王等政治活动失败的反思。这种反思来自两方面。一方面是在"反求诸己"视域之下，认可了曾国藩"事业之成，有所以自养者在也"的经验，坚定了"任事者"须有修养的看法。另一方面则是出于外部压力。梁启超在1902—1903年，陷于保皇与革命之间摇摆不定。1903年的美洲之行，使得他与革命党关系破裂，《论私德》前所指"近年以来，举国嚣嚣靡靡，所谓利国进群之事业一二未睹，而末流所趋，反贻顽钝者以口实，而曰新理想之贼人子而毒天下"，大概针对革命党而言。自此之后，梁启超放弃了革命的想法，思想回到传统上，之后编纂了"修身三书"，即1905年的《德育鉴》《节本明儒学案》与1916年的《曾文正公嘉言钞》。

梁启超在《德育鉴》中对"道德"和"伦理"进行了区分，认为道德为"不可得与民变革者"，而"伦理"则是"可得与民变革者"，并且"（道德之范围，视伦理较广。道德可以包伦理，伦理不能尽道德），藉曰道德，则亦道德之条件，而非道德之根本也。若夫道德之根本，则无古无今、无中无外而无不同"。（梁启超，2011）[3-4] 此时的梁启超认为道德的本源还是要回到治心治身上，故他编写《德育鉴》是从四书五经、《宋元学案》，尤其是《明儒学案》当中抄录历代大儒的语录加上按语而成，为求"公私德所同出之本"。杨志洵与王仁夔对于"修身之本""修身总纲"的提炼，与梁启超的态度如出一辙。

对于忠恕之道，杨志洵将其与基督教的"爱人如己"相提并论，体现了"忠恕"作为普世性道德的可能性。"公正无私，推以及物，是曰忠恕。出门如见大宾，使民如承大祭。己所不欲勿施于人，夫子之道。一以贯之，笃志修行。爱人如己，己所欲者必施于人，耶教之本真也，以忠恕立身东西教化无二致也。"（杨志洵，1906）[1-2] 作为"个人修身"的忠恕与作为"社会道德"的忠恕分别对应着"己他关系"与"群体关系"，也对应着"修己"与其他伦理之间的关系。在近代国家伦理与社会伦理的强势建构下，"对人之道"或被划入"修己"范畴（如"从师"），或被划入"对社会"范畴。实际上，"师生""朋友"在现代伦理中原本属于平等的主体间关系，尤其是"交友"。忠恕之道所蕴含的普遍性价值也可能成为培植伦理主体性的土壤。但由于近代伦理变革中"对人之道"的压缩，使得伦理主体性建构缺乏弹性。修身教科书在角色伦理的叙事中，重视"义务"而忽略"权利"，甚至认为"义务"出于"权利"。（顾红亮，2017）[22-23]

有学者指出，"公德-私德"的架构不仅是中国近代道德思想转化的路径，苏格兰和日本近代道德转化也同样包含了这种公私两分的双轨范式，某种程度上，这是商业社会兴起而必然带来的古今道德转型问题。（高力克，2013）实际上，近代道德意识的转化，包含两个层面：就其内里来说，是传统以"修－养"实践为核心的德行伦理转化为以"义务"为中心的现代伦理；从其形式而言，则是个体"义务"范畴从家庭伦理向国家、社会层面的公共伦理扩展。角色伦理所强调的"关系性自我"忽略了个体自由存在之本相（黄裕生，2003），使得这种公共伦理的建构缺乏基础，因而受制于时变，为新文化运动的伦理革命预留了空间。

二、民国初年修身教科书中的价值重组

清末民初的道德转型直接反映在修身教科书中。经过道德革命的洗礼与国体变更，民国初年的修身教科书对于"公德－私德"的次第进行了重组。以中国图书公司出版的《高等小学新修身教科书》及教授书为例，这套教科书的传统修身与现代伦理在结构编排上非常有条理（见表5-1）。其教授书由吕思勉、杨晟和臧励成编写。这套教科书适用于当时秋季始业的学校（一学年有三个学期），在德目安排上以三个学期为一个循环。每个循环都是从个人修身涵养到品行节操再到伦理观念。伦理观念由家庭渐及社会和国家，第一年以个人修身工夫为主，伦理观念的比重逐年增加，这也体现了编者以私德为公德基础的思路。

第一册第一课开宗明义首讲"道德"，宣明公德与私德之分判，但更强调两者本源相同，之后是"立志""敦品""慎言""存诚""克己"等篇目，比较接近古人讲修身学的次第，即先立大本，次讲工夫，再次讲应用，如《近思录》在"道体"之后，即接"为学""致知""存养""克己"，其后则为"家道""出处""治体"等应用篇目。

这套教科书虽然编排精练，但内容比较深刻。"存诚""主敬"皆是经典的理学工夫，教授上也注意义理之间的条贯。第一册第五课、第六课皆为"存诚"。前一课引司马光幼年事及其语录"使学生知存诚之学，首宜戒除妄语，以端其诚实之始基"（吕思勉，2015）[16]。后一课则举程颢以诚待仆之事，言至诚感人之理，使学生知存诚之益。其教授法言："诚实

表 5-1 《高等小学新修身教科书》目录（据教授书所列）

	第一册	第二册	第三册	第四册	第五册	第六册	第七册	第八册	第九册
第一课	道德	孝亲一	爱名誉	自尊	报德一	慈善事业	好学	社会	警察
第二课	立志	孝亲二	守信	反省	报德二	输财助边	切问	国家	教育一
第三课	敦品	孝友	恤贫	主敬	爱群	军国民	坚忍	统治权	教育二
第四课	慎言	友爱一	公益	坚忍	行恕	我国民族	持满	国体与政体	地方自治一
第五课	存诚一	友爱二	惜生物	敏事	自治	法律一	知耻	宪法	地方自治二
第六课	存诚二	睦族	合群	守规律	群之自治	法律二	戒吸烟	国会一	选举
第七课	克己	亲邻	爱国一	戒欺诳	商业道德	国民之义务	戒嗜酒	国会二	纳税
第八课	强毅	睦邻	爱国二	不拾遗	工业道德	国民之权利	戒赌博	总统	当兵
第九课	勤学	敬师	忠烈	正直	恤仆役	法律之制裁	孝亲一	政府	服从法律
第十课	惜阴	交友	义勇一	孝亲	爱物	法律与道德之关系一	孝亲二	司法	爱国
第十一课	安贫		义勇二	爱弟		法律与道德之关系二	友爱		道德
第十二课	俭约			储蓄			择交		
第十三课	戒苟得			济众			不忘故		
第十四课	有恒			竞争			尚公		
第十五课	卫生			自由			人道		

236　身体、伦理与文化转型：清末民初修身教育的历史图景

之人，无机械心。故其用人也，必不疑人之作伪，而为其所感者，自不忍以诈伪报之。明道托重金于奴，购物于远道，绝不之疑，非疏忽也，至诚之用心若是也。……语曰：精诚所至，金石为开。言至诚可以格物也。"（吕思勉，2015）[18] 两课相连贯，义理逐渐深入。第四册第二课为"反省"，引曾子三省吾身之言与范仲淹每日反省之事来说明。第三课为"主敬"，其教授要义说："前课与诸生将反省之功，能自反省者，必能持己。持己之道，以敬为主。能主敬者，必当使此心常在腔子里。孟子曰：学问之道无他，求其放心而已矣。言心志不可一日放也。人有放其心者，试观程子言。"此课内容主要为程颐的持敬之方："程伊川喜诵君子庄敬以日强，安肆日偷之语。尝曰：'整齐严肃则心便一，一则自无非辟之干。'"教授法解释道："心有主则气正，气正则五官四肢，皆以心之趋向是从，而一切外来之纷华靡丽，放荡邪侈之事，皆不足以动其心"，又说"诸生近日操持未定，未必能不放其心。然放其心而能自求之，尚有检束此心之日。若放其心而不知求，则不足以求学矣。哀莫大于心放，诸生戒之"。（吕思勉，2015）[68-69] 这里遵循了程朱理学以"敬"为主的修养工夫路径，其言皆为"心法"。第七册第一课为"好学"，言"圣人不外乎好学，使学生知为学之不可以已"。其实"好学"在修身教科书中是常见德目，类似德目还有"勤学""勉学""苦学""为学"等。通常初等小学校教科书多侧重"勤学"，旨在教学生养成学习的好习惯：按时上课、勤于温课、不缺课等，义理都比较浅显。其他则是强调"不辍学业"[①]，或"好求知"[②]。《新编中华修身教科书》高等小学校用书第五册第三课"为学"的义理稍微深一点，主要引吕氏《童蒙训》讲"为学之道"："先须理会所以为学者何事"，"一语一默须要尽合道理"，严立课程、质求疑难、重视师友，日积

---

① 《共和国教科书新修身》高等小学校用书有一篇"勉学"，内容为乐羊子妻劝勉丈夫求学的故事。《新编中华修身教科书》高等小学校用书有几篇题目为"勤学"，分别讲孟母断织和林肯勤学的故事。
② 《共和国教科书新修身》初等小学校用书第三册第七课的"好学"讲李敬文"年六岁，时向其姊姐问字，渐通字义"，这里的"好学"主要是"好求知"。

月累绵密用功等,但其目的依然是"使诸生兴起勤学之观念"。(方钧 等,1915)⁵ 真正从修身成德的角度理解"学"的意义则要算下面的"好学":

> 孔子曰:"十室之邑,必有忠信如丘者焉,不如丘之好学也。"又曰:"我非生而知之者,好古,敏以求之者也。"子贡问于孔子曰:"夫子圣矣乎?"孔子曰:"圣则吾不能,我学不厌而教不倦也。"子贡曰:"学不厌,智也;教不倦,仁也。仁且智,夫子既圣矣!"《书》曰:"惟圣罔念作狂,惟狂克念作圣。"西儒曰:愚与智,其初常为最近之分歧。所以然者,学为之也。孔子大圣,而其勤于为学犹如此,人可不以学自勉哉?
>
> 格言:好学近乎智。(吕思勉,2015)[118]

此篇所言的"好学"乃是孔子"为学不已""日进其德"的好学精神,这是一种整体的人格精神,本身即具内在规范性,而非形式上勤学。教授法言:"天下之大,具有圣贤之质者多矣,然圣贤不世出者,由于好学者之不数觏也,人顾可自恃天资优美而不致力于学乎?……学者众矣,然或作或辍者有焉,一得自封者有焉,见异思迁者有焉,中道而废者有焉,功亏一篑者有焉,是皆学而生厌者也,学而厌之,欲求进步得乎?……狂之与圣,相去远矣,然具圣人之资,而不能立志学为圣人,则终为狂人而已。以狂人之材,而致力于圣人之所为,则亦圣人而已。为狂为圣,一转念之间而各异者,好学与不好学之别耳。"(吕思勉,2015)[118-119] 这里点明圣贤之所以为圣贤,不在先天资质,唯在"好学",而"好学"与"不好学"差别在一念之间。"好学"之"好"本身也是境界,孔门中唯有颜回被孔子称许"好学",由此可见"好学"是内心状态。

这套教科书在第二学年和第三学年逐渐将重点由个人修身转移到现代社会观念的阐发上,其内容也相对深刻,涵盖面比较广,包括:社会观念,如权利与义务、法律与道德、合群与自治、职业道德等;现代政治观念,如民族与国家、国会、政府、司法、教育、选举、纳税、当兵等。而且，这套教科书还十分注意观念之间的分判与联系，例如第六册接连两课谈"法律与道德之关系"。第一课说："法律者，所以制裁人民之行为者也。道德者，所以维持众人之心术者也。故法律为行为之规则，道德为心术之规则。以道德与法律相衡，则道德志范围为大。"其教授法中指出："法律能强制执行，其生效力也自易。道德但听人崇奉，其生效力也必难。"（吕思勉，2015）[115] 第二课又说："遵守法律者，未必皆有道德之人。而有道德之人，未有不遵守法律者。国民道德之心厚，则法律之效果易生。国民道德志心薄，则法律施行之阻力必多。"其教授法解释道："国民道德之心厚，则不期守法而自纳身于法律之中。国民道德之心薄，则苟免无耻者多，虽有法律之制裁，犯之者仍累累。"又言："欲共同维持法治之精神，当共尽力于道德。举一国之人，置其身心于道德之中，斯有真幸福，斯为真自由。"（吕思勉，2015）[116-117] 这里既申明两者的分际，又强调道德人心的重要性，其流露出来的态度也有孔子所言"道之以政，齐之以刑，民免而无耻"的意味。需要指出的是，这些论及社会国家观念的课文在编写上多采用说明、议论的方式，这与个人修身类德目引用嘉言善行的方式有所不同。根本上说，这是由于前者重在观念的传播，而后者重在德行的养成。观念传播乃是以认知学习为主，强调概念的把握，而德行养成却是以全身心的涵养为主，以榜样的感化、自身的醒悟为要。可以看到，在民国初年，这两种方式在修身教科书中已经形成了交织共存的格局，各类教科书只是在比重上有些许差别。

三、礼俗之变与公共伦理

公德的建立具体表现为在日常生活中确立公共规范。从儒家"道之以德，齐之以礼"与"公德－私德"的结合来看，"德"指向的是个体修身，而"礼"指向的是公共规范。儒家之礼同德一样，也是一个笼罩性观念。在人我关系层面，"礼之本"在于"人情"，如三年之丧、士相见之礼、师弟子之礼等；在社会层面，礼反映了情感和亲缘的远近序列关系，如包括婚丧嫁娶在内的宗族、乡党之间的礼俗；在国家层面，礼是维持政治秩序的一套制度，规范了等级关系，且礼还指涉国家文教，礼部是传统的教育行政机构。可以说，传统纲常伦理结构最大限度地反映在"礼"上。

"礼"的这种复杂架构在近代修身教育中，呈现出自上而下逐步转化的态势。清末兴学以"学部"取代了传统的"礼部"成为最高教育行政机构，即意味着"礼"作为一种"顶层"文教设计的坍塌，其背后是教育观念的更迭，以现代国家教育体制替换了传统礼治文化系统。① 而在修身教育中，基本不存在以传统"三纲"为核心的政治观念。虽然清末学制规定以"忠君"为德目重要目标，但除了学部自编教科书，其他教科书中极少宣传这一观念。与此相对，宗族、乡党礼俗与人我关系层面的礼仪则在教科书中较多得以延续。中学修身教科书一般将礼仪作为社会层面或"对人之道"的内容，1920年出版的《新法修身教科书》仍涉及礼仪，不过主要是从人我交往层面而言。

清末教科书中，《最新修身教科书》重在德性涵养，直接涉及"礼"的篇章不多，多是侧面提及，内容包括家庭礼仪、师弟子之礼、朋友之礼等。如第二册"朋友"篇中孙策与周瑜"升堂拜母"，第三册"祖先"篇言曹休见祖父画像下榻拜泣，第九册"立身"篇张允"向父而拜"等都体现了家庭中尊长之礼节。第七册"夫妇"篇言"樊英有疾，妻使婢拜问，英下床将答拜，……妻者，齐也，礼无不答"（商务印书馆编译所，1906e）[5]。同册"守礼"篇孟子因入户见妻踞坐而生气，孟母则引用"将上堂，声必扬"，"将入户，视必下"，指出孟子的失礼之处。这两处体现了日常生活中夫妇之间的礼数。反映国家层面的礼制之严格的规范，则体现在第三册"严整"篇言霍光"每出入殿门，进止有常处"，第九册"慎独"篇言卫灵公与夫人听见蘧伯玉的车声过宫门而止。其余篇目也提及"礼为教本""知礼"等，不过未特指具体内容。相对而言，中学修身教科书中涉及礼仪的内容更多。

---

① 近代教育行政机构由清末的礼部到学部再到民国以后的教育部，这一更迭过程与教育观念的转化密不可分。参见左松涛.近代中国的私塾与学堂之争[M].北京：生活·读书·新知三联书店，2017：24-34.

杨志洵的《中等修身教科书》"对人第三"篇谈道："曲礼一篇，皆家常日用之节，古人之与人相处者，率是道而已。今之言对人者，其于曲礼加之意焉可矣。人之与我交涉，曰尊长，曰朋友，其道莫详于小学之长幼篇、朋友篇。"其内容以《礼记·曲礼》和《小学》为主，外加日本、欧美各国的哲人名言。

与杨志洵不同，蔡元培的《中学修身教科书》将"礼让及威仪"列入"社会"章当中，先言礼让，再谈礼之根本，最后谈威仪。礼让之重要在于人际润滑，虽然凡事有公理，但是人容易为感情所左右，所以要有礼让来调和人与人之间的冲突。礼让能够"保社会之平和，而增进其幸福"。礼可以保秩序，本乎爱敬之感情而发为仪节，礼的形成基于民族习惯。"礼者，因人之亲疏等差而以保其秩序者也。其要在不伤彼我之感情而互表其相爱相敬之诚，或有以是为虚文者，谬也。礼之本始由人人有互相爱敬之诚，而自发于容貌，盖人情本不相远，而其生活之状态大略相同，则其感情之发乎外而为拜揖送迎之仪节，亦自不得不同。因袭既久成为惯例，此自然之理也，故一国之礼本于先民千百年之习惯，不宜辄以私意删改之。盖崇重一国之习惯，即所以重一国之秩序也。"（蔡元培，1912）[86]既然礼出于民族习惯，就应该注意外交之礼。礼让为交际要道，强调尊重他人思想、信仰自由。威仪是社会之礼让。"凡社会事务，各有其习惯之典例，虽违者无禁，犯者无罚，而使见而不快，闻而不慊，则其为损于人生之幸福者为何如耶！古人有言，满堂饮酒，有一人向隅而泣，则举座为之不欢，言感情之相应也。"（蔡元培，1912）[88-89]这里谈到的威仪其实就是公共礼仪与规范。

总体来说，清末教科书在礼仪方面更注重的是生活中的礼仪、礼貌与其对于社会生活的调节作用。

民国以后传统礼仪改变，敬师之礼演变为学堂礼节，课堂上是起立、鞠躬，路上相逢则脱帽鞠躬。这些礼仪与一般社交性礼节并无太大区分，其背后显然是师生关系的平等化。师的地位降格，不再具有传统"天地君亲师"序位中的尊崇。与礼仪的变化相比，清末和民国的高等小学校教科书一贯强调"尊师重道",这主要是从受教育者的角度而言。

民国以后,教科书中的礼主要体现在与人交往和公共规范上。《共和国教科书新修身》初等小学校用书第五册"公德"篇言:"陈了翁日与家人会食。食已,必举一语,令家人答。一日问曰:并坐不横肱,何也?其孙女方七岁,答曰:恐妨同坐者。"此课要旨说"导学生以爱群之性,立公德之基础"。(秦同培,1913)[15]"并坐不横肱"出自《礼记·曲礼》,这里借以讲述与公众交接之道。"明礼义,保秩序,共和乐,此与公众相处所必不可少也。设人人只知有己,不知有人,则必出于相争,斯安宁无由维持矣。"(秦同培,1913)[16]可见,其意在于教导儿童与人相处,要学会考虑他人。其教授法后面还列举了相关注意事项,如上课时不无故发言发笑;习字时各占自己桌面,不妨碍他人手腕,不摇晃他人书桌;排队进课堂跟随大家步子;路上行走懂得避让负重行人;等等。(秦同培,1913)[16]这些都是基本礼节,与《礼记·曲礼》《小学》比较类似。教科书中还包括待客之礼、对长者之礼等内容。传统的礼节随着生活形式的变化,逐渐演变为现代的礼貌。尽管教授法中谈到了"爱群"与"公德",但礼节的主要内容是人我相处之道,群体与公众的内涵不多。《新式修身教科书》高等小学校用书第一册第十五课"礼仪"言:

> 与人交际,最要者为礼仪,无礼仪则必流于暴慢,而为人所厌恶。故言语必谦和,举动必恭敬,服装必整洁,饮食不可使匙箸纵横、米粒狼藉,其他一切均不可图一己之便利,而置他人于不顾,此交际之要道也。
>
> 我国男女之间,昔日限之甚严,今则男女之间亦有交际焉。男女之交际尤当谨守礼仪,持以庄重,若涉轻佻,通常之交际亦非所宜,况男女之间乎!(方浏生,1917)[7]

这里谈到礼仪是与人交际的要道,因此要特别注意男女交往的礼仪,与蔡元培的意思比较接近。

缪文功的《中华中学修身教科书》第三册第一章"对于社会之道"包括"守社会之礼仪"。其文指出人与人之间人格平等，故应相待以恭敬而不可有傲慢不逊之行。繁文缛节无足取，但普通往来之礼文，应该遵从。具体包括："在广众场所须保持谦让和平。酬酢往来，忌施而不报。公私宴会，须保持礼节，不可有侮慢之状。吉庆之席特作凶语，凶丧之门，忽闻戏笑，均非人情。升降舟车，出入会场，宜守公众秩序，不可杂沓争先。行路不可语言，不可冲断人之行次。"（缪文功，1912）[27-28]这里的论述引入了现代平等观念，侧重公共场合的礼仪秩序。

总体来看，清末民初修身教科书中关于礼仪的论述，极少涉及传统国家礼制的内容，而更侧重人际交往与公共场合的行为规范。礼仪与礼貌是"对人之道"与"对社会之道"的融合。

在新旧道德交替之际，社会层面礼仪之变其实代表着其背后的价值变迁。民国成立后，传统跪拜礼被废除。1915年袁世凯复辟帝制，有人阿谀奉承，建议恢复跪拜礼。天津的《益世报》于1915年11月30日转载了一则《修身作法教授案》，该教案的"目的"赫然写道："形式上，使知跪拜之姿势，实质上，养成奴隶性质。"该教案是当日"益智糨"栏的一则"谐文"，属调笑之作，实则通过修身教案的"使知""形式上""实质上"等提示性话语讽刺恢复跪拜礼的荒唐。

修身作法教授案

科目　跪拜礼。

目的　形式上，使知跪拜之姿势，实质上，养成奴隶性质。

准备　关于三跪九叩首请安打千诸画图、毛毯及拜垫。

预备　尔等知鞠躬之礼佳乎？否乎？答不佳。跪拜之礼佳乎？否乎？答佳。尔等曾练习过否？答四年不行矣。今日教授尔等以跪拜之礼。

提示　跪拜之礼甚古，对于上一等之人物皆适用之，如军士之对军官，巡士之对巡官，一切人等之对于长官，至简略用打千礼请安，若见皇帝务必三跪九叩首，以昭恭敬，我等先习打千礼。

打千礼以左腿向前弯下，右腿后伸，身倾向前方，头低手下垂，行时宜息心静气。次授尔等以三跪九叩礼。唱跪时，双膝跪下，唱叩首时，头与身一齐匍匐。愈低愈佳，愈慢愈见恭敬。唱起时赶速直立，眼看鼻，鼻看心，不可转瞬，行时尤宜静穆，索索无生气。

提示图画　汝等注意此图画，为极可模范之姿势。

应用　设毛毯拜垫，教师示范，行打千及三跪九叩礼，令学生逐个练习，随时矫正之。

复辟的闹剧草草收场，跪拜礼自然也没有再次成为公共礼仪。新文化运动以礼教为革命对象，与之关联最深的其实是婚丧嫁娶等传统宗法社会重要的"大礼"，例如丧礼。"慎终追远""葬之以礼""祭之以礼"一直是儒家孝道伦理的重要内容。传统士大夫父母去世，有"丁忧"之制。民间风俗对丧、祭二礼也极为重视。1895年，林纾的母亲病逝，林纾守孝六十日，"夜必哭祭而归"，其间好几次因操劳过度晕倒。（瞿骏，2017）[80] 对比林纾传统式的守孝，胡适在母亲去世时很想将传统习俗都革除。他先向有往来的家庭发通告说吊唁只领一炷香或挽联之类，其余纸钱、冥器等一概不要，还想将祭礼一并废除，但是遭到亲族反对，只好保留程序，但是做了改良，变为向灵位鞠躬、读祭文、辞灵、谢奠。结果原本要七八天才能完成的祭礼，十五分钟就做完了。（张晨怡，2016）

学堂中则开始采用追悼会的形式。民国时期中学生罗斯喜在作文《论追悼会》中写道：

追悼会之创也迄今二十寒暑矣。至追悼会场之陈设，如结采也，奏乐也，祭奠也，不一而足。此皆因年亡者在世，曾造赫赫之伟业，或功施社稷，或德被民生，遂致其哀斯之意而悼惜之耳。今吾校不幸，凶音叠报，双双良师，长眠不起，成惨剧也。于是定下周日曜，有追悼会之举。当此未开会之时，挽联祭章，云卷而来，新颖之文，悲伤之辞，各表己意之如何。转想着届时，立堂结彩，奏乐述哀，群贤毕至，少长咸集，宣良师之平生，布告吾人之伤悼。死者有知，或亦偕吾人流几许伤心泪也。（卢寿籛，2013b）[134-135]

追悼会与传统丧祭一样都是要表达哀思之情，但传统丧礼有基于宗法的严格的服制，而追悼会的悼念、对其功业德行的追思都是基于公共生活，众人对亡者的追思是一致平等的。在学堂这类公共组织中，开追悼会成为表达哀思之情比较常用的方式，这意味着社会的公共性逐渐成形。

第二节　道德失范与对传统伦理的批判

近代两次讨论道德危机的热潮，一次在清末，一次在民国成立后四五年间，袁世凯复辟失败后。相较而言，清末之道德危机在于"弱"，是于强敌环伺之下惊觉"弱国弱民"、民风萎靡，表现为力量不够；而民国初年的道德危机则体现在"乱"——道德失范，民风卑下，表现为混乱无序之下的无所适从。是以，清末合群立会多以"修身强国"为宗旨，民国以后反而多了不少"进德会"，如1917年俞复与丁福保等人组织"少年进德会"，1918年蔡元培在北大发起成立"进德会"。

从历史效应来看，为应对民国建立后更深层的道德失范，以北大为中心的新文化运动所带来的第二次道德革命（即伦理革命），较之前一次道德革命，其影响力更大、更为广泛。

一、日新又新：《新青年》与文化界的新旧迭代

李大钊曾在1913年这样描述当时的社会："光复以还，人心世道，江河日下，政治纷纭，世途险诈，贿赂公行，廉耻丧尽，士不知学，官不守职，强凌弱，众暴寡，天地闭，贤人隐，小人道长，君子道消，稽神

州四千余年历史，社会之黑暗，未有过于今日者。"①（中国李大钊研究会，2006）46 民国成立后的种种社会乱象甚至令许多青年深感绝望而弃世。而共和政体方兴，短短几年却经历两次复辟，社会思想比清末时期更加混乱。袁世凯复辟期间提倡读经尊孔，教育界和思想界都出现了复古潮流（如孔教会）。1915年前后，曾与袁世凯周旋甚密的梁启超不禁对当时知识分子的态度感到失望："使我国家至于此极者，则何一不在吾士大夫？吾无以名，名之曰良心之麻木。"（梁启超，1999）2807 梁启超的伤心之言是对着"士大夫"所发，而陈独秀、李大钊则开始将目光转向青年学生。

1916年是新旧道德革命的分水岭。虽然袁世凯复辟最终在1916年宣告失败，但是如何对待传统道德伦理，以及如何建立与共和体制相匹配的新道德体系成为一个严肃问题。实际上，从清末戊戌变法以来，新旧道德之争便伴随各种政治运动而起伏。只是，彼时的新道德到此时已成为旧道德。陈独秀发表文章《一九一六年》，欲以1916年为界开启新纪元："一九一五年与一九一六间，在历史上画一鸿沟之界。自开辟以讫一九一五年，皆以古代史目之。从前种种事，至一九一六年死；以后种种事，自一九一六年生。吾人首当一新其心血，以新人格，以新国家，以新社会，以新家庭，以新民族。"（陈独秀，1916）这个"新"，当然指的是新道德替代传统的旧道德。他在文中正式提出伦理革命，将矛头指向传统"三纲"。②

---

① 李大钊此文题为《原杀（暗杀与自杀）》，写于1913年9月1日。文中不仅谈到清末以来因政治不良而产生的暗杀之风，还重点探讨了当时因社会黑暗，青年人自杀轻生的现象。1915年，李大钊写作《厌世心与自觉心》一文时，再次引述这段文字。当时青年人厌世轻生的风气，由此可见一斑。参见中国李大钊研究会.李大钊全集：第一卷[M]. 北京：人民出版社，2006：141.

② 原文为："儒者三纲之说，为一切道德政治之大原。君为臣纲，则民于君为附属品，而无独立自主之人格矣。父为子纲，则子于父为附属品，而无独立自主之人格矣。夫为妻纲，则妻于夫为附属品，而无独立自主之人格矣。率天下之男女，为臣，为子，为妻，而不见有一独立自主之人者，三纲之说为之也。缘此而生金科玉律之道德名词，——曰忠，曰孝，曰节，皆非推己及人之主人道德，而为以己属人之奴隶道德也。人间百行，皆以自我为中心，此而丧失，他何足言？"参见陈独秀. 一九一六年[J]. 青年杂志，1916（5）：10–13.

不过，同样是反对袁世凯，但对于复辟根源的理解，不同阵营之间有很大的分歧。1916年，张元济在民立中学演讲，便借袁世凯不道德立论，提出"新国家当以旧道德相维持"[①]。对待国民道德建设的意见如此南辕北辙，原因在于对待革命的态度。按陈独秀的意思，旧思想旧道德才是复辟的土壤。之所以会发生复辟，原因在于革命不彻底，政体虽新，道德伦理还是太旧——"中国多数国民口里虽然是不反对共和，脑子里实在装满了帝制时代的旧思想"，而"反对帝制的人，大半是反对袁世凯做皇帝，不是真心从根本上反对帝制"。（陈独秀，1917）而作为资深的维新派人士，张元济不赞同革命，主张稳健改革。张元济之意，民国成立后出现种种乱象，是因为这些鼓吹革命的人抛弃了旧道德，如袁世凯等背信弃义之辈却能成为革命的功臣，这是乱象的根由。清末开启道德革命的梁启超，此时与张元济站在同一立场上。梁启超曾在《德育鉴》中以"诚-伪"对应传统的"义-利"，因为他观察到当时的"伪爱国者"本身缺乏修养，"爱国"流于"口号"或只是一时热情。当爱国风潮高涨，爱国心激发于一时，人们便自命为"爱国之士"，这种爱国热情并不出于自身之诚心，而是一种"外铄"，随着时间和外境的转变，爱国热忱便消归全无，或委蛇变节，或盗名堕落。（梁启超，2011）[10]故而《德育鉴》以"辨术"为第一要，就是要破斥这种伪心。1916年，梁启超出版了"修身三书"的最后一本《曾文正公嘉言钞》。其实，戊戌变法失败后，梁启超便潜心研读曾国藩的修身之学，此时出版这本书表明了他的道德旨趣。

陈独秀当然会认为诉诸旧道德是走回头路。其实，张元济、梁启超所主张的"旧道德"本质上是要重新回到"修身为本"的道路上，与陈独秀旨在批判"三纲"的新道德理想未必完全对立。毕竟，谭嗣同在《仁学》中对于"三纲"的批判早为梁启超所熟知。但是，梁启超庚子年间与革命党交恶已使他放弃了革命的想法，1918年的欧洲之行更让他看到西方文明的破产，于是转向了东方文化。梁启超在新旧之间迅速转变符合他一贯

[①] 参见张树年.张元济年谱[M].北京：商务印书馆，1991：127.

开放、不固守的文化态度，但更深层的原因在于，清末"公德－私德"所引发的道德革命是为了伸张国家伦理和公共伦理，处在国家富强价值序列下的公德并没有给个人主体性预留多少空间。梁启超对于西方文明的撷取更多站在国族角度，对于个人自由的申论是为了给国族自由提供基础。新文化运动中的伦理革命要铸造的"新青年"当然也是"国民"，但首先是独立自由的"个人"。因而，新文化运动的伦理革命最终指向了传统礼教与家庭伦理，"科学"与"民主"为新青年们提供了新的人生观和方法论。

价值之争常伴随着话语、学派之争。陈独秀的《新青年》（此时叫《青年杂志》）创刊后，便以"全盘西化"的姿态拉开了中西文化之论争。同在出版界的商务印书馆的一系列杂志自然成为其论敌。其中，与《新青年》形成对垒态势的是杜亚泉主编的《东方杂志》。杜亚泉反对全盘西化，他持一种融合英国式自由主义与儒家中庸态度的多元文化观点，主张东西方文化调和。他在《东方杂志》上相继发表《静的文明与动的文明》（1916 年）和《迷乱之现代人心》（1918 年），指陈西方文明的缺陷，论证东西方文明各有所长，反对以全盘西化改造中国。陈独秀在《新青年》上发表了《质问〈东方杂志〉记者：〈东方杂志〉与复辟问题》（1918 年）和《再质问〈东方杂志〉记者》（1919 年），对《东方杂志》发起进攻。将"复辟"字眼与《东方杂志》关联在一起，质疑《东方杂志》在复辟问题上的立场，这当然是为了制造舆论声势。杜亚泉不得已表明自己和《东方杂志》拥戴共和的态度，并择取十个问题进行回答。然而，陈独秀在之后的论战中依然将杜亚泉视作辜鸿铭等复辟派的同党，且只抓着细节问题进行论争[①]。这场论战的结果是《东方杂志》销量骤减，《新青年》等杂志销量大增。除了《东方杂志》，商务印书馆主办的其他教育类杂志也遭到了

---

① 如，不满于对方只是择条作答，谓"倘乃以'不暇一一作答'六字了之，不如一字不答也"；杜的答复中谈及普及教育与廉价出版物——"教育普及而廉价出版物日众，不特无益学术，反足以害之"，"所谓廉价出版物者，自指勃氏所言之书报及坊肆中诲盗诲淫之书而言"，也被陈独秀找到了破绽，反驳说"诲盗诲淫之书与廉价出版非同一物"，跟普及教育更毫无关系。这些议论缺少冷静的学理辨析。参见柳和城.挑战和机遇：新文化运动中的商务印书馆 [M].北京：商务印书馆，2019：27.

新文化人的"炮轰"。1919年罗家伦与傅斯年等北大学子创办《新潮》杂志，鼓吹伦理革命，反对封建礼教，提倡个性解放和男女平等。罗家伦《今日中国之杂志界》一文点名批评商务印书馆主办的几种杂志：《东方杂志》就是"杂乱派"，对社会不发生一点影响，不能灌输新知识；《教育杂志》是市侩式的杂志，对学理无明确的观念，又无研究的热心；《学生杂志》是"一种极不堪的课艺杂志"；《妇女杂志》"专说些叫女子当男子奴隶的话"；等等。（柳和城，2019）[35] 商务印书馆为挽回颓势，不得已将杜亚泉从《东方杂志》主编的位置撤下，由陶保霖接替杜亚泉。陶保霖死后由钱智修接任。紧接着，商务印书馆的其他教育类杂志主编也进行了调整：《教育杂志》改由李石岑编辑，实际由周予同负责；《学生杂志》由杨贤江主持编辑；《妇女杂志》改由章锡琛编辑；《小说月报》由沈雁冰主持改革。在这些受新文化影响的后起之辈的改革下，商务印书馆的几种杂志面貌一新。（周武，2010）[123] 不过，由于商务印书馆高层总体上的保守态度，这些改革未能持续下去，如章锡琛后来脱离商务印书馆，创办了《新女性》杂志与开明书店。

对于青年学生群体而言，陈独秀等新文化人已经取代了梁启超，成为新的精神领袖。梁启超在1917年后逐渐淡出政坛，投身教育，相继在南开大学、清华大学任教，开设国学类课程，试图以"学术"开创与北大新文化人不同的文化道路。

二、从徐炯到吴虞：伦理革命的地方剪影

徐炯和吴虞都是四川教育界著名人物。不过就全国范围的影响而言，显然，被陈独秀称为"只手打倒孔家店"的吴虞更为人所知。这二人的交集正是发生在四川教育界的"伦理革命"论战，可为我们提供一个观察道德革命的微观视角。

蜀地文化在中国地域文化中通常自成一格。在晚清变革中，成都相较于其他地域，少见精英阶层的公开活动。其实，四川地区也有少数维新派人士。不过，这一改革群体具有极强的"士大夫"属性。他们多是儒林耆宿，执掌教育、商务及各实业领域的改革，在政体改变之时成为"遗老"，文化上尊孔复古。他们的行动遵循儒家传统，当成都军阀争斗危害民众时，他们为民请命，出面调停，同时广办教育，培养了大量近代人才。清末民国时期，成都地区尊师重教风尚在全国首屈一指，离不开他们的教育实践。其典型代表便是曾被誉为四川"睁眼看世界"第一人的宋育仁。新文化运动后，他的思想趋于保守，除了为民请命就是办教育，但所主讲的课程几乎都是国学，并提倡尊孔读经。1929年成都《快报》上刊登了一份《成都一百名人表》，内中将徐炯、方旭、尹昌龄、曾鉴、陈钟信、宋育仁等都称为"遗老"。这群人还有一个称号，即成都"五老七贤"。关注徐炯乃至"五老七贤"的研究通常是有关成都的地方文化研究。（陈沫吾，2012；司昆仑，2020；许丽梅，2003）这一群体的教育行动也很少进入近代教育史的主线叙述中，但他们在地方文化变迁中其实有着重要影响。

徐炯是清末成都地方改革的士绅代表，在维新变法时期，他甚至可以算得上"革新人士"。徐炯在戊戌变法之前曾入京师，与刘光第、杨锐等人过从甚密。戊戌政变前，他给刘、杨二人打电报，提醒他们注意时局的激变，不料，电报还没有到达，"六君子"已命丧北京菜市口。徐炯因此对清廷失望而绝意科举，一心办教育。民国以后，徐炯长期担任四川教育会会长，创办了多所学校，门生弟子广布蜀中。其文风和思想长期影响四川教育界。民国时期的四川籍政要，许多人是他的门生。（许丽梅，2003）

1916年担任成都师范学校校长的徐炯，出版了其自编的《中学修身教科书》。不过，这部教科书未见印有出版机构的字样，只有同为"五老七贤"的曾鉴所题写的序言，或许是徐炯自行印刷，用于教学。由于徐炯执四川教育牛耳，这本教科书后来通行于川渝地区，影响甚大。

徐炯编写《中学修身教科书》的目的十分清楚，那便是重建修身传统以挽救当时"人心风俗之弊"。他在序中说当时的道德"失范"与自己编写教科书的用心："今学校林立矣，而人心日益窳，风俗日益浇，岂可不深思其故乎？理有是非，道无中外，是者存之，非者去之，而总以有裨于人心风俗为标准。"（徐炯，1916）[序]

徐炯在戊戌变法之后曾任陕西省留日学生监督，带领学生出洋，这次经历让他开了眼界。（王跃，2019）[78] 因此，他编写的修身教科书不乏国家意识和现代观念，充分体现了"中体西用"的特点："本书以儒先之学说为根据，而又溯其源于六经，汇其通于诸子，且旁及于伦理学、心理学、教育学诸书，盖一本万殊，万殊一本。固无容偏废也。"（徐炯，1916）[序] 教科书的德目也是按照学校、家庭、社会、国家、世界的顺序，由近及远、由浅入深来编排，其中关于社会、国家、法律、军国民等现代观念占了相当篇幅（见表5-2）。每学年内的篇章安排先从修身涵养工夫开始，逐渐过渡到现代观念。当时学生对这部书的观感是："文章华采，笔墨生动，颇能投合当时没有政治头脑的一些青年学生的心理，起到一些启蒙作用。"（陆殿舆，1986）[30]

表 5-2 徐炯《中学修身教科书》目录

	第一年	第二年	第三年	第四年
第一章	总论	立志	惩忿	忧乐
第二章	规则	读书	窒欲	名实
第三章	服从	戒放纵	去私	礼乐
第四章	整肃	戒卑劣	矫弊	法律
第五章	勤勉	戒凉薄	主静	谨细微
第六章	诚实	改过	居敬	规远大
第七章	洁清	崇俭	慎独	辨义利
第八章	健康	惩贪	求仁	达死生
第九章	谨言	强争	责任	客气与毅力
第十章	慎行	恶恶	涵养	感情与真理
第十一章	家庭概论	择交	气象	独立与合群
第十二章	明孝	社会概论	国家概论	对于世界
第十三章	结婚	社会之性质	实利主义	对于万物

续表

	第一年	第二年	第三年	第四年
第十四章	友爱	社会之事业	军国民主义	对于古今
第十五章	治生	社会之道德	道德主义	对于天
第十六章	—	社会之希望	—	结论

徐炯对当时社会风俗的建设格外措意,他谈到"戒凉薄":

> 厚薄二字,固人性情之所由分,亦即世运隆污之所由判。……人之性情厚,世风亦因之而厚;人之性情薄,世风亦因之而薄。所谓至性,所谓血诚,所谓热肠,所谓高谊,凡古来忠孝节义可以惊风雨而泣鬼神者,大抵皆厚于性情者也,而性情薄者,一切反是。(徐炯,1916)[8]

风俗是徐炯看待社会的出发点,他对于"社会""民风"的关注一方面是出于儒家"化民成俗"的本怀,另一方面也是受激于当时新文化运动风潮所带来的道德革命。鉴于新文化运动后"废经黜孔"过于偏激,徐炯为"尊孔读经"创办大成学校(后改为大成中学)。他自任国文和修身课教师。唐振常20世纪30年代初就读于徐炯开办的大成中学,据他回忆,徐炯上修身课时,很少照着课本讲,倒是多数时间在骂人,骂新学,骂人心不古……。不过,唐振常也承认,大成中学的国文教授非常好,学生的古文能力得到了很好的锻炼。(王跃,2019)[82]由于徐炯这样的旧派主持四川教育界,相当长一段时间,四川省学子的文风都非常偏于旧学。不过,徐炯的"守旧"收到的也不全是批评。唐君毅在1929年受聘到成都教书。他明显感受到当时成都地区"尊师重教"的风气——校长不仅亲自送聘,在送聘书时,还向岁数小三四十岁的唐先生三揖为礼,以表达郑重和付托。唐君毅也听闻,"大成学校校长徐子休先生,躬行儒学,士林所宗。虽年逾七十,但其对校之先生岁数小三四十岁者,亦亲自跪拜"(唐君毅，2016）³⁷⁵。这种对于师道的尊崇与郑重，让深受西方文化影响的唐君毅颇为感动。然而，这样的师道也并没有维持多久。数年后，唐君毅再到成都教书，校长只是握一握手。再隔几年，却连校长的面也见不到了。唐君毅提到徐炯时感怀师道之不存，通过这些事情也可见徐炯这样的"耆老"的为人风格。他们对传统的坚守，的确折射出传统的温情与敬意的一面。但是，这样的师道在新旧更迭、学潮频发之际，容易演变为一种"权力"压迫。

1908 年四川教育史上发生一件大事，其实也是四川省一次较大的政学冲突事件。这年四川教育会主办秋季运动会，当时四川总督赵尔巽也带着一大批文武官前来观看。运动会原本是学生参加。然而，临开幕前，警察局所属的警官学堂巡警教练所也要报名入场，并强行参加障碍竞走项目。过程中一名巡警兵因比赛落败，竟然挥手拳击现场的学生选手。全场为之哗然，学生们与参赛的巡警发生争斗。巡警竟然拿着刺刀上阵，刺伤了好几名学生。事件发生后，多所学校学生罢课，学界秩序大乱，四川教育会集体开会讨论解决方案。众人认为应与官方交涉，为学生讨还公道。然而身为四川省教育会会长的徐炯认为官场势大，主张退让，而后因刘士志、杨沧白挺身而出，愿出面交涉，徐害怕牵连自身，便辞了教育会会长之职。（佚名，1908）（李劼人，2017）⁴³⁻⁴⁴ 经此一事，徐炯在学生群体中失去了威望。当时徐炯的学生刘吉晖担任重庆府中学堂修身教师，采用的教科书便是徐炯所编《中学修身教科书》。但据重庆府中学堂学生陆殿舆回忆，刘吉晖在讲书的时候，常对教科书发表批评意见，并指徐炯为"道貌俨然，一生卑鄙"。陆殿舆解释，这是由于徐炯在运动会事件中站在官府一方，因而"大为青年所鄙视"。（陆殿舆，1986）³⁰

正如陈独秀所见，反对袁世凯复辟的人，多数是反对袁世凯，而不是反对帝制。徐炯也属于此列。对于传统纲常名教，徐炯自然是维护的。他在教科书中站在传统礼教的立场猛烈批判"自由婚姻"之说。《中学修身教科书》"结婚"一节开篇就说："驱我国而尽入于禽兽之域者，其惟自由结婚之一语乎。"他反对"婚姻自由"的理由出于礼教和宗法的立场："有圣人起，始制礼以大为之坊，所谓纳采、问名、纳吉、纳征、请期之如此，其严且密者，盖所以遏人欲于横流而使之知自别于禽兽也。"徐炯指出："情而不节之以礼，情亦何常之有。今日可以自由结婚，明日即可以自由离婚，今日可与甲自由结婚，明日即可与乙自由结婚。礼义废廉耻亡，种类杂，血统绝，几何不胥天下之人而尽化为禽兽也。""婚礼"在传统宗法社会的重要意义在于"夫妇为人伦大端"。"无夫妇即无父子，无父子即无兄弟，由文明而退入野蛮，由人类而降为禽兽，偷纪灭种，亡谁为此，祸遂举。我五千年神明之胄而斩断，夷灭之也。"徐炯最后指出："欲救此祸，莫如行礼。孟子曰：父母之命，媒妁之言。此结婚之正轨也。"（徐炯，1916）[14-15] 徐炯此篇动辄以"禽兽"而论，显见其有愤慨与"卫道"之心。

实际上，"婚姻自由"自清末倡言以来，到此时已经不能算是全然的新观念。而早在清末，徐炯就对当时社会上逐步松动的"男女大防"不满。成都戏曲业发达，清末新政时期，经警局批准，城内相继开设了可园、悦来茶园、万春茶园等专业剧场，由戏曲改良公会逐日调动各班轮流演出，纠正舞台不良风气。悦来茶园还专设有女宾厢和女宾入口处，准许妇女入园看戏。此一措施使封建闭塞的成都社会大为震动。（成都市地方志编纂委员会，1999）[444] 卫道士们对此自然要奋起抵制，以正风俗。1910年，徐炯联合其他士绅上书四川总督要求取消戏园女座，认为当时戏曲以诲盗诲淫者居多，不利于女性涵养德性。1913年，官方颁布《取缔戏园女座规则》，对于女性进入戏园的行为举止进行了各种规定。（王笛，2013）[270]

徐炯等人把持的四川教育界风气太旧，非得要猛烈冲击一下不可。（王跃，2019）[84] 这个冲击来自吴虞引发的伦理革命。吴虞和徐炯一样，早年是尊经书院的学生。但是，吴虞却成为新文化运动中喊出"打倒孔家店"与"吃人的礼教"的第一人。1907年吴虞从日本回国，在成都教书，还主编《蜀报》，在课堂上发表反孔尤其是非孝、非礼的言论。

吴虞对传统伦理的批判，与新文化运动同人有些不同。吴虞的"非孝"，和他的家庭生活有极大关系。据唐振常考证，吴虞和他的父亲感情早已不睦，赖有母亲维系着。母亲死后，加之与后母的关系，使早已破裂的父子关系无可弥补。吴虞母死于1892年,翌年,吴虞即被其父赶至新繁居住。到了辛亥年,父子之间大打出手,涉讼法庭,经年不休。对于自己的家事,吴虞作了一篇《家庭哭趣》,油印散发,进而公开主张家庭革命。(唐振常,2013)[5-27]在民风素来守旧的四川,吴虞的这些行为,自然是被认为大逆不道。以徐炯为首的卫道名流对他进行了攻击。在吴虞发表宗教革命和家庭革命的言论后,徐炯将其斥为异端邪说。后因父子纠纷,徐炯联合四川名流发表宣言,将吴虞赶出了教育界。1920年,因吴虞四女吴桓在美国与潘力山"自由结婚",而潘力山又有前妻,徐炯发动报纸攻击其事。据吴虞所说,徐炯借潘、吴自由结婚以攻男女同校,借攻男女同校以解散外国语专门学校,而移祸新派。联系徐炯在《中学修身教科书》中对于"婚姻自由"的态度和反对戏园设置女座的观点,这样的举动也不足为奇。

徐炯对吴虞的打压并没有成功,反而变相帮助了他。正是因为吴虞遭到四川教育界的封杀,文章无处发表。当此之际,新文化运动正在兴起,他便将目光投向了《新青年》。《吃人与礼教》正是吴虞读完《狂人日记》之后的评论文章。吴虞在《新青年》上连续发表文章,也让他名声大噪。吴虞受聘到北大任教授。不过,他在北大的授课并不很受学生欢迎,个人生活也不检点,几年后又回到了四川。

吴虞的伦理革命以"非孝"为核心,进而延伸到家庭制度与专制政治。这个方向与新文化运动一致。吴虞反对孝道中所强调的"为尊者讳、为亲者讳、为贤者讳",认为"徒养成君主、圣人、家长的威势"。(唐振常,2013)[7]固然,他的"非孝"与其切身感受有关,但不可否认,他对于传统孝道与专制主义的关联有着深入思考。正如陈独秀在《一九一六年》一文中所言:"儒者三纲之说,为一切道德政治之大原。"(陈独秀,1916)传统的家庭伦理从诞生就与政治绑在了一起。

在新旧道德交替之际,凡对于儒家道德抱有温情与敬意的人,大多都要正面应对儒家的"纲常"问题,尤其是在复辟阴影尚未远去的年代。壬戌学制讨论期间,关于修身科存废问题的讨论甚为激烈,保留修身科的意见多举维护本国固有道德之理由,而反对者则通过"伦理革命"主张废除修身科。

就修身教科书而言,传统伦理的确占主要地位,家庭伦常更是其中的重要内容。在新道德理想下,修身科最终被融合到公民科当中。而"儿童中心"的新思潮,的确打开了一个与传统道德伦理不同的教育世界。

第三节 解放话语下女性、儿童的修身主体性

在中国传统修身话语中,女性与儿童是"修齐治平"的对象,而不是"修身养性"的实践主体。女性和儿童的修身教育以伦常教化为主,修养的"内圣"工夫很少出现在他们的修身文本中。因而,他们实际上是不具备修身主体性的。近代道德革命以后,"国民"身份赋予了女性和儿童一定的主体性,使其跨越"齐家",通过修身来"强国"。新文化运动引发的伦理革命促进了解放话语的产生。但是在修身教育存在的时期,"解放"话语下的女性和儿童的主体性依然复杂。

一、女性的修身主体性

在修身传统中,女性的修身以伦理教化为主,缺乏士大夫群体那种由心性修养而带来的高度挺立的主体性。写给女性的修身书几乎不涉及心性工夫。其实,女性中也有人具备追求心性工夫的热忱,然而却被束缚在家庭伦常的角色上。明代理学家王畿曾感慨其妻张氏如不为女子,完全"可以与于儒者心性之学,不然亦为敦行君子"[①],而张氏一生料理家务,为王畿常年在外讲学提供支持。清初儒者杨甲仁则完全突破性别界限,强烈支持女性平等地追求性命之学,并与其侧室周氏日常论道讲学。(吕妙芬,

---

[①] 王畿在《亡室纯懿张氏安人哀辞》一文中写道:"使安人不为女子,可以与于儒者心性之学,不然亦为敦行君子,无疑也。"参见王畿.亡室纯懿张氏安人哀辞[M]// 吴震.王畿集:卷二十.南京:凤凰出版社,2007:647-651.

2010）尽管理学家中不乏有人能够欣赏妇女的才性与求道的热忱，然而他们未能在理学领域中为女性开启追求性灵自主的天地。（吕妙芬，2010）

清末的女性修身教育延续古代女教，以"女德"为主要内容。1907年清政府批准了学部呈上《奏定女学堂章程折》，鼓励兴办女子师范学堂和小学堂。（璩鑫圭 等，1991）[294]《女子师范学堂章程》中明确指出女子师范要以益于家庭教育为宗旨，注重女德，即"为女、为妇、为母之道"，勉以贞静、顺良、慈淑、端俭诸美德，并特意说道："中国男子间有视女子太卑贱，或待之失平允者，此亦一弊风。但须于男子教育中注意矫正改良之。至于女子之对父母夫婿，总以服从为主。"（璩鑫圭 等，1991）[576][①] 女子修身课本应该取古代女学经训，如《列女传》《女诫》《女训》《女孝经》等。（璩鑫圭 等，1991）[577] 实际上在清政府颁布章程之前，民间已经兴起了女子教育，女子教科书也随之出现。这些女子修身教科书很接近传统《女训》的叙述风格，其内容也多采用《列女传》、"女四书"等传统经典。

从编写方式来看，最接近传统格式的当属1906年南洋官书局出版的《绘图女子修身教科书》，该书共四章，分述"妇德""妇言""妇容""妇功"。每章先列总纲，再分述要点，然后列举历代女子事迹。其内容也反映了一些现代观念，如"妇德"章有两节分别为体现了女子"能谋公益""能顾公义"，"妇容"章第六课论及"女子与国家之关系"时以斯巴达妇女为例证，说明"体育一科，男女并重，女子体质之优劣为国民强弱所系"，第八课、第九课言运动、清洁与卫生的关系，第十课则宣扬"戒缠足"。可见，此时的"妇容"已经不再是传统所谓的容貌，而已扩展为身体素质。（胡冰心，1906）[目录] 将女性身体素质与国家关联起来的说法也是近代"母教"的重点议题。不过这部教科书出自传统女性之手，对于传统的"贞烈节孝"观念有较多保留，一些轻生重节、毁容全节的女性事迹也得到了褒扬。相对于《绘图女子修身教科书》，会文学社在同年出版

[①] 这一点在《最新修身教科书》中可以看出，其对夫妇间相互尊重以及敬妻观念多有强调，而同时又将贞顺等作为女性美德。

的《初等女子修身教科书》在内容上更加温和，该书为"搜辑古集女子故事各以类从"（何琪，1906）而编写，从编写的方式和目录来看（见表5-3），颇似《列女传》的风格。

表5-3 《初等女子修身教科书》[①] 第一、二册的内容

序号	标题	内容要旨	序号	标题	内容要旨
第一课	孝行	孝道	第二十一课	魏夫人	卫生养生
第二课	曹娥	孝心	第二十二课	甲女	洗衣服免病
第三课	缇萦	尽孝不让男儿	第二十三课	张家妇	卫生免疫
第四课	木兰	替父从军	第二十四课	谋生	谋生
第五课	杨香	扼虎救父	第二十五课	老莱妻	谋生
第六课	张建女	孝行	第二十六课	陈氏三女	谋生养亲
第七课	赵娥	行孝复仇	第二十七课	贾易母	谋生教子
第八课	友爱	爱兄弟	第二十八课	刘凝之妻	谋生
第九课	女嫈	爱弟	第二十九课	吴彩鸾	谋生
第十课	聂政姐荣	爱弟	第三十课	女工	工作
第十一课	贾逵姊	教弟	第三十一课	赵夫人	女子手工
第十二课	李文姬	救弟	第三十二课	薛灵芸	女子手工
第十三课	勤俭	勤俭	第三十三课	苏若兰	手工与才情
第十四课	戴良五女	尚俭	第三十四课	李络秀	烹饪
第十五课	敬姜	勤俭	第三十五课	文学	女子当通文学
第十六课	王良妻	尚俭	第三十六课	伏女	女子传经
第十七课	清洁	清洁	第三十七课	班昭	女子修史
第十八课	不洁西子	清洁	第三十八课	卢道虔妻	女子通子书
第十九课	东邻女	清洁	第三十九课	李婕妤	才学高明
第二十课	卫生	卫生	第四十课	卫夫人	字学宗师

[①] 该书于1906年第一次出版，当年出版了第一、二册与配套教授法。编辑大意与课文要旨皆载于教授法上，此表内容依据教授法。

从表 5-3 中可见，关于孝悌、勤俭、清洁卫生等内容占前半篇幅，后半篇幅鼓励女子谋生自立，并举各种例子来说明女性具有的工作能力。"文学"篇特别提出女子当通文学，批评传统"女子无才便是德"的观念，举历史上有学术造诣的女性为例来鼓励女学生。

民国以后，商务印书馆于1912年出版了沈颐所编的《订正女子修身教科书》，中华书局于1914年出版了李步青编写的《中华女子修身教科书》。这两部教科书在德目与内容上与通用的修身教科书有很多重叠之处，比如孝悌、清洁卫生、自省修身、品行陶冶等"道德内容"以及公德、财政、权利、义务、国民教育等"国民常识"。这些篇目通常不以女性人物事迹为限，而有些内容则为女子修身所专有，比如强调持家、家庭教育以及女子专有的品行。沈颐编写的《订正女子修身教科书》共四册，序言中指出女子美德即"孝悌慈爱，端敬贞淑，信实勤俭"，第一册前两篇即为"女训"和"贞静"，第十二篇为"婉顺"，第二册涉及女性修身之德目的篇章包括"礼容""慈孝""家政""中馈""妇职""宴会"，第三册有"女教""才艺""继母""家庭教育一""家庭教育二""内助一""内助二""妇功"，第四册有"学问""戒妆饰""夫妇""义烈""教子""教女""和妯娌""爱叔妹""家政""家计""中馈"。其中，"中馈"出现三次，"家政""家计"等也多次出现，可见，女性修身观念与传统一脉相承，仍然是以家庭事务为中心。李步青的《中华女子修身教科书》（高等小学校用书）在德目内容上与沈颐所编教科书比较类似，注重女子"贞淑"之德性，不过其采用了人物主义连续编排的方式，且以家族为单元，如第一册第十四、十五课言陶侃之母"敬客""不苟取"之美德，接下来的四课皆言陶侃之美德（"习劳""惜时""惜物""节制"）。

总体来看，民国初年的女子修身教科书围绕"贤妻良母"而编写，与传统女性教育内容有较高的一致性。《中华女子国文教科书》第二册第三十九课谈"女子职业"时说："人处社会中，有职业即为生利，无职业即为分利，男女一也。我国富家女子旧鲜执业于外者，然事亲相夫教子治家，各有其职，责重而事烦，要不能遽消为坐食，若贫家妇，则又以茧丝纺织，佐耕读，备饔飧，尤不可谓非生利者，正不必胪举琐屑，征及哺乳司炊选茶缫丝种种工役，而始谓我国女子，亦未尝竟无职业也。至欧美女子，固有进于是者，如教员、如保姆、如医士、如宣教师、如看护妇，往往女子任之，又如商家贸易、报馆主笔，以及邮务电话等局之执事，近亦参用女子，盖学问既进，品格既高，凡诸职业，为其才力所能胜，自不妨参与其间也。"（沈颐 等，1915c）[30] 这里说传统女性虽然不在社会任职，但其家事繁重，也是一种职业，对于女性到社会上任职持肯定态度。第三册第三十三课"家庭之幸福"中则言："道在家人之各修其职始。所谓各修其职者，当先明责任所在，男子主外，女了主内，古有明训。是以执业治生，以资事畜，男子之责也；一家庶务，处理攸宜，女子之责也。譬诸二手，左右相依，不容偏废，诚能各尽己责，使家计有丰腴之象，门庭呈整洁之观，入此室处，身心泰然，幸福莫逾于是矣。"（沈颐 等，1915d）[26-27] 第五册第六课"良妻"言："良妻者何，善相其夫，而不必以名著者也。譬诸医，无卓卓之誉，而治病于垂危；譬诸将，无赫赫之功，而屈人于不战。盖惟安常处顺，不以奇行表彰，乃愈觉难能而可贵。"（沈颐 等，1915e）[4] 此外，传统礼教观念在教科书中也并未被完全颠覆。

传统家庭观念和女性观念被彻底否定是在1920年以后，而彼时修身教育也已是"日薄西山"。1923年，商务印书馆出版了由杨贤江编纂的《新法公民教科书》，其第二册第十三课为"妇女运动"：

> 无论中外，总是男尊女卑的。妇女是常受男子的压迫和侮辱的。……我们中国的妇女，一生下来，就是被大家轻视的。他们没有受教育的权利，没有社交的权利，没有承受遗产的权利。结婚以后，又被关闭在丈夫家里，须听从丈夫的命令。丈夫死后，又须替丈夫守节，更有不幸的女子，常被卖为婢，或为妾，在社会上，已经没有女子做事的地位。在政治上，更加没有女子活动的机会。因此，就有许多法律，是专为拥护男子的利益而设的。像这样男女不平等的事实，虽然在有些地方已经改良……（杨贤江，1923）[25]

这里对男尊女卑的批评受世界范围内的女权运动影响，从中可见为女性争取教育权、财产权以及男女婚姻平等、职业平等之类的观念。涉及女性观念的一个重要议题是婚姻和家庭责任。在这方面，民国时期的各种教科书显得相当审慎和保守。

蔡元培的《中学修身教科书》"夫妇"一节中首先强调"夫妇为人伦之始"："国之本在家，家之本在夫妇。夫妇和，小之为一家之幸福，大之致一国之富强。古人所谓人伦之始，风化之原者，此也。"继而言及"爱"为夫妇之第一义，夫妇之爱不随境遇而改，"一与之齐，终身不改"。而这种纯粹之爱情实是奠基于品德之上，故而择妇应选"婉淑而贞正"的女性，择夫应选"明达而笃实"之男子。在家庭中，夫妇应该有所分工，分工本于男女性别差异。蔡元培指出："男子体力较强，而心性亦较为刚毅；女子则体力较弱，而心性亦毗于温柔。故为夫者，当尽力以护其妻，无妨其卫生，无使过悴于执业，而其妻日用之所需，不可以不供给之。男子无养妻之资力，则不宜结婚，既婚而困其妻于饥寒之中，则失为夫者之本务矣。女子之知识才能，大抵逊于男子，又以专司家务，而社会间之阅历，亦较男子为浅，故妻子之于夫，苟非受不道之驱使不可以不顺从。而贞固不渝，忧乐与共，则皆为妻者之本务也。夫倡妇随，为人伦自然之道德，夫为一家之主，而妻其辅佐之。"他还认为男主外、女主内是"是各因其性质之所近而分任者，男女平权之理，即在其中"。他继而解释道："男女性质之差别，第观于其身体结构之不同，已可概见。男子骨骼伟大，堪任力役，而女子则否；男子长于思想，而女子锐于知觉；男子多智力，而女子富感情；男子务进取，而女子喜保守。是以男子之本务，为保护，为进取，为劳动，而女子之本务为辅佐，为谦让，为巽顺，是则刚柔相济之理也。"（蔡元培，1912）[52-54] 夫妇既为人伦之首，蔡元培对此也相当重视。他特别强调对于婚姻的谨慎与坚持，但这并不代表反对离婚，他认为"离婚为人生之大不幸，而彼此精神界遂留一终身不灭之创痍。人生可伤之事，孰大于是"。

蔡元培对男女平权的理解与一般女权主义不同，是在承认男女有差异的基础上的平等。蔡元培分析男女两性的差别，将女性气质描述为"辅佐""谦让""巽顺"等。这种本质主义的性别观点与传统女德教育十分接近。回看班昭的《女诫》中所论"阴阳殊性，男女异行。阳以刚为德，阴以柔为用，男以强为贵，女以弱为美"，及以"卑弱""宽和""谦顺"为女子德性。两者虽隔千年，论述理路却大有相贯通之处。

杨志洵《中等修身教科书》中"夫妇"一节说："夫者，以道率人者也；妇者，执箕帚者也。此天尊地卑，自然教之流弊也。天下事有大利，未有无大弊者。其弊之反动，至于妇姑反唇，夫妻反目，北齐颜氏言之慨然。夫相敬如宾，君子所取，婚姻自由，法理所许。夫之父曰舅，妇之父亦曰舅，故曰：妻者齐也。斟酌今昔，庶至善可期乎。"（杨志洵，1906）[16] 杨志洵批判以"天尊地卑"来比附夫妇的观念，而主张夫妇"相敬""婚姻自由""妻者，齐也"。近代婚姻观念变革最大者莫过于"婚姻自由"之论，对此"自由"，杨志洵从婚约的制定与解除出发来进行解释：

  两家之约最重者，莫若婚姻，主于家室之和乐。假使两情乖刺，则其鹄已亡，强而合焉，乃人道之至苦。穆勒曰，两家之自由解约，自国律视之，不当以有外待者而不同，而自伦理视之，所当以有外待者而大异。夫婚媾离合于人道，所系岂不重乎。矧乎为所生者之所待命也。倘不宿留审顾，而脱然迳行，则伦理之罪人矣。虽然，余之为此言，不过谓解约自由之义，有不可以一概为用例者示广狭耳。而世之论婚媾离合者，常偏重于儿女之苦乐，而于夫妇之祸福特轻，此又非余主张自由之指矣。穆勒又曰，今夫居室之事，旧俗夫之于妻，有无穷之专制，不待论矣。彼持此无理不公之旧义者，不必以行己之自由为词，且悯然以纲常饰其强权之说。是故人道改良，莫亟于此。必取旧义扫灭无遗，使为妇者应享权利，同于其夫，其性命财产同受国律之保护，与男子无殊，于天理人心，庶几合耳。（杨志洵，1906）[19-20]

杨志洵在这里引用了穆勒的"自由"学说，一方面从契约精神理解婚约解除之自由，另一方面又注意到婚约所具有的伦理性质，认为应该慎重对待，并强调了婚姻中夫妇应享有平等权利，女性的生命、财产权同样受法律保护。

近代伦理革命以后，婚姻的意义被重新厘定。叶圣陶在其小说《倪焕之》中描述了当时青年人婚姻观念的变化。倪焕之与金小姐在商议婚礼时发生了分歧，"焕之以为结婚只是两个人的事，只要双方纯洁地恋爱着，结合在一起就是合乎道德的。至于向亲戚朋友宣告，在亲戚朋友的监证之下结合，却是无关紧要的，不必需的。那些都是野蛮时代婚仪的遗型"，倪焕之主张以茶话会的形式接受亲戚朋友祝贺的好意。可是金小姐不赞同茶话会式的婚仪："茶话会同于寻常消遣，似欠郑重之意。我人初不欲告于神明，誓于亲友；第一念经此结合，两心永固，终身以之；为互证及自勖计，自宜取一比较庄重之仪式，以严饰此开始也……。"最后在蒋冰如等人的建议下，两人决定采取通行的新式"文明婚礼"。（叶圣陶，1994）[378-379]

传统上，婚礼为宗法之"大端"："将合二姓之好，上以事宗庙，而下以继后世也。故君子重之。"（《礼记·昏义》）受新观念影响，倪焕之不仅反对传统宗法婚姻观，连带将婚礼的习俗也视作"野蛮"。近代"自由结婚"观念越来越为人接受，"婚姻自由"强调了个人意愿，凸显了个人主体性。透过教科书可以看到，尽管旧时婚姻观念（"父母之命、媒妁之言"）并未被完全抛弃，甚至人们还认为其有合理之处，但此时人们也不再将婚姻与宗法承嗣联系在一起。

不过，宗法"松绑"，并不意味着主体性的完全彰显。虽然家族不再是个体与国家之间的中介，但是，在爱国主义论述中，个体被直接放置在国家命运面前，女性依然是通过"家庭"与国家相联系的。脱离了宗法结构，人们转而从国家、社会的角度来强调女性应当以家庭为归宿。作为"国民之母"，对社会和国家最大的贡献就是养育出优良健全的"国民"。这种论述始于梁启超。在梁氏论述中，国民之弱根源在于女性之弱，女性身体羸弱，又无智识，不从事社会生产（不能"生利"），只能"坐食"。梁启超从强国保种的角度提倡女学（谈儒强，2006）。这一观念的影响持续到了民国，连带批评了后来流行的独身主义。中学生朱儒阳在作文中批判"独身主义"：

> 现在有一般女子，抱着一种独身主义，使我莫名其妙。推想独身主义这个名词，是发起于欧美的，而和自由结婚的潮流同时输到中国来的。独身主义，……定是弊多利少，他们恐不免盲从罢了。……如果世界女子，都抱了独身主义，那从此就没有人类了，也就没有世界了。……女子不嫁和男子不娶，都非人道正轨；如果以为高尚，那错极了。要去依赖性，只要自己能够抱着一种自立的性质，谋一种职业，何必要独身才可以呢！（卢寿筏，2013b）[13-14]

评阅这篇作文的老师在文章后面继续补充道："她们也有说是可空出身子替社会尽力，抱耶稣般救世主义的。但据鄙见看来，她们天职的大没有再能大过着生育一事的。……妇女生得一子，就像替社会尽无穷救力一般。怎有废除他这大天职，却去捡有力没用处的事做的，有眼不看，有耳不听，不是傻子么？"（卢寿筏，2013b）[13-14]

从其讥讽言辞中，可约见当时人对这种观念的不屑和鄙夷。对女性角色的认知的变化充分反映了个人从家庭中脱嵌，而并入国家结构的过程。然而，这一国家结构却又使得女性回嵌到家庭，形成一个怪圈。

二、儿童主体性：从修身到美育

儿童与女性一样，在传统修身教育中是伦常教化的对象。清末"修身强国"的思潮虽然将儿童纳入修身的主体，然而，由于传统的道德叙事的主体为士大夫群体，因而，在修身教科书的道德叙事中，儿童仍然处于边缘位置。以《最新修身教科书》为例，这套教科书中的道德叙事的主人公绝大部分是成人。以儿童为主人公的道德故事多是讲述古代贤人君子的幼年事迹，第一册出现最多，有殷子徵、王延、刘瑾、徐湛之、孔融、许衡、邱养浩、萧遥欣、孙叔敖等。这是一种典型的"贤良童子"式道德叙事。

教科书插图更直观地展现了儿童在道德叙事中的相对位置。图 5-2 中的两幅插图分别来自《最新修身教科书》第一册中"邱养浩"和"孙叔敖"这两篇课文。尽管故事的主角是儿童，但画面中的主角却是成人。成人的形象居于显著位置，以正面面对读者，儿童侧对读者，面朝成人。画面中成人与儿童的描绘方式并没有太大区别，儿童的形象更像是缩小的成人形象。

由于儿童阶段的修身以日常伦理为主，在这些日常伦理中成人无疑居于主体地位，因此在多数呈现生活场景的插图中，成人的活动大多居于构图的中心。图 5-3 是文明书局于 1908 年出版的《初等小学修身书》卷二第二课"朝夕"的插图。课文教导学生要朝夕向父母问安，但由于插图没有给予画面中的儿童以身体和面部的特写，插图中最引人注意的不是儿童问安的举动，而是画中父母的举动和神情。插图要展现的是伦常教化下的"好儿童"，图中的儿童形象是象征性的——他们总是恭敬有礼、进退有度、仿若君子，观看者很难通过图像来了解这些儿童的表情和内在心理活动。

在清末出版的修身教科书中，庄俞借鉴日本教科书所编辑的《初级蒙学修身教科书》考虑到了儿童心理特点。这套书由文明书局于 1903 年出版，修身内容都是借儿童游戏进行阐发，以激发儿童兴趣。这套教科书的插图都是以儿童为主角，画面中的儿童形象更显活泼自然。画面中的儿童无论是出现在室内还是户外，无论是否在玩耍，多给以正面描绘，并展现其具体的身体动作和神情。图 5-4 是第十三课的插图，课文用孩童斗蟋蟀的游戏说明优胜劣败的道理。①

这套教科书中的道德叙事也经过了一种儿童化的转换。例如，第十二课的主旨为对先人的孝思，内容为："李氏儿方四岁，每午将顽耍俎豆，实菜少许，陈几上，施以至礼。人问之，李儿曰：'吾母早死，尽孝

---

① 课文全文为："秋间蟋蟀甚多，捕其雄者，置于陶器，彼此相斗，胜则瞿然而鸣，似得意状，嘻！优胜劣败，蟋蟀不免，况人乎！问人之优胜劣败如何。"参见庄俞.初级蒙学修身教科书[M].上海：文明书局，1903：4.

图 5-2 《最新修身教科书》第一册"邱养浩"和"孙叔敖"的插图

图 5-3 《初等小学修身书》卷二第二课"朝夕"所呈现的儿童向父母问安的场景

思耳！'"（庄俞，1903）[4] 插图中呈现的是一位孩童对着几案叩拜，这一举动引得邻窗的另一名孩童观看［见图5-5（a）］。祭拜先人的仪式本身是凝重的，这里将其作为四岁孩童的午间游戏，既含有教化意义，又不显得过于沉闷。《最新修身教科书》的第三册第二课"祖先"同样呈现了叩拜先人的情景［见图5-5（b）］，故事讲述的是曹休见到祖父画像而下榻拜泣。画面中的曹休背对读者而叩拜画像，身旁的同僚嘉许感叹其行为。这样的一幅画面对于儿童来说，显然是有心理距离的。

图5-4 《初级蒙学修身教科书》第十三课插图中斗蟋蟀的孩童

（a）《初级蒙学修身教科书》第十二课插图

（b）《最新修身教科书》第三册第二课"祖先"插图

图5-5 叩拜先人

清末修身教育接续了蒙学传统。实际上，中国传统蒙学存在两条脉络——朱子以"主敬"为主的理学教育方式和王阳明的心学教育方式。王阳明在《训蒙大意示教读刘伯颂等》中主张回归古典诗礼乐教的路向，强调儿童天性"乐嬉游而惮拘检"，主张以诗歌、礼乐等引导儿童，"使其趋向鼓舞，中心喜悦"。清末学制虽然规定修身科要"以和平之规矩，不令过苦；……诵读有益风化之古诗歌，以涵养其性情，舒畅其肺气"（璩鑫圭 等，1991）[294]，然而，当时修身教育的内容，其实是以朱子体系为主导。多数教科书的编写方式与《最新修身教科书》类似，是从经史典籍中择取修身故事编辑而成，风格严肃庄重。相较之下，庄俞所编的《初级蒙学修身教科书》以儿童游戏阐发修身内容，更符合王阳明对儿童"乐嬉游"天性的强调。近代人在批评当时教育压抑儿童天性的时候，常常引阳明之说为支撑。

其实，清末的各类教育学和教授法著作中常常提及儿童的身心特点，不过，关注点往往集中于儿童的脑力，旨在强调教学循序渐进。实际教学中，由于赫尔巴特教育学刚刚被引进，修身课就按照"三段""五段"的讲授法来进行，根本无法照顾到儿童心理。

民国初年修身教科书的道德叙事减少了古代人物的数量，增加了外国道德故事，其插图更具有写实性，但是道德叙事和插图中所呈现的成人-儿童的关系与清末时期并无太大差别。民国后的修身教科书增加了诸如"好国民""中华国民"[①]这一类直接训育的德目。教科书呈现的儿童形象多是行为规范的表率，即"榜样儿童"。图5-6呈现的是民国时期修身教科书插图，分别出自《共和国教科书新修身》（1912年）、《新式修身教科书》（1923年第八版，初版时间1916年）、《新法修身教科书》（1920年）。这些插图虽然来自不同时期的教科书，但是其中儿童的基本形象并没有太大改变。这些插图都是说明性的——用以说明何种行为是规范行为，图中

---

① 如民国时期商务印书馆出版的《共和国教科书新修身》初等小学校用书第八册编目和中华书局出版的《新制中华修身教科书》初等小学校用书第八册编目。

(a)《共和国教科书新修身》初等小学校用书第一册书影　　(b)《新式修身教科书》国民学校用书第一册书影　　(c)《新法修身教科书》初等小学校用书第一册书影

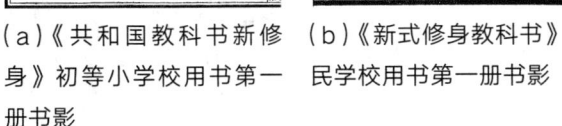

图 5-6　民国修身教科书插图中的"榜样儿童"

并没有个性化的儿童形象。与清末那些有名有姓的"贤良童子"相比，这一时期教科书插图中的"榜样儿童"毋宁说只留一群模糊的身影。

　　儿童形象及成人-儿童关系真正发生改变是在新文化运动以后。新文化运动中除了文化转型还有教育转型，前者的核心推动者是以陈独秀为代表的新文化人，后者的核心推动者则是以胡适为代表的杜威"门徒"。在近代文化转型的叙述中，后者常常为人所忽视。杜威思想在中国的传播，给中国学术界带来了实用主义哲学和儿童教育的观念。儿童观念的输入与新文化运动的伦理革命合流，出现了"儿童中心""儿童崇拜"等思潮。

　　儿童观念的输入，增强了人们对于传统"家长制"的批判力度。新文化运动后，随着对"儿童本位"以及美育的提倡，20世纪30年代以后的教科书插图更注重从儿童视角出发，对于儿童的生活更加关注，插图对儿童动作和神情的特写越来越丰富（见图 5-7）。

　　然而，这些生动活泼的儿童形象并没有出现在修身教科书中。在修身科存在的大部分时间中，儿童教育仍然是以规训为主。修身科后期出现的训育和作法甚至强化了儿童受训导的地位。修身科并入公民科之后，培养目标从"圣贤人格"变为"模范公民"，各类生活指导更加细节化，儿童

（a）《复兴国语课本》第一册书影　　（b）《国语新读本》第一册书影　　（c）《开明国语课本》第一册书影

图 5-7　20 世纪 30 年代教科书插图中的儿童形象

主体性依然很难伸张。实际上，儿童的主体性更为复杂。毕竟，儿童无法像女性一样自己发声。不过，如果对修身的理解不局限在修身科，而是宽泛意义上的人格涵养，或许可以给儿童主体性探讨带来空间。

　　新文化运动引发的伦理革命撼动了清末以来修身教育的伦常根基。当公民科承担起培养公共伦理的职责时，个人品德与新型家庭伦理的塑造需要新的教育形式。于是，美育取代了修身。新文化运动后期的文学革命提出了"人的发现"命题，随着美育思潮的兴起，美育同"儿童的发现"合流，诞生了儿童美育与儿童文学。儿童文学对于儿童身心特点的关注转向了"内面"，即关注儿童的情感世界。"情感"取代了理学中的"天理"成为新型家庭伦理建设的基石。正因如此，国文教科书中呈现了丰富的儿童形象，这些儿童处于其乐融融的家庭或欢乐的校园氛围之中。

　　"修身"与"美育"的共通点在人格培养。修身本有"乐教"传统，当修身教育逐渐成为公共规则的训导时，以个体人格涵养为目的的人格教育出现缺位，为现代美育出场提供了时机。从修身到美育，可视为古代"乐教"传统下修身的现代转化之路。

小结　伦理革命的复杂面向

　　新旧道德变革之际，同在北大教书的梁漱溟和陈独秀就孔学和礼教纲常问题有过讨论。实际上，细究来，二人对于"三纲"礼教都持批判态度，对于"科学"和"民主"都持拥护态度。他们的分歧在于对孔子的态度。孔子的学问主要分为"仁"和"礼"两面。梁漱溟主张"扬仁抑礼"，他对于孔子仁学及宋明儒者在仁学上的发挥高度认可，从人生哲学的角度将其视为儒学（孔学）的精髓。梁漱溟用心收集并整理了伍庸伯与严立三对《大学》文本的解说，并加以阐发。他认为修身是求"仁"之学，"仁"即人心。伍、严两先生所阐发的儒家修身门径可归结于人心的两个方面发用，一方面是"身心"之间，心体的自觉不昧、主观能动，另一方面是"人我"之间的情感相通。（伍庸伯　等，2016）[3,25] 对于孔子的"礼"，梁漱溟看重的是孔子的"礼乐"而非后世发展的"礼教"。陈独秀对于孔子的仁说并没有过多论述，不过，近代以来，受谭嗣同《仁学》的影响，"仁"本身所具有的平等、仁爱精神与革命精神相互融合。陈独秀反对孔教、专攻礼教，他坚持认为"礼教"外无孔学，至于"忠恕之道""温良恭俭让"等美德是人类的普世价值，而非孔学之特产。（高力克，2019）[129] 梁漱溟和陈独秀的意见提供了一个参照，不禁让人思考，当我们在谈儒家道德教育的时候，到底在谈什么？在这个意义上，新文化运动所引发的中西文化之争不仅揭开了中西文化的分歧，更重要的是，它提供了不同的对于中国文化（儒家学说）的理解方式。

　　自然，"全盘西化"针对的是"尊孔复古"，实际上，两方都没有办法牢牢占据胜者的地位。新旧更迭中的话语之争，在伦理革命中更加凸显。陈独秀"全盘西化"的口号，将孔子之学完全等同于礼教，自然是持论不公；而徐炯等旧派打压吴虞，甚至不惜借助军阀的力量围剿新派，也并非磊落之举。更不论笔头论战中的各种污名化，多是为了制造声势而非冷静探讨。既然"论争"的目的在于"解放",则应该看到历史图景的复杂面向。不可否认,新文化运动对于现代伦理价值的传播具有非凡意义。然平心而论,旧派人物对于传统的坚守,同样以温情和敬意传递着具有普遍意义的价值。

结语　修身的限度：历史与未来

中国近代新教育的兴办因应国族危机，修身教育作为"新民德"的实践路径，从一开始便与"强国"紧密相连，这种观念源自儒家"修齐治平"的传统。然而，"修齐治平"与"家国同构"互为表里。爱国主义的高度卷入使得"国家"越过了家庭的中介直接与个体关联在一起。同时，超越血缘关系的社会组织出现，家族作为人们的日常生活场域的重要性下降。伦理革命以后，宗法结构进一步解体，纵向贯通的家国结构被分割为公、私两个领域，道德感化便只能在微观人际（私领域）之间发生效力，不再能扩充为制度性因素。在宗法社会中用以维护公共秩序的礼制逐渐转变为团体性伦理。近代"公德－私德"之说的提出因应现代社会发展的趋向，在这种情境下，私领域的"修身"与公领域的伦理变革实际上已经断裂。

与此同时，"教育"的内涵也在改变。其实，希望通过教育来改良社会的思路也来自"修齐治平"的教化传统。近代社会转型中，"废科举"在制度渠道上割裂了政教与文教的通道。教育成为一个社会子系统，学校、学生、教师、课程形成了具有自身结构的文化实体。教育成为一个"社会化"的过程，因此在教育论述当中，长养"人性"逐渐被培养"国民性"所取代。教育的这种功能性变化也构成了修身向公民转化的一种结构性驱动力。

梁启超在20世纪初提出"公德－私德"架构，然而不久后他就返回"私德"领域，重拾修身的内圣之学。新文化运动后期，梁启超基本淡出政治，回到学术领域。20世纪30年代，投身新教育数十年的张元济和在新教育中成长起来的潘光旦不约而同地谈到新教育在人格教育上的失败。此时，人格教育代替了修身，成为教育学上用以描述个体生命成长的新术语。"人格"这一心理学术语的使用与近代心理学的传入有关，这同时也表明，教育的目光从社会建构转回到自身立场。潘光旦站在儒家"为己之学"的立场上译述近代西方的"自由的教育"：

> 自由的教育，既着重在自求自得，必然的以自我为教育的对象。自由的教育是"为己"而不是"为人"的教育，即每一个人为了完成自我而教育自我。所谓完成自我，即用教育的方法，把自我推进到一个"至善"的境界；能否到达这个境界，到达一个何种程度，一个人不能不因才性而有所限制，但鹄的只是一个。自由教育下的自我只是自我，自我是自我的，不是家族的、阶级的、国家的、种族的、宗教的、党派的、职业的……。这并不是说一个人不要这许多方面的关系，不要多方面生活所由寄寓的事物，乃是说教育的主要目的是在完成一个人，……（赫胥黎，2014）[126-127]

近代教育既然已经从传统社会结构中脱嵌，"修齐治平"的理想已然远去。通过教育改造社会之路只能迂回前行，这种迂回需要教育回到其造就"个人"的本位上去。人格教育取代修身，一方面使其与公民教育实现真正的分途，另一方面却打开了重新接续"修身养性"传统的可能。在现代社会，公领域的道德规范和契约精神与私领域的个人自由是一体两面。"修齐治平"脱嵌之后，"修养"仍然是"五四青年"要面临的重要人生课题。修身工夫对身体的安顿与修身美学所打开的生活空间，为个人自由提供了可能性。[①] 而对于儿童来说，审美的涵养或许是其人格教育的重要途

---

① 康德认为，审美鉴赏（感受美和崇高）的过程可以让人反思自己的自由本体。审美的对象是一种象征或暗示，审美鉴赏中所感到的自由和所激发起来的情感是引导人们（转下页）

径，至于身体的操练，皆可以与"修身养性"的传统进行会通。因此，也可以说，作为公共伦理的"修身"显露出其历史限度后，作为一种人格教育的"修身"或许才刚刚登场。

（接上页）去发现真正自由（道德律）的手段。参见邓晓芒. 康德哲学诸问题 [M]. 增订本. 北京：文津出版社，2019：147.

参考文献

阿伦特，2011. 过去与未来之间 [M]. 王寅丽，张立立，译. 南京：译林出版社.

安德森，2016. 想象的共同体：民族主义的起源与散布：增订版 [M]. 吴叡人，译. 上海：上海人民出版社.

安乐哲，2016. 儒家伦理学视域下的"人"论：由此开始甚善 [J]. 华东师范大学学报（哲学社会科学版）（3）：145-158.

包公毅，沈颐，1913. 共和国教科书新修身：高等小学校用：第三册 [M]. 上海：商务印书馆.

北京教育图书社，1915. 实用修身教授书：第一册 [M]. 上海：商务印书馆.

毕苑，2007. 中国近代教科书研究 [J]. 教育学报（1）：79-81.

毕苑，2010. 建造常识：教科书与近代中国文化转型 [M]. 福州：福建教育出版社.

毕苑，2015. 近代教科书与中国国家观念的演化 [J]. 文化纵横（4）：58-65.

波兹曼，2015. 童年的消逝 [M]. 吴燕莛，译. 北京：中信出版社.

不平，1915. 国内无线电 [N]. 时报，1915-01-22（14）.

蔡元培，1912. 订正中学校用修身教科书 [M]. 上海：商务印书馆.

蔡元培，1994. 学堂教科论 [M]// 张汝伦. 文化融合与道德教化：蔡元培文选. 上海：上海远东出版社.

蔡元培，2010. 中国伦理学史：外一种 [M]. 北京：商务印书馆.

蔡元培，2019. 蔡元培文录 [M]. 北京：商务印书馆.

晁福林，2005. 先秦时期"德"观念的起源及其发展 [J]. 中国社会科学（4）：192-

204，209.

陈东原，2017.中国妇女生活史[M].北京：商务印书馆.

陈独秀，1916.一九一六年[J].青年杂志（5）：10-13.

陈独秀，1917.旧思想与国体问题：在北京神州学会讲演[J].新青年（3）：1-3.

陈方之，1934.卫生学与卫生行政[M].上海：商务印书馆.

陈宏谋，2013.教女遗规译注[M].北京：中国华侨出版社.

陈宏谋，2015.五种遗规[M].北京：线装书局.

陈华，2012.中国公民教育的诞生：课程史的研究[D].上海：华东师范大学.

陈建国，2008.论明清时期义学的办学机制[J].西北大学学报（哲学社会科学版）（6）：44-47.

陈静，2009.唐宋律诗流变研究[M].济南：齐鲁书社.

陈来，2011.宋明理学[M].北京：生活·读书·新知三联书店.

陈来，2019.儒学美德论[M].北京：生活·读书·新知三联书店.

陈立胜，2008a.王阳明"万物一体"论：从"身—体"立场看[M].上海：华东师范大学出版社.

陈立胜，2008b.身体之为"窍"：宋明儒学中的身体本体论建构[J].世界哲学（4）：13-23.

陈沫吾，2012.论蜀中"五老七贤"的意义[J].文史杂志（3）：62-65.

陈青之，2009.中国教育史[M].北京：中国社会科学出版社.

陈献章，1987.陈献章集[M].北京：中华书局.

陈赟，2014.尊祖—敬宗—收族：宗法的结构与功能[J].思想与文化（2）：206-224.

成都市地方志编纂委员会，1999.成都市志·公安志[M].成都：四川人民出版社.

程颢，程颐，2004.二程集[M].2版.北京：中华书局.

程颢，程颐，2006.程书分类[M].上海：上海辞书出版社.

程锦章，王伯秋，张鸿来，1922.分组会议纪录：第八公民教育组[J].新教育（3）：473-479.

大濑甚太郎，立柄教俊，1907.最新教授法教科书[M].于方，译.上海：文明书局.

戴克敦，1908.简明修身教科书：第二册[M].上海：商务印书馆.

戴克敦，沈颐，陆费逵，1915a. 新编中华修身教科书：第六册 [M]. 上海：中华书局.

戴克敦，沈颐，陆费逵，1915b. 新编中华修身教科书：第一册 [M]. 上海：中华书局.

戴克敦，沈颐，陆费逵，1915c. 新编中华修身教科书：第三册 [M]. 上海：中华书局.

邓秉元，2018. 新经学：第 3 辑 [M]. 上海：上海人民出版社.

邓洪波，2008. 圣化与规范：学规指导下的南宋书院教育制度 [M]// 高明士. 东亚传统教育与学礼学规. 上海：华东师范大学出版社.

丁福保，1906. 蒙学卫生教科书 [M]. 11 版. 上海：文明书局.

丁钢，2009. 全球化视野中的中国教育传统研究 [M]. 桂林：广西师范大学出版社.

丁钢，刘琪，1992. 书院与中国文化 [M]. 上海：上海教育出版社.

丁晓先，吴研因，赵欲仁，1920. 新法修身教科书：高等小学学生用：一 [M]. 上海：商务印书馆.

董标，2006. "教之术"到"教育学"演变论 [J]. 华南师范大学学报（社会科学版）（6）：80-93，156，159.

董文，1915. 新编中华修身教授书：第七册 [M]. 5 版. 上海：中华书局.

杜维明，2002. 杜维明文集：第 5 卷 [M]. 武汉：武汉出版社.

杜亚泉，1993. 论今日之教育行政（续）[M]// 田建业，等. 杜亚泉文选. 上海：华东师范大学出版社.

杜亚泉，等，2012. 辛亥前十年中国政治通览 [M]. 北京：中华书局.

范寿康，1937. 日本公民教育 [M]. 上海：商务印书馆.

樊仲云，1930. 教育破产论 [J]. 社会与教育（2）：17-21.

方钧，缪徵麟，1915. 新编中华修身教授书：一 [M]. 上海：中华书局.

方浏生，1917. 新式修身教科书 [M]. 上海：中华书局.

方奇，2018. 学校艺术体育演进发展论 [M]. 厦门：厦门大学出版社.

方英敏，2013. 以气论身：身体构成论：先秦身体哲学的一个核心命题 [J]. 中华文化论坛（4）：68-75，190.

冯尔康，2009. 中国宗族史 [M]. 上海：上海人民出版社.

冯友兰，2004. 冯友兰自述 [M]. 郑州：河南人民出版社.

傅国涌，2018. 过去的小学 [M]. 增订本. 北京：东方出版社.

高俊，2013. 清末劝学所研究：以宝山县为中心 [M]. 上海：上海辞书出版社.

高力克，2013. 公共伦理与个人美德：英日中转型伦理学的双轨范式 [J]. 华东师范大学学报（哲学社会科学版）(1)：24-31，152.

高力克，2019. 五四的思想世界 [M]. 增订本. 北京：东方出版社.

葛兆光，2011. 宅兹中国：重建有关"中国"的历史论述 [M]. 北京：中华书局.

龚诚，1906. 最新心理学教科书 [M]. 上海：文明书局.

顾红亮，2013. 民初修身教科书中的责任认知 [J]. 华东师范大学学报（哲学社会科学版）(5)：32-38.

顾红亮，2017. 论责任 [M]. 上海：上海人民出版社.

顾明远，1992. 教育大辞典：第9卷：中国古代教育史：下 [M]. 上海：上海教育出版社.

顾随，2010. 顾随诗词讲记 [M]. 北京：中国人民大学出版社.

顾耀均，1914. 实习教授评案：修身教授案 [J]. 教育粹编（3）：53-58.

顾倬，顾祖玑，1910. 初等小学修身教授本：第四编 [M]. 上海：中国图书公司.

关晓红，2000. 晚清学部研究 [M]. 广州：广东教育出版社.

郭国灿，2016. 中国人文精神的重建：约戊戌-五四 [M]. 郑州：河南大学出版社.

郭绍虞，2017. 中国文学批评史：下册 [M]. 北京：商务印书馆.

郭希汾，1919. 中国体育史 [M]. 上海：上海书店.

何琪，1906. 女子修身教科书教授法 [M]. 上海：会文学社.

赫胥黎，2014. 赫胥黎自由教育论 [M]. 潘光旦，译. 北京：商务印书馆.

洪元植，林海顺，2017. "家的发见"与儒学中"家"的特殊性 [J]. 中国人民大学学报（3）：2-8.

侯鸿鉴，1915. 小学校废去修身考试及考察性行之讨论 [J]. 教育杂志（10）：184-188.

侯外庐，赵纪彬，杜国庠，1957. 中国思想通史：第一卷 [M]. 北京：人民出版社.

胡冰心，1906. 绘图女子修身教科书 [M]. 上海：南洋官书局.

胡寄尘，1923. 家庭与学校 [N]. 申报，1923-04-15（8）.

胡适，1993. 四十自述 [M]. 北京：中国文联出版公司.

胡伟希，1994. 民声：辛亥时论选 [M]. 沈阳：辽宁人民出版社.

胡玉姣，2018. 乃武乃文 惟精惟一：上海精武体育会体育现代化研究：1910—1937[M]. 上海：上海古籍出版社.

黄进兴，2014. 从理学到伦理学：清末民初道德意识的转化 [M]. 北京：中华书局.

黄书光，2005. 中国社会教化的传统与变革 [M]. 济南：山东教育出版社.

黄书光，2008. 价值观念变迁中的中国德育改革 [M]. 南京：江苏教育出版社.

黄彦昌，王寿桥，刘宪，1909. 第二期悬赏应征教授案：初等小学二年级修身科 [J]. 教育杂志（8）：17-24.

黄耀明，2018. 罗振玉教育治学启示录 [M]. 太原：山西人民出版社.

黄裕生，2003. 普遍伦理学的出发点：自由个体还是关系角色？[J]. 中国哲学史（3）：13-24.

黄宗羲，2008. 明儒学案 [M]. 2 版. 北京：中华书局.

贾丰臻，1912. 修身作法教授法 [J]. 教育杂志（9）：65-76.

贾丰臻，1918. 修身教授革新之研究 [J]. 教育杂志（1）：3-7.

贾佳，2012. 日本战前学校道德教育及其教科书 [J]. 历史教学（10）：52-57.

姜纬堂，彭望宁，彭望克，1996. 维新志士爱国报人彭翼仲 [M]. 大连：大连出版社.

蒋维乔，2013. 二十世纪名人自述系列：蒋维乔自述 [M]. 合肥：安徽文艺出版社.

蒋维乔，2016. 因是子静坐法 [M]. 北京：新世界出版社.

蒋维乔，庄俞，1908. 最新国文教科书：第二册 [M]. 上海：商务印书馆.

介子平，2015. 民国文事 [M]. 太原：北岳文艺出版社.

《金海观全集》编纂委员会，2003. 金海观全集 [M]. 北京：方志出版社.

敬心，1930. 谈教育破产论 [J]. 社会与教育（3）：10-11.

夸美纽斯，2006. 大教学论·教学法解析 [M]. 任钟印，译. 北京：人民教育出版社.

莱维-斯特劳斯，1995. 结构人类学 [M]. 谢维扬，俞宣孟，译. 上海：上海译文出版社.

雷良波，陈阳凤，熊贤君，1993.中国女子教育史 [M].武汉：武汉出版社.

雷祥麟，2004.卫生为何不是保卫生命？：民国时期另类的卫生、自我和疾病 [J].台湾社会研究季刊（54）：17-59.

李存山，2009.气论与仁学 [M].郑州：中州古籍出版社.

李桂林，戚名琇，钱曼倩，1995.中国近代教育史资料汇编：普通教育 [M].上海：上海教育出版社.

李桂林，戚名琇，钱曼倩，2007.中国近代教育史资料汇编：普通教育 [M].2 版.上海：上海教育出版社.

李劼人，2011.李劼人全集：第 2 卷：暴风雨前 [M].成都：四川文艺出版社.

李劼人，2017.成都是一个古城 [M].成都：四川人民出版社.

李景文，马小泉，2015a.民国教育史料丛刊：584：初等教育教学法及参考书 [M].郑州：大象出版社.

李景文，马小泉，2015b.民国教育史料丛刊：782：中等教育教材、学生参考书 [M].郑州：大象出版社.

李林，2017.最后的天子门生：晚清进士馆及其进士群体研究 [M].北京：商务印书馆.

李沛诚，1998.杨昌济教育实践与教育思想 [M].长沙：湖南教育出版社.

李师铎，1914.实习教授评案：修身教授案 [J].教育粹编（3）：47-49.

李艳丽，2019.晚清文学与明治文学关系研究："人情"与"女性" [M].上海：上海社会科学院出版社.

梁海，陈政，2017.物欲的批判与超越：生活美学视域下的宋代士人鉴藏审美观念与实践 [J].江海学刊（1）：215-222.

梁其姿，2011.面对疾病：传统中国社会的医疗观念与组织 [M].北京：中国人民大学出版社.

梁启超，1999.梁启超全集：第五册 [M].北京：北京出版社.

梁启超，2011.德育鉴 [M].北京：北京大学出版社.

梁启超，2016.新民说 [M].北京：商务印书馆.

梁实秋，2020.雅舍小品：梁实秋散文精选集 [M].贵阳：贵州人民出版社.

梁漱溟, 2011a. 我的自学小史 [M]// 梁漱溟. 我生有涯愿无尽：梁漱溟自述文录. 北京：中国人民大学出版社.

梁漱溟, 2011b. 中国文化要义 [M]. 2版. 上海：上海人民出版社.

梁漱溟, 2012. 我的人生哲学 [M]. 北京：当代中国出版社.

梁治平, 2016. "天下"的观念：从古代到现代 [J]. 清华法学（5）：5-31.

林红, 2007. 汉代母权研究 [J]. 中华女子学院学报（2）：77-81.

林纾, 1916. 师范学校　中学校　修身讲义 [M]. 上海：商务印书馆.

林薇, 1990. 百年沉浮：林纾研究综述 [M]. 天津：天津教育出版社.

林志捷, 2015. 半壁民国一碗粉 [M]. 北京：中国民族摄影艺术出版社.

刘启然, 1906. 教案及批评：修身教授案：演绎法三段阶：讲演式兼发问式 [J]. 江西教育杂志（6）：14-19.

刘时觉, 2005. 温州近代医书集成：上 [M]. 上海：上海社会科学院出版社.

刘显志, 1907. 论中国教育之主义 [J]. 中国新报（6）：43-59.

刘宪, 费焊, 1920. 新法修身教科书：一 [M]. 上海：商务印书馆.

柳和城, 2019. 挑战和机遇：新文化运动中的商务印书馆 [M]. 北京：商务印书馆.

龙飞, 孔延庚, 1997. 张伯苓与张彭春 [M]. 天津：百花文艺出版社.

龙翔, 1914. 特约马路电 [N]. 时报, 1914-12-08（14）.

龙益谦, 1916. 讲授批评：第二小学校练习教授：教材修身课社会之秩序 [J]. 江西教育杂志（5）：3-4.

楼含松, 2017. 中国历代家训集成：5[M]. 杭州：浙江古籍出版社.

卢坡, 2017. 廉泉与文明书局 [J]. 合肥师范学院学报（1）：44-47.

卢寿籛, 2013a. 民国老作文：上：全国学校国文成绩文库甲编 [M]. 北京：中国华侨出版社.

卢寿籛, 2013b. 民国老作文：下：全国中学国文成绩学生新文库 [M]. 北京：中国华侨出版社.

鲁迅, 2015. 鲁迅全集：第一卷 [M]. 北京：光明日报出版社.

陆殿舆, 1986. 重庆府中学堂 [M]// 文史资料研究委员会. 文史资料选辑：第五辑：重庆七中资料专辑. [出版地不详]：[出版者不详].

陆费逵，1910. 修身讲义 [M]. 上海：商务印书馆.

陆费逵，2013. 陆费逵自述 [M]. 合肥：安徽文艺出版社.

陆胤，2015. 政教存续与文教转型：近代学术史上的张之洞学人圈 [M]. 北京：北京大学出版社.

罗思文，安乐哲，2010. 生民之本：《孝经》的哲学诠释及英译 [M]. 北京：北京大学出版社.

罗新慧，2013. 曾子研究：附《大戴礼记》"曾子"十篇注释 [M]. 北京：商务印书馆.

罗志田，2012. 代序 [M]// 杜亚泉，等. 辛亥前十年中国政治通览. 北京：中华书局.

吕妙芬，2010. 女子与小人可谈道：杨甲仁性命之学的日用场景 [J]. 新史学（2）：61-105.

吕思勉，2015. 高等小学新修身教授书 [M]// 吕思勉. 吕思勉全集：第 22 卷. 上海：上海古籍出版社.

吕云彪，傅球，蒋千，1921. 修身游技唱歌联络教材：第二册 [M]. 上海：商务印书馆.

马宗瀛，孙维贤，刘康龄，1916. 教生实习概况：第二班本科生实习教授批评会记录：初等第二学年级修身科教授案 [J]. 江苏省立第四师范学校校友会杂志（1）：359-364.

毛礼锐，沈灌群，1987. 中国教育通史：第三卷 [M]. 济南：山东教育出版社.

孟久丽，2014. 道德镜鉴：中国叙述性图画与儒家意识形态 [M]. 何前，译. 北京：生活·读书·新知三联书店.

孟真，1932. 教育崩溃之原因 [J]. 独立评论（9）：2-6.

缪文功，1912. 中华中学修身教科书：第三册 [M]. 上海：中华书局.

牟复礼，2016. 中国思想之渊源 [M]. 王重阳，译. 2 版. 北京：北京大学出版社.

木村忠治郎，于沈，1907. 小学教授法要义 [M]. 上海：商务印书馆.

潘光旦，2013. 政学罪言 [M]. 北京：群言出版社.

彭国翔，2011. 修身与治国：董仲舒身心修炼的功夫论 [J]. 中国文化（34）：43-54.

彭林，2014. 中国近代思想家文库：王国维卷 [M]. 北京：中国人民大学出版社.

钱仁康，2001. 学堂乐歌考源 [M]. 上海：上海音乐出版社.

秦同培，1913. 共和国教科书新修身教授法：第五册 [M]. 上海：商务印书馆.

庆丕，翟汝舟，1898. 幼学操身 [M]. 咸阳：关中味经官书局.

瞿骏，2017. 天下为学说裂：清末民初的思想革命与文化运动 [M]. 北京：社会科学文献出版社.

璩鑫圭，唐良炎，1991. 中国近代教育史资料汇编：学制演变 [M]. 上海：上海教育出版社.

沙培德，2013. 伦理教科书：民初学校教育里的修身与公民道德 [M]// 许纪霖. 多维视野中的个人、国家与天下认同. 上海：华东师范大学出版社.

商务印书馆编译所，1906a. 最新修身教科书教授法：第四册 [M]. 上海：商务印书馆.

商务印书馆编译所，1906b. 最新修身教科书教授法：第二册 [M]. 上海：商务印书馆.

商务印书馆编译所，1906c. 最新修身教科书教授法：第一册 [M]. 上海：商务印书馆.

商务印书馆编译所，1906d. 最新修身教科书：第八册 [M]. 上海：商务印书馆.

商务印书馆编译所，1906e. 最新修身教科书：第七册 [M]. 上海：商务印书馆.

商务印书馆编译所，1907. 最新修身教科书：第二册 [M]. 上海：商务印书馆.

商务印书馆编译所，1908a. 最新修身教科书：第一册 [M]. 上海：商务印书馆.

商务印书馆编译所，1908b. 最新修身教科书：第十册 [M]. 上海：商务印书馆.

上海交通大学校史编纂委员会，2006. 上海交通大学纪事：1896—2005：上卷 [M]. 上海：上海交通大学出版社.

上海人民出版社，2014. 章太炎全集：太炎文录续编 [M]. 上海：上海人民出版社.

尚红娟，2011. 国民塑造与传统德育的近代转型：以修身科的历史嬗变为中心 [J]. 江苏社会科学（5）：203-208.

尚小明，2003. 留日学生与清末新政 [M]. 南昌：江西教育出版社.

申瑞华，2011.《四书》修身思想对促进《黄帝内经》养生实践的意义研究 [D]. 广州：广州中医药大学.

沈颐，范源廉，董文，1914a. 新编中华修身教科书：第六册 [M]. 上海：中华书局.

沈颐，范源廉，董文，1914b. 新编中华修身教科书：第七册 [M]. 上海：中华书局.

沈颐，范源廉，杨喆，1915a. 中华女子国文教科书：第四册 [M]. 上海：中华书局.

沈颐，范源廉，杨喆，1915b. 中华女子国文教科书：第六册 [M]. 上海：中华书局.

沈颐，范源廉，杨喆，1915c. 中华女子国文教科书：第二册 [M]. 上海：中华书局.

沈颐，范源廉，杨喆，1915d. 中华女子国文教科书：第三册 [M]. 上海：中华书局.

沈颐，范源廉，杨喆，1915e. 中华女子国文教科书：第五册 [M]. 上海：中华书局.

石鸥，刘学利，2013. 教科书文本内容的构成 [J]. 教育学术月刊（5）：77-82.

石鸥，石玉，2012. 论教科书的基本特征 [J]. 教育研究（4）：92-97.

舒新城，2017. 近代中国留学史·近代中国教育思想史 [M]. 北京：商务印书馆.

舒新城，2018. 三十五年教育生活史：舒新城自述：1893—1928[M]. 杭州：浙江大学出版社.

司昆仑，2020. 新政之后：警察、军阀与文明进程中的成都：1895—1937[M]. 王莹，译. 成都：四川文艺出版社.

寺内颖，儿崎为槌，1902. 小学各科教授法 [M]. 白作霖，译. 上海：文明书局.

苏竞存，1994. 中国近代学校体育史 [M]. 北京：人民教育出版社.

素心馆主，1924. 上修身的一课 [N]. 大世界，1924-06-21（3）.

孙凤华，2008. 从修身科到公民科：清末民初我国学校公民教育 [J]. 华南师范大学学报（社会科学版）（5）：129-132.

谈儒强，2006. 宜家善种作新民：梁启超女学观新探 [J]. 河北师范大学学报（教育科学版）（4）：30-34.

汤传福，2015. 带刀客说话 [M]. 合肥：合肥工业大学出版社.

唐君毅，2016. 唐君毅全集：第十四卷：中华人文与当今世界：下 [M]. 北京：九州出版社.

唐振常，2013. 唐振常文集：第三卷 [M]. 上海：上海社会科学院出版社.

田北湖，1905. 小学修身唱歌书 [M]. 上海：文明书局.

田雪梅，2016. 近代日本国民的铸造：从明治到大正 [M]. 北京：商务印书馆.

田正平，2016. 调适与转型：传统教育变革的重构与想象 [M]. 北京：人民教育出版社.

樋口勘次郎, 1901. 统合教授法 [M]. 上海：商务印书馆.

涂元济, 1981. 从母系制过渡到父系制的一场夺子之争：对《诗经·生民》神话的一种解释 [J]. 福建师范大学学报（哲学社会科学版）(1)：94-101, 17.

汪家熔, 1998. 商务印书馆史及其他：汪家熔出版史研究文集 [M]. 北京：中国书籍出版社.

汪新建, 吕小康, 2010. 躯体与心理疾病：躯体化问题的跨文化视角 [J]. 南京师大学报（社会科学版）(6)：95-100.

王笛, 2013. 街头文化：成都公共空间、下层民众与地方政治：1870—1930[M]. 北京：商务印书馆.

王东杰, 2007. "反求诸己"：晚清进化观与中国传统思想取向 [M]// 王汎森. 中国近代思想史的转型时代. 台北：联经出版事业有限公司.

王汎森, 2018. 中国近代思想与学术的系谱：增订版 [M]. 上海：上海三联书店.

王华倬, 2004. 中国近现代体育课程史论 [M]. 北京：高等教育出版社.

王辉, 2019. 当福柯的伦理学遭遇中国修身工夫论：从福柯晚期思想看中国哲学语境的现代重构 [J]. 福建论坛（人文社会科学版）(3)：67-75.

王庆节, 2016. 道德感动与儒家示范伦理学 [M]. 北京：北京大学出版社.

王仁夔, 1913. 师范讲习科用修身教科书（卷下）[M]. 上海：中国图书公司.

王瑞明, 1997. 宋儒风采 [M]. 长沙：岳麓书社.

王香毓, 1931. 已往教育失败的最重原因 [J]. 消夏周刊 (6)：167-169.

王小静, 2012. 清末民初修身思想研究：以修身教科书为中心的考察 [M]. 北京：人民出版社.

王阳明, 2012. 传习录注疏 [M]. 上海：上海古籍出版社.

王元化, 2007. 王元化集：卷六：思想 [M]. 武汉：湖北教育出版社.

王跃, 2019. 蜀都名儒：五老七贤演绎成都 [M]. 成都：西南交通大学出版社.

魏晋, 1916. 浙江省立第一女子师范学校教生实习评案 [J]. 教育周报 (136)：17-21.

文叔, 1918. 时局与修身教授 [J]. 教育周报（杭州）(205)：1-6.

乌特亨利, 1896. 治心免病法 [M]. 傅兰雅, 译. 上海：格致书室.

吴洪成，姜柏强，刘芳，2013.赫尔巴特五段教授法在近代中国的传播与接受[J].广州大学学报（社会科学版）（12）：33-38.

吴家驹，2010.追忆范静生先生[M]//范源廉.范源廉集.长沙：湖南教育出版社.

吴汝纶，1990.吴汝纶尺牍[M].合肥：黄山书社.

吴汝纶，2016.东游丛录[M].长沙：岳麓书社.

吴维铭，2007.中国学校体操历史与发展研究[M].北京：北京体育大学出版社.

无锡三等公学堂，1902.蒙学读本全书四编[M].无锡：无锡三等公学堂.

吴小鸥，2015.文化拯救：近现代名人与教科书[M].北京：商务印书馆.

吴亚玲，2011.论辛亥革命前后中小学修身教科书的演变[J].史学月刊（5）：47-51.

吴稚晖，2013.吴稚晖全集：卷一：哲理与文教：一[M].北京：九州出版社.

伍达，1909.论说：论筹备宪政必以改良教育为起点[N].直隶教育官报（20）.

伍庸伯，严立三，2016.儒家修身之门径:《礼记·大学篇》伍严两家解说[M].北京：商务印书馆.

武汉大学简帛研究中心，荆门市博物馆，2001.楚地出土战国简册合集：一：郭店楚墓竹书[M].北京：文物出版社.

夏晶，2017."卫生"概念在近代东亚的变迁和流转[M]//冯天瑜.人文论丛2017年：第1辑[M].武汉：武汉大学出版社.

肖朗，叶志坚，2004.王国维与赫尔巴特教育学说的导入[J].华东师范大学学报（教育科学版）（4）：76-82.

谢亮，2018."历史叙事"与政治秩序建构中的"自由"困境：论近代中国"国民性批判"及其现实意义[M]//陈亮.旧邦维新：新民·新人研究30年文集.北京：中国发展出版社.

谢允燮，1905.最新女子修身教科书：官话[M].上海：中国教育改良会.

熊春文，2012.中国教育精神的现代转型：民初教育民主主义思想的知识社会学研究[M].北京：中国人民大学出版社.

徐炯，1916.中学修身教科书[M].[出版地不详]:[出版者不详].

徐少锦，陈延斌，2011.中国家训史[M].北京：人民出版社.

徐慎庠，2011.学医随笔[M].北京：人民军医出版社.

许丽梅, 2003. 民国时期四川"五老七贤"述略 [D]. 成都: 四川大学.

薛绥之, 张俊才, 2010. 林纾研究资料 [M]. 北京: 知识产权出版社.

鄢建江, 2006. 朱熹《小学》道德教育理论研究 [M]. 北京: 华龄出版社.

烟桥, 1923. 再下一课 [N]. 申报, 1923-10-21（19）.

严可均, 1999. 全后汉文. 下 [M]. 北京: 商务印书馆.

杨布生, 彭定国, 1992. 中国书院与传统文化 [M]. 长沙: 湖南教育出版社.

杨昌济, 2008. 杨昌济集: 一 [M]. 长沙: 湖南教育出版社.

杨达才, 1911. 记杨夫子修身课讲事亲一首 [J]. 学粹（江苏）（4）: 64-65.

杨来恩, 黄山, 2017a. 清末民初中小学教授案的兴起及其价值 [J]. 基础教育（1）: 60-67.

杨来恩, 黄山, 2017b. 清末民初小学教授案是如何撰写的？：对 117 份教授案的文本分析 [J]. 全球教育展望（2）: 77-88.

杨儒宾, 2013. 理学家的静坐治病、试炼与禅病 [M]// 吕妙芬. 近世中国的儒学与书籍: 家庭、宗教、物质的网络. 台北: "中央"研究院.

杨燧熙, 1923. 言论: 论养神为卫生之要诀 [J]. 三三医报（1）: 2-3.

杨燧熙, 1925. 卫生必读 [M]. 镇江: 东南印书馆.

杨锡贵, 刘觅知, 2017. 近代湖湘文化与近代中国历史进程 [M]. 长沙: 岳麓书社.

杨贤江, 1923. 新法公民教科书 [M]. 上海: 商务印书馆.

杨玉荣, 2009. "伦理学"的厘定 [J]. 武汉大学学报（人文科学版）（6）: 659-664.

杨玉荣, 2011. 中国近代伦理学核心术语的生成研究: 以梁启超、王国维、刘师培和蔡元培为中心 [D]. 武汉: 武汉大学.

杨早, 2013. 序: 一切都为了抵达最底层 [M]// 彭望苏. 北京报界先声: 20 世纪之初的彭翼仲与《京话日报》. 北京: 商务印书馆.

杨贞德, 2012. 转向自我: 近代中国政治思想上的个人 [M]. 北京: 生活·读书·新知三联书店.

杨志洵, 1906. 中等修身教科书 [M]. 上海: 文明书局.

叶浩生, 2017. 具身认知的原理与应用 [M]. 北京: 商务印书馆.

叶凌, 2012. 中国"人伦家教"研究 [M]. 南京: 南京大学出版社.

叶圣陶, 1994. 叶圣陶教育文集：第一卷 [M]. 北京：人民教育出版社.

叶涛, 1996. 二十四孝初探 [J]. 山东大学学报（哲学社会科学版）（1）：28-33.

佚名, 1903. 简便体操 [J]. 启蒙画报（10）：167.

佚名, 1904a. 时事批评：某教习讲修身学 [J]. 大陆报（3）：60-61.

佚名, 1904b. 时事批评：举行运动会 [J]. 大陆报（5）：72-73.

佚名, 1906. 论女子宜设修身演说会 [J]. 四川学报（12）：1-2.

佚名, 1908. 成都运动会之冲突 [N]. 新闻报, 1908-12-02（4）.

佚名, 1910. 来件：江震劝学所王家莢上教育会意见书 [N]. 申报, 1910-10-25（1）.

佚名, 1911. 专件一：中央教育会会员提议案 [N]. 申报, 1911-08-03（1）.

佚名, 1912. 修身作法图 [J]. 儿童教育画（22）：14.

佚名, 1913. 教育部审定中华书局三学期用新制修身国文教科授书 [N]. 申报, 1913-02-15（2）.

佚名, 1915. 地方通信：杭州：教育联合会开幕记 [N]. 申报, 1915-07-23（7）.

佚名, 1917. 教育部审定中华书局出版《公民读本》[N]. 申报, 1917-02-06（1）.

佚名, 1923. 自由谈：轩渠录：对不住 [N]. 申报, 1923-08-08（8）.

忆恩, 1932. 中国教育之崩溃果由于哥伦比亚大学学教育者乎？[J]. 明日之教育（5）：94-98.

应星, 2017. 新教育场域的兴起：1895—1926[M]. 北京：生活·读书·新知三联书店.

余英时, 1987. 士与中国文化 [M]. 上海：上海人民出版社.

岳刚德, 2010. 中国学校德育课程近代化的三个特征 [J]. 全球教育展望（11）：40-46.

岳刚德, 2015. 颠覆与重构：现代学校德育课程变革 [M]. 济南：山东教育出版社.

曾国藩, 2011. 曾国藩全集：十四 [M]. 长沙：岳麓书社.

张宝明, 2019.《新青年》百年典藏：社会教育卷 [M]. 郑州：河南文艺出版社.

张晨怡, 2016. 近代礼仪嬗变 [J]. 文史精华（10）：64-68.

张纯, 熊贤君, 2016. 民国时期中小学训育方法的探寻 [J]. 河北师范大学学报（教育科学版）（4）：30-35.

张灏，2004. 时代的探索 [M]. 台北："中央"研究院.

张静，2016. 传统与变革：近代保定的城市空间：1860—1928 年 [M]. 石家庄：河北人民出版社.

张人凤，2020. 我的祖父张元济 [M]. 天津：南开大学出版社.

张婷，2013. 成长中的中国公民社会与公民道德教育研究 [D]. 济南：山东师范大学.

张元济，2008. 张元济全集：第 5 卷：诗文 [M]. 北京：商务印书馆.

赵莉如，1992. 清末译自西方的心理学著作：评介王国维与他的心理学译书 [C]// 中国科学院心理研究所. 心理学动态（专集）：中国现代心理学的起源和发展. 北京：中国科学院心理研究所.

赵志毅，李涛，2009."德目主义"德育哲学引论 [J]. 南京师大学报（社会科学版）（3）：84-88.

赵中亚，2014. 王庸文存 [M]. 南京：江苏人民出版社.

郑阿财，朱凤玉，2007. 开蒙养正：敦煌的学校教育 [M]. 兰州：甘肃教育出版社.

郑航，2004. 中国近代德育课程史 [M]. 北京：人民教育出版社.

郑经，1914. 实习教授评案：修身教授案 [J]. 教育粹编（3）：50-53.

郑逸梅，1989. 人物和集藏 [M]. 哈尔滨：黑龙江人民出版社.

芝房，1924. 自由谈：笑话 [N]. 申报，1924-04-23（8）.

中国李大钊研究会，2006. 李大钊全集：第一卷 [M]. 北京：人民出版社.

中国学术名著提要编委会，2019. 中国学术名著提要：合订本：第 6 卷：民国编：下 [M]. 上海：复旦大学出版社.

周浩泉，1986. 回忆南洋公学十二年（节录）[M]//《交通大学校史》撰写组. 交通大学校史资料选编：第一卷：1896—1927. 西安：西安交通大学出版社.

周积寅，2017. 中国画学精读与析要 [M]. 上海：上海人民美术出版社.

周日济，1922. 讲习适用修身教科书 [M]. 上海：中华书局.

周少连，1995. 凤凰近代：史林撷英 [M]. [出版地不详]：胡元璋出版基金.

周武，2010. 文化市场与新文化运动 [M]// 童世骏. 西学在中国：五四运动 90 周年的思考. 北京：生活·读书·新知三联书店.

周愚文，2008. 宋代的学礼 [M]// 高明士. 东亚传统教育与学礼学规. 上海：华东师范大学出版社.

周与沉，2005. 身体：思想与修行：以中国经典为中心的跨文化观照 [M]. 北京：中国社会科学出版社.

朱高正，2010. 近思录通解 [M]. 上海：华东师范大学出版社.

朱傑人，李慧玲，2013. 毛诗注疏 [M]. 上海：上海古籍出版社.

朱丽，2011. 书籍出版与文化传播：1902—1904 年文明书局哲学社会科学类书籍出版研究 [D]. 上海：华东师范大学.

朱明勋，2008. 中国家训史论稿 [M]. 成都：巴蜀书社.

朱熹，2002. 朱子全书 [M]. 上海：上海古籍出版社.

朱熹，2011. 四书章句集注 [M]. 北京：中华书局.

朱永新，王智新，尹艳秋，1999. 当代日本道德教育 [M]. 太原：山西教育出版社.

朱有瓛，1986. 中国近代学制史料：第一辑：下册 [M]. 上海：华东师范大学出版社.

朱有瓛，1987. 中国近代学制史料：第二辑：上册 [M]. 上海：华东师范大学出版社.

竹庄，1905. 论读经非幼稚所宜 [J]. 东方杂志（10）：192-195.

庄庆祥，1913. 共和国教科书新修身教授法：第二册 [M]. 上海：商务印书馆.

庄俞，1903. 初级蒙学修身教科书 [M]. 上海：文明书局.

庄俞，1987. 谈谈我馆编辑教科书的变迁 [M]// 蔡元培，等.1897—1987：商务印书馆九十年：我和商务印书馆 [M]. 北京：商务印书馆.

庄俞，沈秉钧，1909. 最新修身教科书详解 [M]. 5 版. 上海：商务印书馆.

邹韬奋，2019. 经历 [M]. 西安：西北大学出版社.

左松涛，2017. 近代中国的私塾与学堂之争 [M]. 北京：生活·读书·新知三联书店.

佐藤学，2016. 教育方法学 [M]. 于莉莉，译. 北京：教育科学出版社.

方光鋭，2013. 民国初期の修身教科书における日本モデルへの依存 [J]. 言葉と文化，14（2）：75-92.

土屋洋，2010. 清末の修身教科書と日本 [M]// 並木賴寿，大里浩秋，砂山幸雄．

近代中国・教科書と日本. 東京：研文出版.

AMES R T, 2011. Confucian role ethics: a vocabulary[M]. Honolulu: University of Hawaii Press.

LIU J C H, 2009. Force of psyche: electricity or void?: Re-examination of the hermeneutics of the force of psyche in late Qing China[J]. Concentric: literary and cultural studies, 35 (2): 245–276.

后　记

套用学界常用的一句话来说，修身教育有着漫长的过去，却只有短暂的历史。两千多年传统社会的教育，无论官学私学，都与"修身"有着深刻的关系，这"过去"不可谓不漫长；但按照现代教育学所界定的"教育"概念来说，修身科从1904年始设到1922年取消，前后不超过二十年，实在是短暂得很。本书聚焦于这段拥有短暂历史的修身教育，但更关注修身传统在近代社会的持续性影响。这种影响当然不只存在于制度化的修身科中，还存在于近代文化转型的其他方面。近代修身教育的产生与变迁可以看作中国现代文化建构历程中的一个"文化事件"，以之为中心的历史图景由群体、观念和行动等侧面构成，既包括教育场域内部的制度性建构，如课程制定、教学安排，也包括社会层面的文化行动，如士绅阶层、留学生群体所提出的各类修身强国方案及其文化实践，还涉及身体、心灵等微观领域发生的转型。

本书由我的博士论文经过较大调整和修改而成，从最早提笔到最后定稿，前后接近七年时间。在博士论文完成之后，我并没有直接动手修改，中间搁置了几年。因而，全书的写作实际上分两个阶段，前后的思路和叙述方式发生了较大调整。

在博士阶段，我对修身的思想史很感兴趣，博士论文主要以清末民初修身教科书为分析对象，力图通过修身教科书文本中的思想脉络探讨修身传统的现代转化问题。收集资料时，我将商务印书馆于1904年出版的

《最新修身教科书》全文抄写了一遍，那些由经史典籍改编的修身小故事常常让我回想起年幼时从父母口中听来的道德训诫，非常亲切，令我很有沉浸感。切入研究的初始，我对清末修身科抱有诸多同情，论文实际上是站在修身传统的立场观察近代修身教育，主要关注的是修身传统的正面价值。博士论文完成以后，我感觉到从思想史的角度讨论近代修身问题，似乎已经没有深挖空间。于是，在博士后阶段，我转向了另外一个与中国教育的现代转化有关的议题——教科书中的儿童叙事。这个问题其实也是从修身教育的研究中衍生出来的。民国时期讨论修身科的存废时，现代儿童教育观念便是教育界主张取消修身科的一个立足点。对近代儿童问题的关注使我注意到社会史、文化史等思想史之外的研究进路，同时也关注到女性修身教育这个议题。由于要对儿童观念做回溯，我重读了教育学专业的一些经典著作，对现代教育和现代社会有了一些新的思考。视角发生转变后，我渐渐意识到修身传统的限度及其在现代转型中的复杂作用。

其实，传统语境下的"修身"本身也具有复杂的面向。修身传统中的"成己成人"与"修齐治平"之间原本存在着一定的张力，前者侧重于个体性的道德自觉与个体间的道德感化，后者将这种道德感化转变为道德教化。在社会实践中，当朝向自我的修身被放入"君子德风、小人德草"的教化结构中，"自我"成为教化的源头，"他者"要么成为仿效的对象，要么成为教化的对象。真正意义上的"他者"其实是不存在的。以自我为中心的教化结构隐含教化欲望和教化权力。在修身之学高度发展的11世纪，教化欲望和教化权力深刻嵌入教育空间内的知识、话语之争，制造了一种悲剧性生存空间。[①] 明清以后，教育空间内的悲剧性色彩更加强烈，知识阶层出现反思声音。现代儒家学者劳思光先生论述明清思想转向时，讨论了儒学思想内部主体性与客观化问题，将道德理性的发用分为"单一主体之统摄境域"与"众多主体之并立境域"。前一种境域的道德主体完全依

---

① 参见周勇.教育空间中的话语冲突与悲剧：中国十一世纪的经验[M].北京：教育科学出版社，2004：1-42.

道德自觉与意志行动，而后一种境域则首先应该"使此众多主体不丧失其主体性"；前者是儒家所长，而后者却是儒家"遗落的问题"。就主体与主体之间而言，若将某些"主体"只当作"对象"看，则此处即已违理。①这一思考可谓深刻，不过，站在中国哲学内部观察，其视点仍然是在儒家知识精英阶层内部的断裂上。实际上，被"修齐治平"排除在外的其他群体，如传统社会中的女性与儿童，从来都是教化的对象，不具有修身主体性。女性的心性修养经验以及对于心灵自由的追求在修身叙事史中即便不是完全空缺，也是极其稀少。在近代文化转型中，修身主体性不断被重塑，也不断被遮蔽。正如"修身强国"主旨下的修身教育看似赋予女性与儿童修身主体性，实际上则是重新嵌入另一重教化叙事中。

近代教育处于新旧教育转型时期，传统和现代有时候并不表现为时间序列，毋宁说，是不同的境域，正对应于劳思光先生所分列的"单一主体境域"和"并立主体境域"。后者的开显，实是现代教育的正面价值所在。突破单一主体，需要的或许是一种类似的"社会学的想象力"。②这种想象力，首先应该建立在人的"复数性"（借用阿伦特的概念）上。修身的中心化结构拒绝"复数的人"的教育行动，因而传统教育实质上缺乏公共性的知识空间。公共性是现代教育的基础，现代教育学所关切的是奠基在普遍人性与平等人格上的公共事业。从现代教育的立场回看修身教育，追求自我体证的修身之学本质上是一种片段式的、个体性的技艺。③近代的"群"与公共意识形成了对修身传统中自我中心化结构的批判。但在民

---

① 参见劳思光.新编中国哲学史：三卷下[M]．桂林：广西师范大学出版社，2005：391.
② 这个概念源自社会学家米尔斯的《社会学的想象力》一书，它指的是一种心智品质，这种心智品质赋予个人将自己置于时代之中的能力，让人们理解历史与个人的生活历程以及在社会中二者间的联系。米尔斯认为，这种"社会学的想象力"并不局限于社会科学和心理学领域，而是现代社会文化生活的共同尺度和特征。他强调，"通过这种方式，个人型的焦虑不安被集中体现为明确的困扰，公众也不再漠然，而是参与到公共论题中去"。参见米尔斯.社会学的想象力[M]．4版．北京：生活·读书·新知三联书店，2016：5-6，15.
③ 也可以说是古典式的君子个人主义。在现代教育形成过程中，这种个人主义出于哲学教育学的取向。参见董标."教之术"到"教育学"演变论[J]．华南师范大学学报（社会科学版），2006（6）：80-93，156，159.

族危机之下，个人自由的先定承诺没有获得保证，个人主体性无法完整显现，自然也无法形成真正的"并立主体境域"。近代教育将"修身"用于现代启蒙，无疑是"修身"的越界和错位。当然，作为个人完善之途的"修身"如何安置于现代教育结构之中，依然值得探究。当我开始重新写作时，我的关注点已经从修身的思想史转向了修身传统在近代文化变迁中实际的作用机制。

　　本书能够完成，首先要感谢我在博士阶段的导师丁钢教授。如果没有他，就没有这本书的写作。正是在丁老师的启发下，我选择了近代修身教育作为博士选题。2020年，在这套"教育文化研究丛书"组稿阶段，丁老师询问我能否在原论文的基础上以文化研究的进路深入修改，将本书作为丛书的一部分出版。听到这个消息，一方面我为自己的博士论文有机会出版而感到高兴；另一方面，我深知要将原先以思想史方式写作的博士论文按照文化研究的进路修改，工作量并不小。事实上，书稿的调整和修改确如我所想，一开始并不是很顺利。因为原先的思想史研究范式，框架非常清晰，从自我观、知识观、群己观和家国结构考察修身观念的变迁，而修身教科书的文本分析也很契合这样的架构。2020年5月，我提交了初稿，不过该版书稿只是做了形式上的修改，内容并未多改动。2021年3月，"教育文化研究丛书"作者在上海集中开会讨论书稿的修改工作。讨论的结果是，我原来的写法历史细节太少，论文的叙述依然停留在知识精英层面，未能深入描绘清末民初修身教育的底层空间，即真实的修身课堂的样貌。这提示我将关注点转向修身课堂。随后，我搜集了近代报刊中涉及修身课的材料。当时的师范学校校报中详细记录了师范生备课试讲的过程，这使得我注意到教学法的引入与师范教育的关系（这些内容后来在第三章中呈现）。即便如此，我的修改工作还是进度缓慢，在讨论修身教育内容时还是会陷入思想史的固定思维。2022年8月，在原定的交稿日期到来之际，丁老师打电话询问进度，我如实相告，说明了自己的困境。丁老师提醒，不能仅仅局限于义理的分析，要从文化研究的角度深入历史脉络，关注人物的行动。这促使我彻底摆脱固有思路，将修身教育融入新教育演变和文化转型的整体图景叙述中。这一次写作也让我对于在教育史脉络中进行文化研究有了更深的体会。

在博士后研究期间,我从合作导师董标教授那里获得了不少启发。董老师对于"解放"与"自由"的思考和态度,以及一系列有关中国近代教育学形态史的研究,帮助我拓宽了视野,也是我摆脱单纯的思想史进路的重要参照。

想要感谢的人还有很多,不能一一列出名字,包括读博期间给予帮助和陪伴的老师与同学,博士后阶段相处融洽的同事们,一起读书的学友,以及在生活上和学术上都给予我帮助的家人。此外,还要感谢教育科学出版社的编辑团队,编辑专业细致的工作,帮助我修正了许多错漏,保证了本书的出版。

近代教育处在"古今中外"问题交织的十字路口,问题和视角有诸多可供探讨的空间,细密的研究需要多学科综合,本书只是提供了一种可能的方式,不足之处希望能够得到方家的匡正与赐教。

王独慎

2023 年 11 月

康乐园

出 版 人　郑豪杰
责任编辑　秦　欢　何　蕴
版式设计　孙欢欢
责任校对　贾静芳
责任印制　米　扬

图书在版编目（CIP）数据

身体、伦理与文化转型：清末民初修身教育的历史图景 / 王独慎著. —北京：教育科学出版社，2024.5
（教育文化研究丛书）
ISBN 978-7-5191-3577-5

Ⅰ.①身… Ⅱ.①王… Ⅲ.①品德教育—研究—中国—近代　Ⅳ.① D648

中国国家版本馆 CIP 数据核字（2024）第 087897 号

教育文化研究丛书
身体、伦理与文化转型：清末民初修身教育的历史图景
SHENTI、LUNLI YU WENHUA ZHUANXING：QINGMO MINCHU XIUSHEN JIAOYU DE LISHI TUJING

出版发行	教育科学出版社		
社　　址	北京·朝阳区安慧北里安园甲 9 号	邮　编	100101
总编室电话	010-64981290	编辑部电话	010-64981252
出版部电话	010-64989487	市场部电话	010-64989009
传　　真	010-64891796	网　址	http://www.esph.com.cn
经　　销	各地新华书店		
制　　作	北京大有艺彩图文设计有限公司		
印　　刷	北京瑞禾彩色印刷有限公司		
开　　本	720 毫米 × 1020 毫米　1/16	版　次	2024 年 5 月第 1 版
印　　张	19.25	印　次	2024 年 5 月第 1 次印刷
字　　数	260 千	定　价	90.00 元

图书出现印装质量问题，本社负责调换。